FRECUENCIAS

Español comunicativo para el siglo XXI

Nivel

B2

Libro del estudiante

Equipo **Frecuencias**

Edinumen

ISBN - Libro del estudiante: 978-84-9179-406-6
Depósito legal: M-22379-2022

Impreso en España
Printed in Spain
0822

Coordinación editorial y edición:
Amelia Guerrero y Mar Menéndez

Maquetación:
Carlos Casado, Juanjo López y Sara Serrano

Diseño de portada y maqueta:
Juanjo López

Estudio de grabación:
Producciones Activawords

Impresión:
Gráficas Muriel. Madrid

Créditos fotográficos y audiovisuales en pág. 238

Editorial Edinumen
José Celestino Mutis, 4. 28028 Madrid. España
Teléfono: (34) 91 308 51 42
Correo electrónico: edinumen@edinumen.es
www.edinumen.es

¡En Edinumen nos apasiona el español!

Desde nuestros inicios hace ya más de 30 años, nuestro objetivo ha sido siempre mejorar la experiencia del aprendizaje de español en todo el mundo. Nos enorgullece decir que el cien por cien de nuestros recursos están dedicados exclusivamente a la enseñanza y aprendizaje de español como lengua extranjera y segunda lengua.

Durante todos estos años, hemos tenido el enorme privilegio de trabajar al lado de entusiastas profesionales del español que viven y desarrollan su labor en multitud de países y, por lo tanto, representan realidades diferentes. Así, hemos constatado los cambios que se han ido produciendo y hemos afrontado juntos nuevos retos para lograr el objetivo que compartimos: que los estudiantes que deciden aprender español sean capaces de disfrutar también de un apasionante universo sociocultural y lingüístico tan completo como enriquecedor.

Este reto es hoy especialmente emocionante. Gracias al desarrollo de las nuevas tecnologías, la interacción entre culturas y personas interconectadas desde todos los lugares del mundo es permanente y se produce a un ritmo inimaginable hasta ahora. Los hablantes de español del siglo XXI son interlocutores en un universo compuesto por realidades lingüísticas y culturales muy diversas que se nutren entre sí.

En los últimos años ha habido un intento justificado de integrar en los materiales didácticos muestras de lengua que se asemejen lo más posible a los modelos reales. En este sentido, **Frecuencias** incorpora, por primera vez en un manual de ELE, una extensa muestra de ejemplos extraídos de las bases de datos o corpus* que, siempre al hilo de los contenidos tratados, ilustran variantes de carácter léxico, gramatical o comunicativo con el fin de acercar al estudiante a las diferentes realidades sociolingüísticas hispánicas.

Además, **Frecuencias** se ha desarrollado metodológicamente en dos ejes: el aprendizaje por contenidos y la resolución de tareas que permiten al estudiante poner en práctica los conocimientos adquiridos anteriormente, lo que favorece un aprendizaje activo y eficaz.

Por último, queremos destacar la colaboración entre **Edinumen**, especialistas en ELE, y la **Real Academia Española (RAE)** en la génesis del proyecto, así como el asesoramiento de la RAE en el uso de los corpus y su revisión final del presente trabajo. Sin su ayuda y apoyo este manual no podría haber visto la luz.

Estamos muy ilusionados de presentar este nuevo manual de ELE, que da respuesta a las necesidades de estudiantes y docentes para un aprendizaje real en el siglo XXI.

* Colección de textos de todos los países hispanohablantes en formato electrónico, con varios millones de palabras, que la Real Academia Española (RAE) ha codificado y clasificado y que permiten la búsqueda a través de formas, lemas, categorías gramaticales, zonas geográficas, etc.

Edinumen

Especialistas en ELE

FRECUENCIAS

Frecuencias es el nuevo curso de español que da respuesta a las necesidades de estudiantes y docentes para un aprendizaje real en el siglo XXI.

Frecuencias sigue las recomendaciones del *Marco común europeo de referencia para las lenguas (MCER)* y su sílabo se ha elaborado a partir del *Plan curricular del Instituto Cervantes*.
El curso favorece un aprendizaje **activo**, de manera que el conocimiento de la lengua es **real**, **significativo y adaptado** a las **necesidades** del estudiante.

Una propuesta metodológica eficaz

Frecuencias combina el **aprendizaje por contenidos** con la **resolución**, en una fase posterior, de **tareas** en las que el estudiante tiene que poner en funcionamiento los conocimientos adquiridos previamente. Esta combinación facilita el aprendizaje, ya que los contenidos se van presentando **de manera progresiva** a lo largo de los apartados, de modo que el estudiante, al enfrentarse a las tareas, ha adquirido ya todas las herramientas que necesita para resolverlas con éxito.

Las actividades que se presentan son **significativas social y emocionalmente**, conectan con el estudiante y lo involucran en su aprendizaje. Estas actividades aumentan la **motivación** y favorecen la asimilación de lo aprendido.

La incorporación de los corpus de la RAE: CORPES XXI y CREA

Frecuencias incluye una extensa muestra de **ejemplos reales** extraídos de los corpus de la RAE[1] para mostrar usos auténticos de lengua, con **variantes** que ejemplifican la riqueza lingüística del mundo hispánico, algunas **frecuencias** de uso y **combinatoria** de palabras, así como fenómenos de carácter **gramatical o comunicativo**.

Las muestras se destacan claramente en el manual a través de cuadros estratégicamente colocados junto a los contenidos a los que hacen referencia.

> RAE — GRAMÁTICA
> En las zonas voseantes de América, el imperativo tiene una forma propia para la persona vos *(hablá, bebé, abrí, empezá, volvé, elegí, tené, hacé, poné, vení, salí, decí...)*: ***Empezá*** *vos, por favor./****Comé, comé****, está muy bueno.*

Una visión global del mundo hispánico

La presencia de aspectos **culturales e interculturales** a lo largo de las actividades, así como en el apartado "Cultura", y la integración destacada de las **variantes hispánicas** facilitan la creación de una conciencia global del mundo hispánico y la adquisición de habilidades de comunicación por parte del estudiante. Todo esto le permite desenvolverse con éxito en una realidad lingüística y cultural tan compleja como la de la comunidad hispanohablante.

Un atractivo y motivador material audiovisual

Frecuencias presenta ***Reportajes***, 10 reportajes auténticos procedentes de entornos virtuales y cuyo fin es la práctica del componente sociocultural.

[1] REAL ACADEMIA ESPAÑOLA: Banco de datos (CORPES XXI) [en línea]. *Corpus del Español del Siglo XXI (CORPES)*. <http://www.rae.es> [noviembre de 2021 a julio de 2022].

Un diseño a doble página que facilita el aprendizaje

Frecuencias aporta un **atractivo y moderno diseño a doble página** que permite presentar los contenidos de manera **motivadora, clara y ordenada**, lo que facilita el aprendizaje.

En colaboración con la Real Academia Española (RAE)

La **Real Academia Española (RAE)** es miembro de la Asociación de Academias de la Lengua Española (ASALE), que se formó en México en 1951 y que está integrada actualmente por las veintitrés academias de la lengua española existentes en el mundo (veinte en América, además de España, Filipinas y Guinea Ecuatorial). Su objetivo es llevar a cabo una política lingüística panhispánica trabajando unidas para conseguir la integridad y el crecimiento de la lengua española.

Entre sus logros cabe destacar la publicación, en coautoría, del *Diccionario de la lengua española* a partir de su XXII edición, la *Ortografía* en sus ediciones de 1999 y 2010, y el *Diccionario panhispánico de dudas* (2005), así como la elaboración de distintas bases de datos o corpus.

Frecuencias es un proyecto desarrollado por **Edinumen** con la colaboración de la **Real Academia Española**. Esta colaboración se ha centrado en dos aspectos:

- por un lado, Edinumen ha tomado en consideración los corpus lingüísticos y bases de datos que la RAE ofrece, así como su conocimiento del uso del español, para el desarrollo del curso;
- por otro lado, el manual ha sido revisado por la Real Academia Española como lingüística, léxica y gramaticalmente correcto.

Los corpus: CORPES XXI y CREA

El **Corpus del Español del Siglo XXI (CORPES XXI)** es un proyecto impulsado por la Asociación de Academias de la Lengua Española (ASALE). Está formado por diferentes tipos de textos de todos los países del mundo hispánico. Reúne un conjunto de 400 millones de formas y palabras, con una distribución de un 70 % de América y un 30 % de España, que aparecen en textos producidos a partir de 2001.

El **Corpus de Referencia del Español Actual (CREA)** está diseñado para proporcionar información exhaustiva acerca de la lengua en un momento determinado de su historia y es lo suficientemente extenso para representar todas sus variedades relevantes. Se compone de una amplia variedad de textos escritos y orales, producidos en todos los países de habla hispana entre 1975 y 2004 y en los que es posible la búsqueda por formas, lemas y categorías gramaticales.

Frecuencias, curso de español revisado por la RAE y que incluye muestras auténticas de los corpus lingüísticos.

Estructura del libro

Cada nivel de **Frecuencias** está compuesto por **diez unidades didácticas** estructuradas en ocho apartados con unos objetivos específicos:

- **presentación** de los contenidos de la unidad;
- activación de los **conocimientos previos** de los estudiantes sobre el tema;
- presentación y actividades para la adquisición de **vocabulario**;
- presentación y práctica de los **contenidos gramaticales**;
- **secuencia comunicativa** para poner en práctica los conocimientos adquiridos, a través de tareas significativas y el **desarrollo de las cuatro destrezas**;
- presentación de **contenidos culturales** relacionados con el universo hispánico;
- actividades de carácter **audiovisual** con las que trabajar el **componente sociocultural** a partir de reportajes auténticos procedentes de entornos virtuales;
- **evaluación** de lo aprendido y reflexión sobre el aprendizaje.

Los diferentes apartados han sido pensados para que se realicen en **una o dos sesiones** de clase cada uno de ellos, dependiendo de las necesidades y la progresión específica de cada grupo de estudiantes.

Las tareas están diseñadas para trabajar en **diferentes dinámicas: de modo individual**, **en parejas**, **en grupos pequeños y todo el grupo**, fomentando de esta manera el trabajo colaborativo y el intercambio de conocimientos entre los diferentes miembros de la clase. Estas dinámicas aparecen indicadas con las siguientes etiquetas:

En parejas **En grupos pequeños** **Todo el grupo**

Cada nivel de **Frecuencias** viene acompañado de un apéndice de **Pronunciación y ortografía** con diez fichas prácticas que trabajan el componente fonético y ortográfico y que pueden presentarse en clase según las necesidades específicas de cada grupo.

La ELEteca (extensión digital)

La **ELEteca** es una completa **plataforma *e-learning*** con funcionalidades y contenidos digitales que facilitan la enseñanza/aprendizaje de la lengua.

La ELEteca de **Frecuencias** ofrece **actividades interactivas** para la práctica en línea de los principales contenidos de cada apartado de las unidades, todo el **material audiovisual** del curso y una gran variedad de recursos tanto para el estudiante como para el docente.

Para entrar en la ELEteca, regístrate con el código que aparece en el interior de la cubierta en:

https://eleteca.edinumen.es/

REPORTAJES

Frecuencias presenta ***Reportajes***, 10 vídeos cuyo objetivo es acercar el español real a los estudiantes.

Frecuencias B2 apuesta en el apartado de vídeo por los *realia*, es decir, por materiales auténticos que no han sido adaptados de ningún modo y que proceden de entornos virtuales en los que se mueven habitualmente los hispanohablantes.

Reportajes ofrece un amplio mosaico tanto temático como lingüístico. Profesionales de distintas áreas, expertos en diferentes materias y personas de la calle comentan y comparten impresiones sobre temas tan heterogéneos como la economía colaborativa, la inteligencia emocional, el arte urbano o la ecología. **Frecuencias B2** abre, así, un espacio en cada unidad didáctica a un español rico en variantes, vivo y fértil, el español que cada día hablan millones de personas en 22 países.

El uso de materiales reales en la enseñanza del español ofrece la posibilidad de llevar al aula, sin filtros, una parte de la vida real. Con ellos, los estudiantes entran en contacto con un español más versátil, rico y complejo, con una lengua forjada día a día por la cotidianidad de los hispanohablantes, por su estilo de vida y por su cultura.

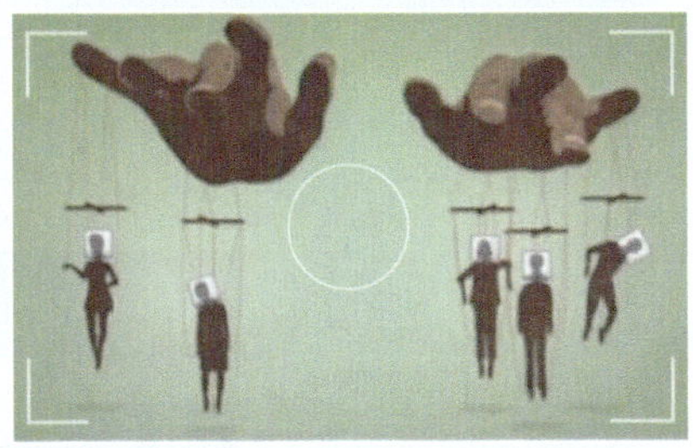

Estructura de las unidades y elementos gráficos guía visual

Portada. En ella se encuentran resumidos los objetivos principales de cada unidad, así como imágenes y preguntas que introducen el tema y activan la motivación.

Preguntas de motivación.

Objetivos de aprendizaje.

Dinámica recomendada para las diferentes actividades.

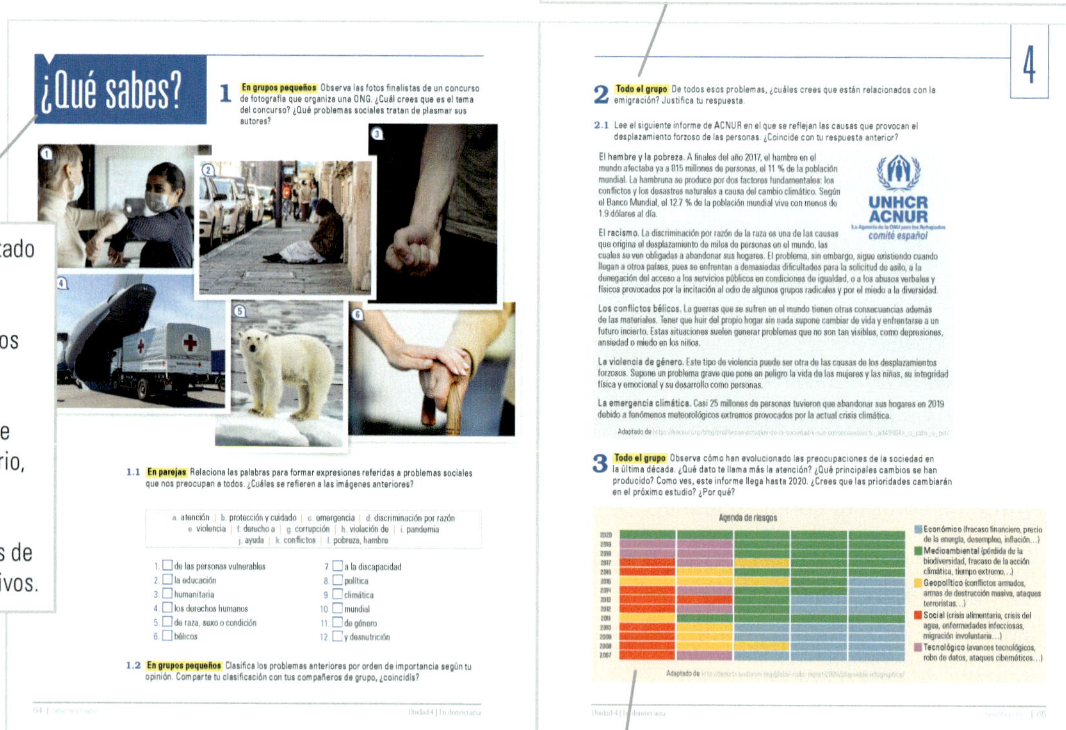

¿Qué sabes? Apartado con actividades para sondear los conocimientos previos de los estudiantes sobre el tema a tratar, a la vez que se anticipa el vocabulario, algunas estructuras gramaticales y elementos culturales de los apartados sucesivos.

Uso de elementos visuales para la realización de muchas de las actividades.

Palabras. Secuencia de actividades de léxico que facilitan el aprendizaje del vocabulario contextualizado según el tema de la unidad. Las actividades están destinadas a que los estudiantes descubran palabras o expresiones y aprendan a combinarlas y a usarlas en contexto. Este aprendizaje se lleva a cabo a través de textos orales o escritos, imágenes, definiciones, cuadros semánticos… que permiten deducir e interpretar su significado.

En este apartado, los cuadros de la RAE constatan diferencias léxicas entre el español de España y el de América, combinaciones léxicas o notas ortográficas, entre otras cuestiones, con textos y ejemplos extraídos de los corpus.

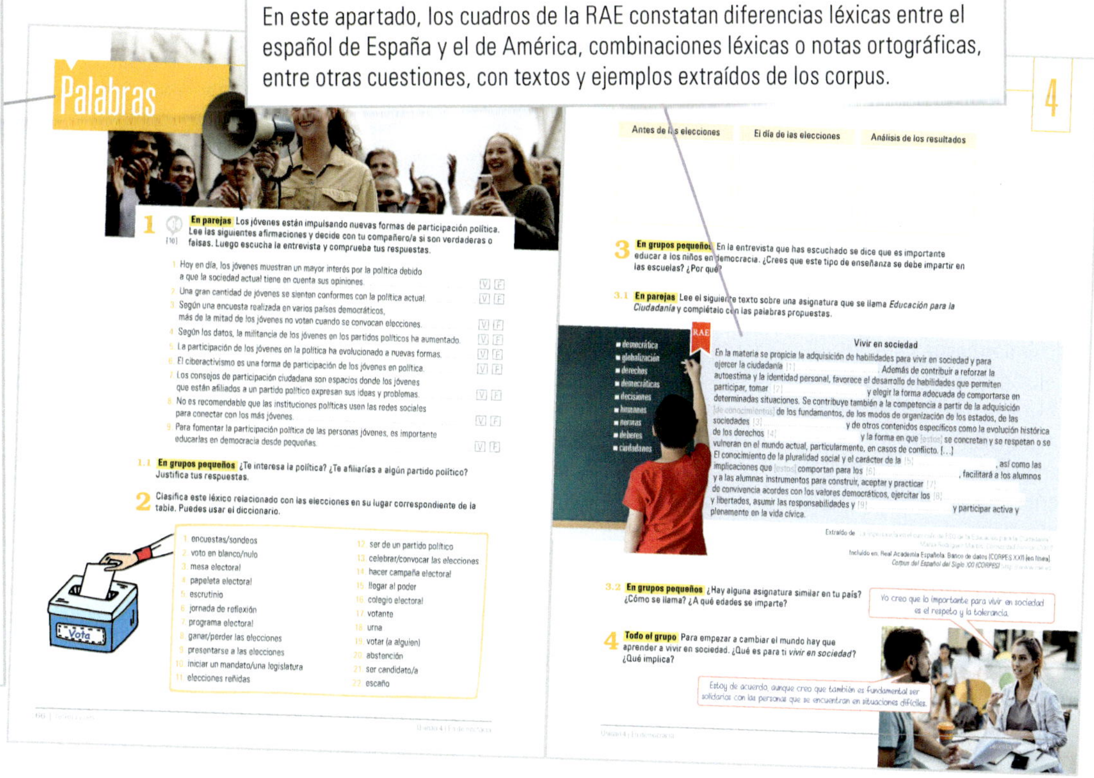

Gramática. La gramática se presenta sistematizada a través de cuadros diseñados para facilitar su aprendizaje y de actividades de reconocimiento y práctica guiada de los contenidos tratados.

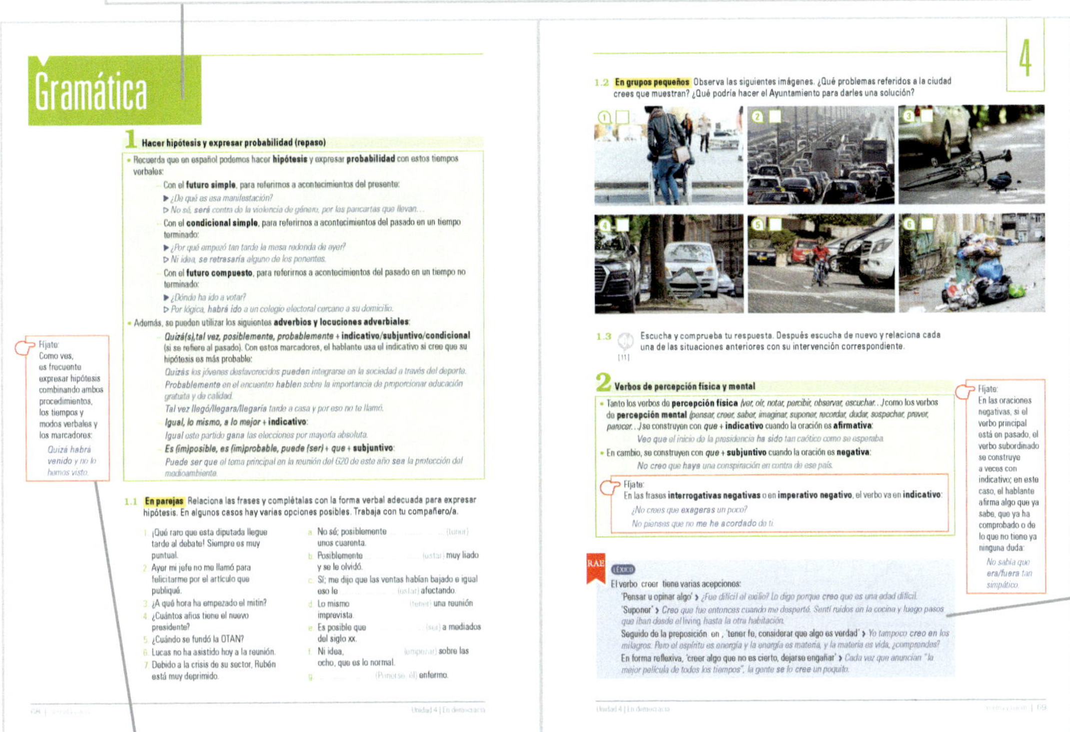

En este apartado, los cuadros de la RAE presentan información referida a cuestiones gramaticales o léxicas (contraste entre el español de España y el de América, frecuencias de uso, regímenes verbales, etc.) con ejemplos extraídos de los corpus.

Cuadro de atención que sirve para resaltar o recordar los contenidos importantes.

Practica en contexto. El estudiante aprende a interactuar a través de las diferentes tareas presentadas en una secuencia didáctica coherente y significativa. Mediante estas tareas el estudiante pone en práctica los conocimientos adquiridos hasta el momento con actividades de comprensión y producción orales y escritas, interactuando según las diferentes dinámicas propuestas.

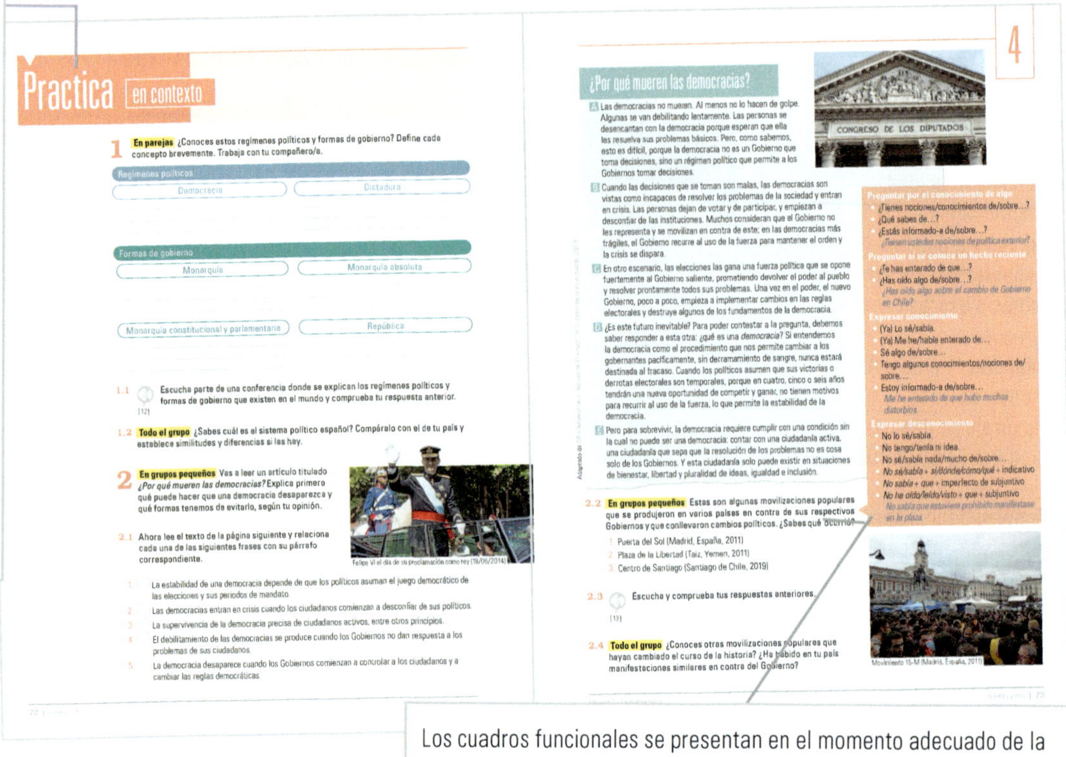

Los cuadros funcionales se presentan en el momento adecuado de la secuencia como una herramienta que el estudiante utiliza para resolver con éxito la tarea propuesta.

Cultura. Los contenidos culturales se presentan en una secuencia muy visual y dinámica en la que se tratan temas socioculturales de España e Hispanoamérica.

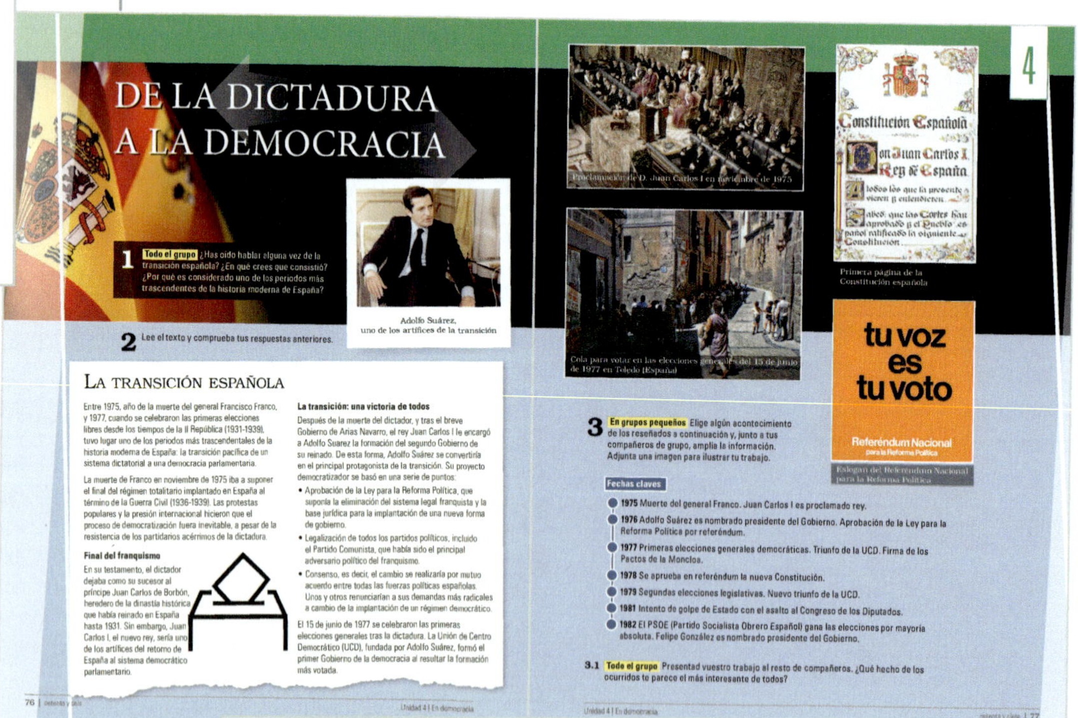

En este apartado cobran especial importancia la imagen, el diseño y los distintos formatos de texto: gráficos, diagramas, mapas, folletos turísticos…

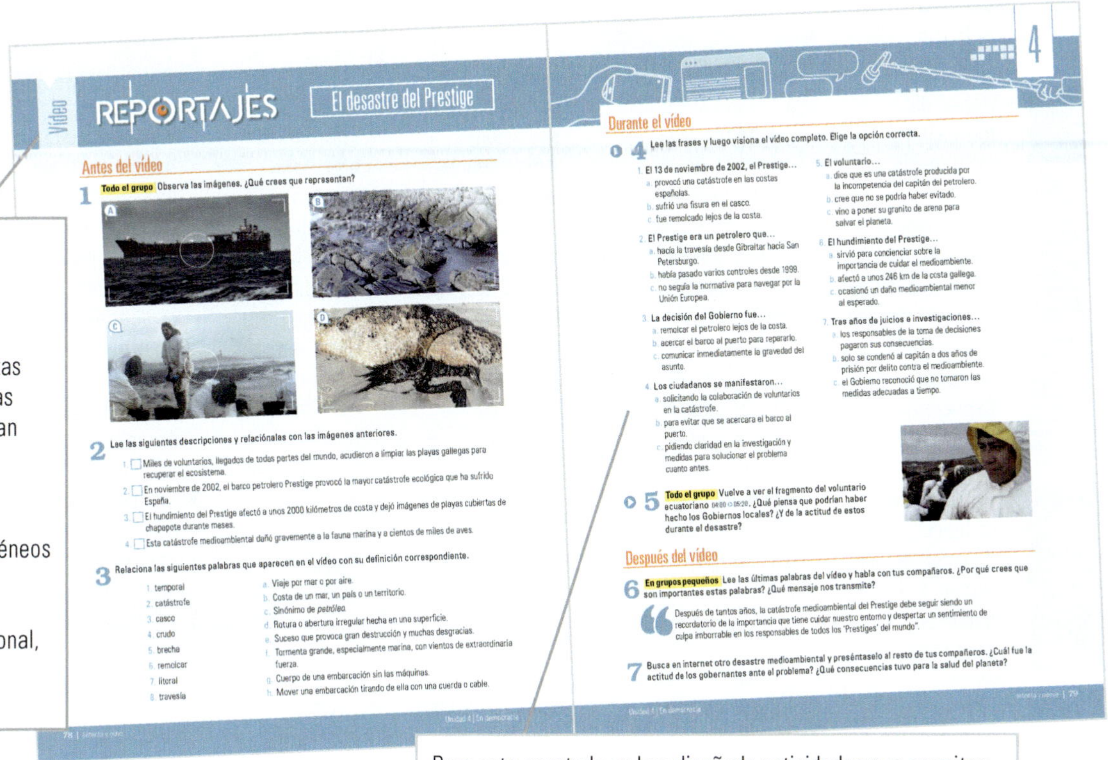

Reportajes. 10 vídeos en los que profesionales de distintas áreas, expertos en distintas materias y personas de la calle comentan y comparten conocimientos e impresiones sobre temas tan heterogéneos como la economía colaborativa, la inteligencia emocional, el arte urbano o la ecología.

Para este apartado se han diseñado actividades que permiten al estudiante predecir, comprender y comentar la secuencia y el contexto sociocultural en el que esta se desarrolla.

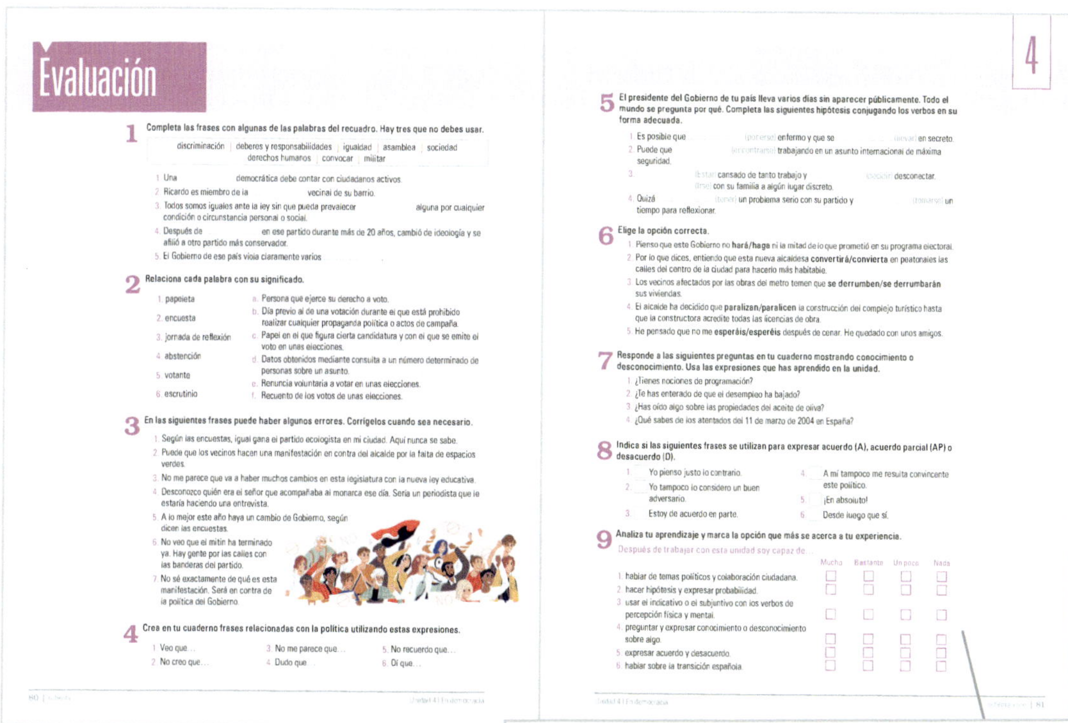

Evaluación. Actividades para evaluar o autoevaluar lo que se ha aprendido en la unidad y que sirven para que el estudiante tome conciencia de su propio aprendizaje. Con ellas, este puede reflexionar acerca de los errores cometidos e identificar aquellos contenidos que necesite repasar.

Índice

	Comunicación	Gramática	Léxico	Tipos de texto	Técnicas y estrategias	Cultura
4 **En democracia** pág. 62	• Hacer hipótesis y expresar probabilidad • Expresar opinión • Preguntar por el conocimiento de algo • Expresar conocimiento y desconocimiento • Expresar acuerdo, acuerdo parcial y desacuerdo • Participar en un debate y hacer reivindicaciones	• Hacer hipótesis y expresar probabilidad (repaso): – Futuro simple, condicional simple, futuro compuesto – Adverbios y locuciones adverbiales • Verbos de percepción física y mental: alternancia indicativo/subjuntivo • Verbos con doble significado y doble construcción: *sentir, pensar, decidir*…	• Problemas sociales y política • Elecciones • Vida en comunidad y participación política • Acepciones del verbo *creer(se)* • Regímenes políticos y formas de gobierno	• Texto informativo: informe de ACNUR, gráfico • Texto instructivo: conferencia • Texto argumentativo: artículo de opinión sobre la democracia • Texto digital: change.org	• Deducir el significado de las palabras a través de su etimología • Realizar combinaciones léxicas • Tomar notas para extraer información relevante de un texto oral • Reflexionar sobre el proceso de aprendizaje	• La asignatura Educación para la Ciudadanía • Movilizaciones populares: la Primavera Árabe, el Movimiento 15-M y la Primavera Latinoamericana • La transición española
				Reportajes • Reportaje 4: *El desastre del Prestige*		
5 **Relaciones** pág. 82	• Hacer comparaciones • Identificar algo o a alguien • Hablar de las cualidades de una persona • Describir • Ofrecer e invitar • Aceptar o rechazar una propuesta o invitación • Aceptar una propuesta o invitación con restricciones	• Oraciones de relativo • Pronombres relativos con y sin antecedente expreso • El adjetivo relativo *cuyo/cuya/cuyos/cuyas* • Estructuras reduplicadas para expresar concesión • Los adjetivos calificativos y relacionales • Comparativos y superlativos	• Dispositivos electrónicos e informática (repaso) • Trastornos asociados a las nuevas tecnologías y las redes sociales • Relaciones personales • Redes sociales • Léxico relacionado con el carácter y la personalidad	• Texto informativo: artículo, pódcast, gráficos • Texto narrativo: testimonios • Texto argumentativo: el concepto de "amigo" en internet • Texto conversacional: videollamada	• Interpretar un gráfico • Relacionar los párrafos de un texto con la frase que los resume • Comprender un texto escrito complejo no adaptado • Participar en un debate para llegar a un consenso	• El *Diccionario de Americanismos* • Las redes sociales más populares • El papel del español en internet y en las redes sociales
				Reportajes • Reportaje 5: Millennials *y redes sociales*		
6 **Última hora** pág. 102	• Matizar la acción verbal para expresar obligación, logro, desarrollo, resultado… • Atenuar nuestro papel como hablantes • Pedir confirmación de una información directa o indirectamente • Dar información corrigiendo otra información previa	• Perífrasis de infinitivo: *deber de, ponerse a, echar/romper a, venir a, acabar/terminar por, llegar a* • Perífrasis de gerundio: *venir/llevar, acabar/terminar* • Perífrasis de participio: *llevar/tener, dejar* • Voz pasiva con *ser* y con *estar* • Construcciones impersonales	• Medios de comunicación e información • Redes sociales • Léxico relacionado con el periodismo • Medios de comunicación tradicionales versus medios digitales • Noticias falsas y bulos	• Texto informativo: titulares, pódcast y entrevistas • Texto argumentativo: los boletines de noticias • Texto narrativo: testimonios, artículo sobre el pódcast *Radio Ambulante*	• Describir una imagen a partir de unas palabras • Comparar los recursos del español para atenuar el papel del hablante con los de la lengua materna • Deducir el significado de algunas palabras por el contexto	• VerificaRTVE, un servicio de Radio Televisión Española contra los bulos y la desinformación • Los pódcast en español de Estados Unidos
				Reportajes • Reportaje 6: *La política y las redes sociales*		

	Comunicación	Gramática	Léxico	Tipos de texto	Técnicas y estrategias	Cultura
7 **Planeta (in)sostenible** pág. 122	• Expresar condiciones reales e irreales en presente y futuro • Expresar condiciones irreales en pasado • Hacer hipótesis relacionadas con la sostenibilidad • Invitar a formular una hipótesis • Hacer una ponencia o presentación	• Oraciones condicionales reales e irreales en presente y futuro • Pretérito pluscuamperfecto de subjuntivo • Condicional compuesto • Oraciones condicionales irreales en pasado • *De* + infinitivo/ infinitivo compuesto • Locuciones conjuntivas para expresar condición	• Ecocidios y desastres medio-ambientales • Agenda 2030 • Los Objetivos de Desarrollo Sostenible (ODS) • Léxico relacionado con la sostenibilidad y la ecología	• Texto informativo: notas, datos estadísticos • Texto narrativo: *¿Cómo se las ingeniaban antes de la era del plástico?* • Texto argumentativo: ponencia sobre los usos del bambú	• Analizar datos para extraer conclusiones • Practicar la cohesión textual insertando párrafos extraídos de un texto en su lugar correspondiente • Desdoblamiento de género para conseguir un lenguaje más inclusivo	• Agenda 2030: los Objetivos de Desarrollo Sostenible • Ecoturismo en Perú
				Reportajes • Reportaje 7: *Carne y crisis climática*		
8 **A ciencia cierta** pág. 142	• Ordenar los sucesos y las acciones en el tiempo • Presentar una dificultad o un obstáculo que no impide la realización de una acción • Expresar causa, finalidad y consecuencia • Describir un lugar	• Oraciones temporales (repaso) • Oraciones concesivas • Oraciones causales • La construcción *no porque* + subjuntivo + *sino porque* + indicativo • Oraciones finales • Oraciones consecutivas • Verbos que se construyen con preposición	• Ciencia y tecnología • La vivienda domótica • Léxico relacionado con la descripción de lugares • Conectores argumentativos para elaborar un texto expositivo	• Texto informativo: científicas de América Latina • Texto descriptivo: la Ciudad de las Artes y las Ciencias • Texto expositivo: la nanotecnología • Texto narrativo: biografía	• Identificar palabras a partir de su definición • Encontrar diferencias de significado en frases con cambio de modo y tiempo verbal • Ordenar las partes de un texto • Escribir un texto expositivo en colaboración	• La Ciudad de las Artes y las Ciencias • Ferias tecnológicas de España e Hispanoamérica • Gino Tubaro y la ONG Atomic Lab
				Reportajes • Reportaje 8: *Entrevista a Margarita Salas*		
9 **¡Qué historia!** pág. 162	• Mencionar una cita célebre • Referir las palabras de otra persona o de uno/a mismo/a • Usar estrategias conversacionales como hablante y como interlocutor • Debatir y argumentar • Reformular lo dicho	• Estilo indirecto o discurso referido (1): transformaciones verbales • Estilo indirecto o discurso referido (2): cambios deícticos • Verbos de comunicación, lengua o habla	• Expresiones idiomáticas con la palabra *historia* • Acontecimientos históricos • Citas célebres • Etapas de la historia • Combinaciones léxicas referidas a la historia	• Texto narrativo oral: testimonios de la guerra • Texto informativo: Ley de Memoria Histórica, el proceso de independencia en Hispano-américa • Texto epistolar: carta de una víctima de la Guerra Civil	• Identificar al autor de un relato analizando un documento auténtico • Preparar una entrevista y una presentación • Interpretar el significado de una imagen • Buscar información, seleccionar la más relevante y resumirla	• Acontecimientos históricos de España e Hispanoamérica • Personajes históricos hispanos • La guerra civil española y la Ley de Memoria Histórica • El papel de las mujeres en el proceso de independencia en Hispanoamérica
				Reportajes • Reportaje 9: *La mujer durante el franquismo*		

España | datos de interés

Número de habitantes

47 millones de habitantes

España es el tercer país más visitado del mundo, superado únicamente por Francia y Estados Unidos.

La mayor reserva ecológica de Europa está en España: el parque nacional de Doñana.

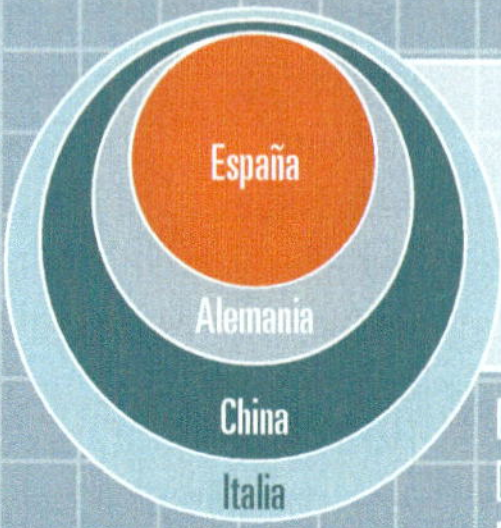

Es el cuarto país con más sitios Patrimonio de la Humanidad, por detrás de Italia, China y Alemania.

- Italia (58)
- China (56)
- Alemania (51)
- España (49)

Monumentos más visitados en España:

1. La Alhambra (Granada)
2. La Sagrada Familia (Barcelona)
3. La Mezquita (Córdoba)
4. La Catedral de Santiago de Compostela (La Coruña)
5. La Catedral de Burgos (Castilla y León)

Es el líder mundial en donación de órganos.

Las cuevas de Altamira albergan el arte paleolítico más antiguo de Europa.

Hispanoamérica datos de interés

Según *National Geographic*, el glaciar Perito Moreno, dentro del parque natural Los Glaciares en Argentina, es el cuarto paraje natural más bello del mundo, y el parque nacional Canaima, en Venezuela, ocupa el lugar número 15.

¡Hola!

La mayoría de los hablantes de español se encuentran en Hispanoamérica:

404 millones de hablantes nativos

Países más visitados de Hispanoamérica

- **México** ≃ 40 000 000
- **Argentina** ≃ 7 000 000
- **Chile** ≃ 6 500 000
- **República Dominicana** ≃ 6 000 000

Principales culturas precolombinas

- **Azteca** (Sur de México, siglos XIV-XVI)
- **Maya** (México y Guatemala, siglos I-XVII)
- **Inca** (Ecuador, Perú, Bolivia, norte de Argentina y Chile, siglos XV-XVI)

¿Por qué estudio español?

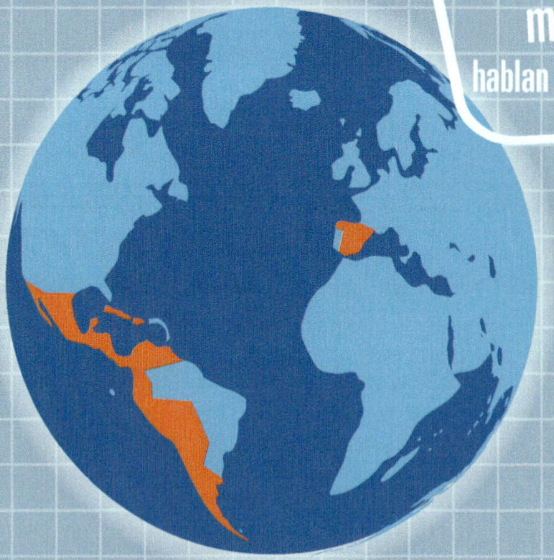

Más de 591 millones de personas hablan español en el mundo. De ellos, 493 millones son nativos.

El español es la **segunda lengua materna del mundo** por número de hablantes, después del chino mandarín.

Es la cuarta lengua más estudiada del mundo después del inglés, el francés y el chino mandarín: actualmente hay 24 millones de estudiantes de español en el mundo.

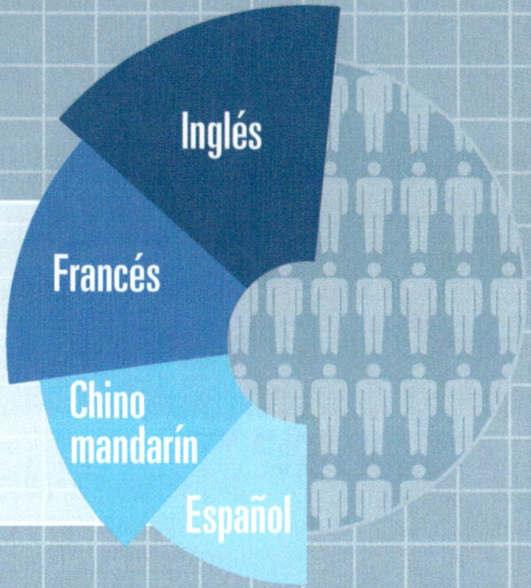

La contribución del conjunto de los países hispanohablantes al PIB mundial es del 6.9 %.

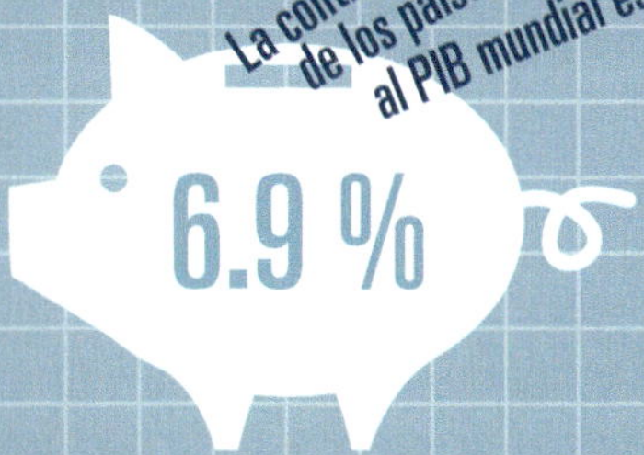

- El español es la tercera lengua más utilizada en la red.
- El 7.9 % de los usuarios de internet se comunica en español.
- El español es la segunda lengua más utilizada en Wikipedia, en Facebook, en LinkedIn y en Twitter.

El español es la cuarta lengua más poderosa del mundo.

El español ocupa la cuarta posición en el ámbito institucional de la Unión Europea.

Es la tercera lengua en el sistema de trabajo de la ONU: es una de sus seis lenguas oficiales.

España es el tercer país exportador de libros del mundo.

España, Argentina y México se encuentran entre los quince principales países productores de *películas* del mundo.

Datos extraídos del informe *El español: una lengua viva*, elaborado y redactado por David Fernández Vítores, y dirigido y coordinado por la Dirección Académica del Instituto Cervantes (2021).

Libro del estudiante

Nivel

B2

Unidad

1

¿Sabes qué significa la expresión *a brazo partido*?

¿Piensas que en el futuro se trabajará a brazo partido?

Fíjate en la mujer que está trabajando junto al mar.

¿Crees que las oficinas son ya cosa del pasado?

De todas estas imágenes, ¿cuál representa mejor tu futuro laboral?

A brazo partido

En esta unidad vas a. . .

- Hablar sobre el futuro del trabajo
- Dar consejos y hacer recomendaciones
- Expresar voluntad y hacer peticiones
- Hablar de capacidades y habilidades
- Conocer algunas empresas emergentes de América Latina

¿Qué sabes?

1 **En grupos pequeños** ¿Cómo crees que será el trabajo en el futuro? Coméntalo con tu grupo y después exponed al resto de la clase vuestras conclusiones.

1.1 Lee el siguiente texto sobre cómo será el mercado laboral en los próximos años y compara las conclusiones anteriores con las del Foro Económico Mundial. ¿Habéis coincidido?

Algunas claves del futuro del trabajo, según el Foro Económico Mundial

La crisis económica producida por la pandemia ha acelerado la automatización del trabajo, augurando un mercado laboral incierto. Así lo señala el Foro Económico Mundial en su informe *The Future of Jobs Report*, que analiza la crisis actual y cómo serán el mercado de trabajo, los empleos y las habilidades requeridas en los próximos años. Estas son las principales conclusiones.

Automatización en el trabajo

El 50 % de los empleadores acelerará la automatización del trabajo en sus empresas y el 80 % aumentará la digitalización de sus procesos laborales, lo que provocará que algunos trabajos desaparezcan y que los que se mantengan requieran nuevas habilidades y formas de trabajar.

Las empresas reducirán su plantilla

El 43 % de las empresas reducirá el número de empleados debido a la integración de la tecnología, mientras que el 41 % contratará trabajadores autónomos para tareas especializadas, y solo el 34 % hará nuevos contratos.

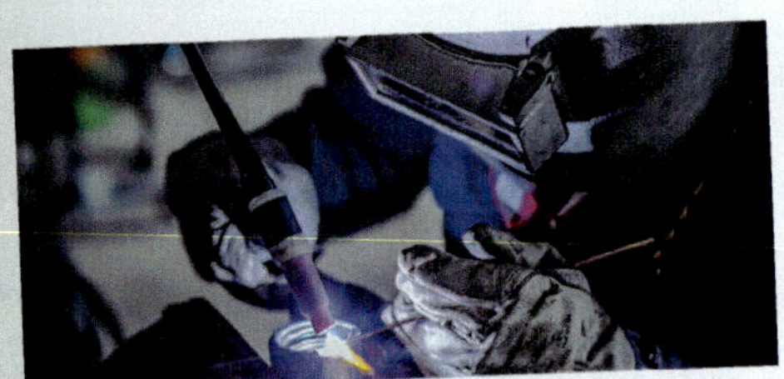

Desaparecerán millones de trabajos pero surgirán otros nuevos

Se calcula que se destruirán 85 millones de puestos de trabajo a causa de la automatización o por quedarse obsoletos, pero, en su lugar, aparecerán 97 millones de nuevos empleos, que se adaptarán mejor a la división del trabajo entre humanos, máquinas y algoritmos.

Trabajos relacionados con la inteligencia artificial y los datos

Los nuevos trabajos estarán relacionados con la inteligencia de datos, la computación en la nube y el comercio electrónico, así como con la inteligencia artificial (IA), el desarrollo y manejo de robots y los algoritmos. También aumentará la demanda de trabajadores especializados en la economía ecológica, las nuevas funciones de la ingeniería y el desarrollo de productos.

Pensamiento crítico y aprendizaje activo

El 40 % de las competencias que poseen actualmente los trabajadores deberá actualizarse para satisfacer las demandas del mercado laboral futuro. Las habilidades más demandadas serán la resolución de problemas, la autogestión, el trabajo con personas y el desarrollo y uso de la tecnología.

Se incrementará el teletrabajo

Las empresas ofrecerán a sus empleados más oportunidades de trabajar a distancia, lo cual influirá en su productividad. Para abordar los retos en materia de productividad y bienestar, las empresas deberán tomar medidas para crear un sentido de comunidad, conexión y pertenencia entre sus trabajadores.

Más formación y recualificación, pero también más desigualdades

Tal y como hemos visto anteriormente, los trabajadores tendrán que desarrollar otras habilidades para responder al nuevo mercado laboral, lo que hará que aumente la necesidad de formación. El 50 % de los trabajadores que logre mantener su puesto de trabajo deberá realizar cursos de formación para afianzar sus competencias básicas y adquirir otras nuevas. Los que estén menos cualificados serán más vulnerables, tendrán una situación económica precaria y sufrirán un mayor desempleo.

RAE

LÉXICO

- El uso de **anglicismos** (palabras que provienen del inglés) en las áreas de la economía, las ciencias y las nuevas tecnologías es creciente. La FundéuRAE (institución cuyo objetivo es promover el buen uso del español en los medios de comunicación) propone alternativas en español para evitar el abuso de este tipo de palabras.
- En el texto anterior aparecen las expresiones profesional autónomo, inteligencia de datos y computación en la nube, términos propuestos por la FundéuRAE para sustituir a *freelance*, *big data* y *cloud computing*, respectivamente.
  El CORPES (Corpus del Español del Siglo XXI), sin embargo, indica que estas propuestas aún se usan de manera minoritaria frente a sus correspondientes términos en inglés. Fíjate en las siguientes cifras (n.° de casos/n.° de documentos):

freelance 183/125	*big data* 485/152	*cloud computing* 182/67
trabajador autónomo 57/24	inteligencia de datos 5/5	computación en la nube 83/54

1.2 **Todo el grupo** ¿Qué conclusión de las anteriores te preocupa más? ¿Por qué? ¿Conoces algún ejemplo o situación de los mencionados en el texto que se esté produciendo en la actualidad?

1.3 **Todo el grupo** ¿Cómo crees que te afectará a ti el panorama que se describe en el texto? Comenta las siguientes cuestiones con el resto de la clase.

- ¿Crees que el trabajo que realizas o que quieres realizar en el futuro desaparecerá? ¿Por qué? ¿Piensas que una máquina podría ocupar ese puesto de trabajo?
- ¿Crees que tu formación es suficiente para adaptarte al mercado laboral del futuro?
- ¿Te gustaría teletrabajar? ¿Por qué? ¿Crees que influiría en la calidad de tu trabajo?

Palabras

1 **Todo el grupo** ¿Sueles utilizar alguna red social para buscar trabajo? ¿Cuál? ¿Desde cuándo la usas? ¿Te parece útil? ¿Cuál es la última oferta de empleo que has recibido a través de esa red?

1.1 **En parejas** Lee la siguiente oferta de empleo y contesta a las preguntas.

SOLUCIONES DIGITALES

Asistente de Comercio Electrónico

Soluciones Digitales - Agencia de Medios

Alicante, Comunidad Valenciana, España

hace 1 día 183 solicitudes

SOLICITUD GUARDAR

Acerca del empleo:

Somos una agencia compuesta por un equipo joven y dinámico que se preocupa por la formación interna y el aprendizaje de sus empleados y empleadas. Si te apasiona el *marketing* digital, puedes hacer tus prácticas con nosotros y trabajar en una de las mejores agencias digitales de España.

Descripción:

– Apoyo al Departamento de Comercio Electrónico.
– Manejo de catálogos de productos de comercio electrónico en diferentes plataformas de compra.

Buscamos una persona proactiva y dinámica, con capacidad resolutiva, a la que le apasionen las nuevas tecnologías. Necesitamos una persona dispuesta a trabajar en equipo y que mantenga un contacto cercano con los clientes.

Formación:

Licenciatura/Grado en *Marketing* o Administración y Dirección de Empresas.
Se valorará un postgrado en el área de Comercio Electrónico.

Requisitos del puesto:

Nivel de inglés alto (se valorarán otros idiomas).
Conocimientos de *marketing* digital.
Disponibilidad: trabajo a tiempo completo (40 horas semanales) o a tiempo parcial (20 horas semanales) de lunes a viernes (horario flexible).

Ofrecemos:

Formación continua para especialización en comercio electrónico.
Posibilidad de firmar contrato indefinido tras las prácticas.

Nivel de experiencia
Ninguno

Sector
Marketing y publicidad

Tipo de empleo
Prácticas remuneradas

Salario
No especificado

1. ¿Qué tipo de trabajo ofrecen?
2. ¿Para qué puesto es la oferta?
3. ¿Cuáles son las funciones del puesto?
4. ¿Qué habilidades buscan en los candidatos?
5. ¿Es necesario tener formación superior?
6. ¿Qué jornada laboral ofrecen?
7. ¿Existe la posibilidad de llegar a ser fijo/a?
8. ¿Se cobrará por el trabajo?
9. ¿Qué es el *comercio electrónico*? ¿Cómo se dice en tu lengua?
10. ¿Qué es una *plataforma de compra*? ¿Cómo se dice en tu lengua?

1.2 **En parejas** ¿Alguna vez has hecho prácticas en una empresa? ¿En cuál? ¿Para qué empleo? Cuéntale a tu compañero/a en qué consistían esas prácticas y qué tal te fue.

2 Escucha los comentarios de estos jóvenes sobre su formación y su experiencia laboral y completa las fichas.

[1]

Edad: *26 años*

Formación: ...

Experiencia laboral: ...

Idiomas: ...

Habilidades/Capacidades: ...

Edad: *24 años*

Formación: ...

Experiencia laboral: ...

Idiomas: ...

Habilidades/Capacidades: ...

Edad: *25 años*

Formación: ...

Experiencia laboral: ...

Idiomas: ...

Habilidades/Capacidades: ...

2.1 **En grupos pequeños** ¿Cuál de los tres candidatos te parece mejor para la oferta de empleo de la actividad 1? ¿Por qué? Habla con tus compañeros y justifica tu elección.

Ejemplo: *Yo creo que la candidata ideal es Olivia porque está estudiando un máster en Marketing Digital y Comercio Electrónico y la oferta dice que...*

2.2 **En parejas** Habla con tu compañero/a y completa su ficha académica y profesional. ¿Qué tipo de empleos podría desempeñar?

Edad: ...

Formación: ...

Experiencia laboral: ...

Idiomas: ...

Conocimientos de informática: ...

Habilidades/Capacidades: ...

Fíjate:

- Para hablar de **estudios y titulaciones** usamos:
  - Tengo el título de...
  - Tengo un grado/una licenciatura/una diplomatura/un máster/un doctorado en...
  - Soy licenciado-a/doctor-a en...
- Para hablar de nuestra **experiencia laboral** usamos:
  - Tengo experiencia en/como...
  - He trabajado en/para... como...
  - He coordinado/dirigido un departamento/un equipo (de trabajo)/un proyecto.
  - Mis funciones eran gestionar/organizar/seleccionar/colaborar/apoyar...
  - Cuento con años de experiencia en...

2.3 Imagina que eres uno de estos tres candidatos. Escribe una carta de presentación que acompañe tu currículum para solicitar el empleo. Utiliza el modelo que te va a proporcionar tu profesor/a.

Gramática

> Recuerda: Llamamos verbos de **influencia** al grupo de verbos que expresan peticiones, sugerencias, consejos, órdenes, prohibiciones u otras formas de influir en el comportamiento de otras personas: ***pedir, exigir, sugerir, aconsejar, recomendar, ordenar, mandar, obligar, prohibir...***

1 Usos del subjuntivo (repaso): Dar consejos y hacer recomendaciones

- Para dar consejos y hacer recomendaciones se usan los verbos de influencia ***sugerir, aconsejar*** o ***recomendar*** y adjetivos como ***aconsejable*** o ***recomendable*** (combinados con el verbo ***ser***) seguidos de **infinitivo** o de ***que*** + **subjuntivo**:

  Te recomiendo hablar/que hables con un asesor sobre la posibilidades de tu negocio.

  Si vas a contratar un nuevo empleado, es aconsejable pedir/que pidas sus referencias.

- También se pueden utilizar sustantivos que expresan consejo o recomendación con la estructura ***Mi consejo/recomendación es*** + ***que*** + **subjuntivo**:

  Si quieres que tu empresa funcione, mi consejo es que busques buenos inversores.

- Al hacer recomendaciones y sugerencias es muy habitual expresar **la conveniencia o no de una acción** con las formas ***conviene/es conveniente*** + ***que*** + **subjuntivo**:

  Conviene que valores las posibilidades de éxito de tu empresa.

1.1 **En parejas** Lee en este foro los problemas que tienen algunos teletrabajadores. Habla con tu compañero/a y piensa en los consejos que podéis darles.

Ana78

En mi empresa han empezado a introducir el teletrabajo y, aunque está muy bien, hay algunas cosas que llevo fatal... En la oficina las condiciones de trabajo son muy buenas: hay mucha luz, pantallas grandes en los ordenadores, sillas ergonómicas, impresoras... En casa me veo muy limitada porque no tengo las mismas comodidades que en la oficina y eso hace que mi trabajo sea menos productivo. Además, cuando llevo muchas horas trabajando, me duele la espalda y la vista se me cansa porque la pantalla de mi ordenador es muy pequeña. ¿Se os ocurre alguna solución?

Jesusique81

Yo trabajo estupendamente desde casa. El problema es que tengo un perro de tres meses y, claro, como ve que estoy allí, quiere que juegue con él o ladra cuando no le hago caso. Lo peor es que, si lo encierro en otra habitación, se pone a llorar y lo paso fatal cuando estoy en una videoconferencia... ¿Tenéis el mismo problema?

Carmentxu

Yo no sé a vosotros, pero a mí, desde que lo hago desde casa, el trabajo se me ha multiplicado por diez. Antes terminaba, me iba de la oficina y se acababa la jornada laboral. Ahora trabajo más horas, recibo correos fuera de mi horario laboral (que me veo obligada a contestar) y estoy pendiente del móvil todo el tiempo. ¿Existe la desconexión digital?

Ana78...	Jesusique81...	Carmentxu...
– Es aconsejable que...	– Te aconsejo que...	– Es recomendable que...
– Te recomiendo que...	– Te sugiero que...	– Conviene que...
– Mi consejo es que...	– Mi recomendación es que...	– Mi recomendación es que...

2 Usos del subjuntivo (repaso): Expresar voluntad o intención

- Para expresar **voluntad o intención** se usan verbos como *querer, desear, pretender, procurar* o *intentar* seguidos de **infinitivo** (si el sujeto de las dos oraciones es el mismo) o de *que* + **subjuntivo** (si el sujeto de las dos oraciones es diferente):

  *Muchas empresas **están intentando conciliar** mejor la vida familiar y la laboral.*
  *Los trabajadores **no desean que** las máquinas **ocupen** sus puestos de trabajo.*
  *Los gobiernos **pretenden que** las desigualdades entre los trabajadores **desaparezcan**.*

Recuerda:
Para expresar **deseos** se puede utilizar la interjección ***ojalá (que)*** seguida de subjuntivo.

2.1 [2] Escucha el audio y relaciona los comentarios de las personas que hablan con su imagen correspondiente.

1  2  3  4 

2.2 [2] Vuelve a escuchar y completa los deseos e intenciones de las personas que hablan.

Persona a
Quiere que sus hijos ....
....

Persona b
Desea que su nieta ....
....

Persona c
Pretende que su marido ....
.... el año que viene.

Persona d
En la próxima entrevista de ese tipo va a procurar ....
....

3 Otros usos del subjuntivo

- La estructura *hacer/provocar* + *que* + **subjuntivo** tiene un valor **causativo**, es decir, el sujeto de la oración principal no realiza la acción del verbo subordinado sino que obliga o provoca a otro para que la realice:

  *La inteligencia artificial **ha hecho que** muchos trabajadores **hayan tenido que reconvertirse** profesionalmente.*
  *La automatización del trabajo **provocará que se pierdan** muchos empleos.*

- Los verbos que expresan la **consecución de un objetivo** como *conseguir* o *lograr* pueden ir seguidos de **infinitivo** (si el sujeto de las oraciones es el mismo) o de *que* + **subjuntivo** (si el sujeto de las oraciones es diferente):

  ***He logrado ascender** en mi empresa gracias a mi esfuerzo; estoy muy orgulloso.*
  *Los repartidores **han conseguido que** la empresa los **reconozca** como trabajadores por cuenta ajena.*

Fíjate:
- Otro verbo causativo es *causar*, que normalmente va seguido de un sustantivo:
  *El desempleo **está causando** el empobrecimiento de la clase trabajadora.*
- El verbo *provocar* se construye también con sustantivo:
  *El terremoto **provocó** daños irreparables en todos los inmuebles.*

3.1 **En parejas** Lee la siguiente información y contesta a estas preguntas: ¿qué expresión te parece más rentable de las cinco? ¿Crees que hay alguna diferencia de uso o de registro entre ellas?

RAE

GRAMÁTICA

- Las expresiones hacer, provocar y causar arrojan las siguientes cifras según su frecuencia de uso[1] en el CORPES XXI:

hacer que	36 017/19 791	*provocar* + sustantivo	19 795/13 246
provocar que	4279/3485	*causar* + sustantivo	10 634/7926
causar que	338/314		

[1] N.º casos/N.º documentos

3.2 **En parejas** Forma frases como la del ejemplo usando los verbos *hacer, provocar* y *causar* (presta atención a los cambios que se producen).

Ejemplo: Causa: Automatización del trabajo.
Efecto: Desaparición de millones de empleos.

– *La automatización del trabajo hará/provocará que desaparezcan millones de empleos.*

– *La automatización del trabajo provocará/causará la desaparición de millones de empleos.*

1. Causa: Aumento de la digitalización en los procesos laborales.
   Efecto: Algunos puestos de trabajo dejarán de existir.
   – *El aumento* ....
   – ....
2. Causa: Las nuevas funciones de la ingeniería y el desarrollo de productos.
   Efecto: Aumento de la demanda de trabajadores especializados.
   – ....
   – ....
3. Causa: Las nuevas demandas del mercado laboral.
   Efecto: Actualización de las competencias de los trabajadores.
   – ....
   – ....
4. Causa: Aplicación de la inteligencia artificial al trabajo.
   Efecto: Reconversión profesional de muchos trabajadores.
   – ....
   – ....
5. Causa: Impacto de la tecnología.
   Efecto: Los trabajadores menos cualificados serán más vulnerables.
   – ....
   – ....

3.3 **Todo el grupo** Comenta con tu compañero/a los efectos que crees que tendrán las siguientes situaciones en el futuro. Después exponed vuestras hipótesis al resto de la clase.

Ejemplo: *Nosotros creemos que el teletrabajo hará que desaparezcan las oficinas.*

- El teletrabajo
- La tecnología 5G
- El internet de las cosas
- El cotrabajo *(coworking)*
- La flexibilidad laboral
- El trabajo como profesional autónomo

3.4 **En parejas** Observa las imágenes y completa las frases de forma lógica.

1

He conseguido que mi pareja... ....

2

Al fin hemos logrado que en la oficina... ....

3

Después de mucho esfuerzo, por fin he logrado... ....

4

Los sindicatos han conseguido que la empresa... ....

3.5 **Todo el grupo** ¿Y tú? ¿Has conseguido algo en estos últimos años? ¿Tienes algún objetivo que alcanzar? ¿Has logrado que alguien de tu entorno haya cambiado algún hábito? Coméntalo con tus compañeros.

4 Pretérito perfecto de subjuntivo (repaso)

- El **pretérito perfecto de subjuntivo** es un tiempo verbal que se forma con el verbo auxiliar *haber* en **presente de subjuntivo** y el participio del verbo principal: ***haya estudiado, hayas venido, haya comido, hayamos situado, hayáis repetido, hayan vivido.***
- Recuerda que algunos participios son irregulares: ***abierto, dicho, vuelto, escrito, muerto...***
- El pretérito perfecto de subjuntivo equivale al pretérito perfecto de indicativo, es decir, se refiere a acciones **terminadas** relacionadas con el presente:
  *¡Menos mal! **Ha llegado** a tiempo a la entrevista.*
  ***Espero que haya llegado** a tiempo a la entrevista.*
- En las oraciones temporales con valor de futuro es frecuente sustituir el pretérito perfecto de subjuntivo por el presente de subjuntivo:
  *Cuando **hayas terminado/termines** de escribir el currículum, te lo reviso si quieres.*

4.1 **En parejas** Completa las frases utilizando el presente de subjuntivo, el pretérito perfecto de subjuntivo o ambos según convenga.

1. No empezaré a buscar trabajo hasta que no .... (terminar) el máster.
2. A ver qué tal tu primer día... Espero que todo .... (ir) genial.
3. Me molesta que Marcos .... (atribuirse) todo el mérito del trabajo durante la presentación de nuestro proyecto.
4. Queremos conseguir que, este trimestre, el paro .... (reducirse) a la mitad.
5. Me extraña que Mónica aún no .... (llamar)... Se supone que la reunión terminaba a las 14:00, ¿no?

Practica en contexto

1 **En parejas** ¿Sabes qué es una *empresa emergente (start-up)*? Habla con tu compañero/a y escribe una posible definición de este término.

Una empresa emergente es...

....

....

1.1 **Todo el grupo** Ahora comparad la definición que habéis escrito con la que os va a dar vuestro/a profesor/a. ¿Conoces alguna compañía que haya iniciado su actividad económica como una empresa emergente?

1.2 **En parejas** Lee este texto sobre una empresa emergente española de éxito y contesta a las preguntas. Luego compara tus respuestas con tu compañero/a.

HostandBoat.com: un ejemplo de éxito

Se llama Silvina Reyes, tiene 50 años y es cofundadora y primera ejecutiva de HostandBoat.com, plataforma global de experiencias vacacionales que ofrece viajes en barco privado a precios asequibles. Tras 28 años de carrera profesional en la empresa privada, un día decidió tomarse unas largas vacaciones y emprendió junto a su familia un viaje en barco alrededor del mundo. Juntos recorrieron doce mil millas náuticas a bordo de un velero, arribaron a más de cien puertos en tres continentes y terminaron su larga travesía en Andalucía, su tierra de origen, para hacer crecer su empresa emergente.

Silvina cuenta así cómo nació HostandBoat.com: "Cuando en 2016 emprendimos el viaje, descubrí que pasar las vacaciones en el mar era un sueño que podía hacerse realidad. Me di cuenta de lo maravilloso que es ver amanecer en un velero y de cómo se disfruta del agua y del sol desde un barco que solo compartes con quien tú quieres. Se pueden conocer lugares a los que solamente se accede por mar y gozar de un contacto pleno con la naturaleza. Sin duda, se trata de una experiencia única que, además, respeta el medioambiente, pues es absolutamente sostenible. Con este modo de viajar, podemos llegar a cientos de lugares sin tener que cambiar de hoteles ni hacer maletas a diario".

Después de aquel viaje inolvidable, Jorge, su pareja y experto en náutica, y ella, con todo su bagaje profesional especializado en los negocios en línea, crearon www.hostandboat.com, una plataforma de éxito que pone al alcance de cualquiera una experiencia vacacional diferente, sana, sostenible y segura hacia los destinos más bellos y recónditos del mundo.

Adaptado de https://www.todostartups.com/casos-exito/da-media-vuelta-al-mundo-emprendiendo-mientras-navega

1. ¿Te parece que HostandBoat.com ofrece un servicio diferente?
2. ¿Tiene alguna ventaja sobre otras empresas que ofrezcan viajes en barco?
3. ¿Crees que el mercado objetivo de esta empresa emergente es lo suficientemente amplio como para que el negocio sea lucrativo? Justifica tu respuesta.
4. ¿Cuáles crees que son las claves del éxito de esta empresa?
5. ¿Utilizarías personalmente este servicio? ¿Por qué?

2 Lee los siguientes perfiles y elige uno. Piensa en las habilidades que puede tener esa persona y anótalas en tu cuaderno.

Alberto Campos

Formación: Graduado en Administración y Dirección de Empresas; Máster en Recursos Humanos.
Experiencia laboral: Cazatalentos en una consultoría especializada en la búsqueda y selección de perfiles contables y financieros.
Idiomas: Inglés.

Lucía Ortiz

Formación: Diseñadora y desarrolladora de videojuegos.
Experiencia laboral: Desarrolladora de aplicaciones de juegos para móvil; diseñadora y desarrolladora de videojuegos en empresa multinacional.
Idiomas: Inglés y japonés.

Esther Muñoz

Formación: Diseñadora de calzado.
Experiencia laboral: Diseñadora de calzado en empresa multinacional del sector; diseñadora independiente para clientes españoles e italianos.
Idiomas: Inglés e italiano.

Ricardo Gómez

Formación: Ingeniero informático.
Experiencia laboral: Desarrollador de aplicaciones informáticas en una empresa multinacional; programador web, de bases de datos y de plataformas de comercio electrónico.
Idiomas: Inglés y alemán.

Beatriz Leiva

Formación: Graduada en Administración y Dirección de Empresas.
Experiencia laboral: Responsable de ventas en empresa del sector de la alimentación; administradora de logística en empresa del sector textil.
Idiomas: Inglés y alemán.

Jara Torres

Formación: Preparadora física y fisioterapeuta.
Experiencia laboral: Instructora de yoga, pilates, *fitness*, zumba, entrenamiento personal…; fisioterapeuta por cuenta propia.
Idiomas: Inglés y ruso.

Laura Costa

Formación: Bióloga.
Experiencia laboral: Técnica de producción y gestión de calidad en viveros y jefa de ventas en línea de Interflores Internacional S.A.
Idiomas: Inglés y alemán.

Pedro Azpilicueta

Formación: Dietista y nutricionista.
Experiencia laboral: Dietista-nutricionista en empresa multinacional especializada en el sector; dietista en empresa dedicada a la nutrición deportiva y de alto rendimiento.
Idiomas: Inglés.

Víctor Choi

Formación: Licenciado en *Marketing* y Comercio Electrónico.
Experiencia laboral: Creador de contenidos para web y redes sociales; responsable de *Marketing* Digital para empresas de comercio electrónico.
Idiomas: Español, inglés y coreano.

2.1 **En grupos pequeños** Habla con tus compañeros de grupo y pregúntales por su formación, su experiencia y sus habilidades teniendo en cuenta el perfil que ha elegido cada uno/a.

> Fíjate:
> En algunas ocasiones, hablar demasiado bien de uno mismo puede causar mala imagen porque nos hace parecer engreídos. Para evitarlo, podemos utilizar adjetivos negativos que muestren modestia y resten importancia a nuestras cualidades:
> *Dicen que no soy del todo mala resolviendo problemas.*

Preguntar por la habilidad para hacer algo

- ¿*Eres capaz de* + infinitivo?
- ¿Eres hábil para…?
- ¿Tienes facilidad para…?
- ¿Qué tal se te da(n)…?
- ¿Se te da(n) bien/mal…?
  ¿Se te dan bien los idiomas?

Expresar habilidad o no para hacer algo

- *Soy (in)capaz de* + infinitivo
- (No) Soy hábil para…
- Soy (un-a) negado-a para/con…
- (No) Tengo facilidad para…
- (No) Se me da(n) bien/mal…
- *No soy nada/del todo malo-a* + gerundio
- *Soy buenísimo-a/malísimo-a* + gerundio
- No hago nada mal/del todo mal…
  Soy incapaz de memorizar fechas.

2.2 **Todo el grupo** Elabora tu perfil profesional (real o inventado) según el modelo que has visto en la actividad 2 y añade tus habilidades. Cuelga tu perfil en la clase. Luego, elige a tres compañeros para crear con ellos una empresa emergente y justifica tu elección.

2.3 [3] Escucha los consejos que dan dos miembros de la Confederación Española de la Pequeña y Mediana Empresa (CEPYME) para lograr que una empresa emergente tenga éxito. ¿Qué recomienda cada uno?

Recomendaciones	Persona 1	Persona 2
1. Mi recomendación es que no dejes de publicitar tu negocio, aunque tu empresa funcione.	☐	☐
2. Procura que las personas que contrates sean las adecuadas.	☐	☐
3. Te recomiendo que elijas una idea de empresa con oportunidades reales de éxito.	☐	☐
4. Controlar tus finanzas periódicamente hará que haya un equilibrio entre el dinero que entra y el que sale de tu empresa.	☐	☐
5. Te sugiero que solicites asesoramiento a profesionales del sector y a otros emprendedores.	☐	☐
6. Es conveniente que analices lo que hace la competencia.	☐	☐
7. No descuides el servicio al cliente.	☐	☐
8. Intenta empezar con un negocio con el que estés familiarizado pero, sobre todo, mi consejo es que te apasione realmente lo que haces.	☐	☐

3

En grupos pequeños Ahora que ya conocéis bien vuestros perfiles como socios fundadores, y teniendo en cuenta los consejos de los expertos anteriores, vais a crear vuestra propia empresa emergente. Seguid las pautas.

- Definid la actividad de la empresa y dadle un nombre.
- Enumerad los servicios que puede ofrecer.
- Decidid quién queréis que sea vuestro público objetivo.
- Pensad quién o quiénes deseáis que os financien.
- Elegid los medios de difusión que vais a utilizar para daros publicidad (redes sociales, prensa, etc.).
- Repartid las responsabilidades según las habilidades de cada uno/a.

3.1 **Todo el grupo** Ahora presentad la empresa al resto de la clase. Vuestros compañeros la evaluarán y os dirán si tiene probabilidades de éxito.

- ¿Es una idea original?
- ¿Tiene futuro en el mercado?
- ¿Te parece que el público objetivo está bien seleccionado?
- ¿Crees que los medios de difusión son adecuados para el tipo de negocio propuesto?
- ¿Utilizarías este servicio? Justifica tu respuesta.
- ¿Tienes algún consejo para tus compañeros?

4 **En grupos pequeños** ¿Sabes qué es la *economía de los pequeños encargos (gig economy)*? Lee la definición y comenta las siguientes cuestiones con tus compañeros.

> “Aplicado al mundo laboral, la economía de los pequeños encargos se refiere a aquellos trabajos puntuales que se realizan sin exclusividad ni contrato laboral con la empresa que los encarga. Se trata de trabajos que se llevan a cabo de manera independiente y que tienen una duración concreta. La flexibilidad y la comunicación a través de las plataformas digitales son los pilares básicos de este modelo de trabajo, que conecta a los trabajadores con usuarios que demandan un servicio específico”.

- ¿Qué ventajas crees que tiene para los trabajadores esta nueva forma de entender el mercado laboral? ¿Y para las empresas?
- ¿Qué beneficios tiene este modelo para los usuarios?
- ¿Qué desventajas puede tener este modelo para los trabajadores?
- ¿Te gustaría que este fuera el modelo del trabajo del futuro? ¿Por qué?

4.1 **Todo el grupo** Lee los siguientes titulares. ¿Qué problemas crees que tienen los trabajadores de estas plataformas? ¿Qué mejoras han conseguido?

El Tribunal Supremo ha determinado que las plataformas digitales de reparto de comida a domicilio en España deben considerar a sus repartidores como empleados y no como autónomos, lo cual implica el derecho a un contrato de trabajo y a las prestaciones laborales correspondientes.

Una sentencia judicial histórica en el Reino Unido reconoce los derechos laborales básicos de los conductores de Uber. Se trata de una nueva victoria legal en Europa para quienes trabajan en la denominada *economía de los pequeños encargos*.

Las últimas decisiones judiciales marcan un punto de inflexión para las plataformas y sus empleados, tras varios años sindicalizándose, alertando a la opinión pública y sensibilizando a los políticos sobre su situación.

4.2 **En grupos pequeños** Imaginad que pertenecéis a un colectivo de trabajadores que ofrece sus servicios en una plataforma digital y queréis reivindicar algunas mejoras en vuestras condiciones laborales. Leed la información del cuadro y escribid una lista con vuestras peticiones.

> Recuerda:
> Para hacer peticiones, se usan verbos de influencia como *pedir, exigir* o *demandar* + **sustantivo**/*que* + **subjuntivo**:
> *Exigimos **la regulación** de nuestra situación laboral./ **que** el Gobierno **regule** nuestra situación laboral.*

Peticiones a la empresa para mejorar el desarrollo y la organización del trabajo

1. Claridad y transparencia en la redacción de los términos del servicio y en las condiciones sobre pagos, comisiones cobradas y entrega de equipamiento para el trabajo.
2. Derecho a apelar por falta de pago, evaluaciones negativas, acusaciones de infracciones al código de conducta y suspensiones de cuentas.
3. Obtención de derechos laborales básicos: un salario adecuado, un límite máximo de horas de trabajo y protección en materia de seguridad y salud.
4. Protección social para garantizar la cobertura en caso de accidentes de trabajo o de enfermedades profesionales.

Empresas emergentes

que transforman América Latina

Las empresas emergentes en América Latina están desarrollando soluciones creativas para hacer frente a retos no solo locales, sino también regionales o mundiales. Por medio de la innovación y la tecnología, los emprendedores que lideran estas empresas han sido capaces de ayudar a acelerar el desarrollo de la economía digital de la región, promoviendo la inclusión, el acceso a servicios de mejor calidad, la educación, la atención de la salud y el empleo.

Estas son algunas de las 15 empresas emergentes que se encuentran en la lista de las *start-up* más destacadas en América Latina, según el Foro Económico Mundial y la Corporación Financiera Internacional.

1 **Todo el grupo** Lee estas iniciativas y elige la empresa que te parece que presta un servicio más importante a la sociedad. Justifica tu respuesta.

Laboratoria

Esta empresa peruana tiene como objetivo principal que miles de mujeres en América Latina desarrollen carreras en tecnología, cambien su futuro y hagan más diversa la industria. Las mujeres que no tuvieron acceso a una educación de calidad ahora se están convirtiendo en desarrolladoras web y en diseñadoras de experiencia de usuario[1], y así acceden a trabajos en el campo de la tecnología.

[1] Los desarrolladores web diseñan, crean y realizan el mantenimiento de páginas y aplicaciones web. Los diseñadores de experiencia de usuario analizan los problemas y necesidades del usuario para solventarlos y mejorar dicha experiencia.

Chipsafer

Es una plataforma uruguaya que puede rastrear y detectar anomalías en el comportamiento del ganado en cualquier momento y lugar con el objetivo de solucionarlas lo antes posible. Los animales llevan incorporado un dispositivo inteligente que transmite información al servidor de la compañía para su procesamiento y análisis. La granja puede saber dónde están los animales en todo momento y recibir notificaciones si alguno de ellos está fuera de un área específica o si se detecta algún problema. Chipsafer también es útil para combatir el robo de ganado.

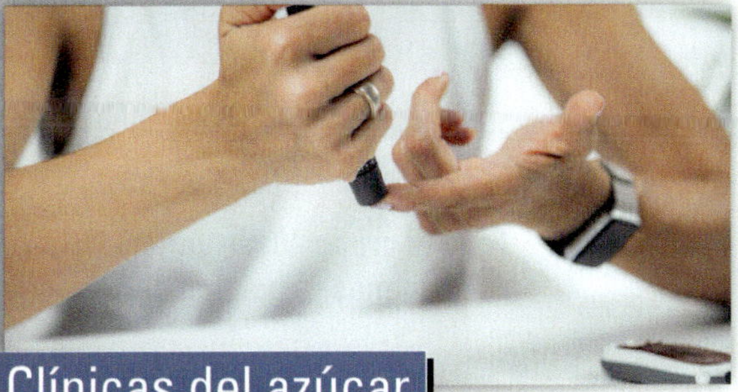

Clínicas del azúcar

Empresa emergente mexicana que ha desarrollado un modelo enfocado en la atención de 10.6 millones de mexicanos con diabetes. Gracias a Clínicas del azúcar se han podido prevenir muchas complicaciones derivadas de esta enfermedad, lo que ha supuesto una reducción importante del gasto para el Estado y ha permitido a las personas de bajos ingresos acceder a un servicio de alta calidad a un precio asequible.

Notco

Esta empresa emergente chilena utiliza un algoritmo capaz de crear infinitas combinaciones de plantas con el fin de replicar el sabor de productos animales. Según sus creadores, Notco ha sido desarrollado para cambiar la manera en que comemos los humanos formulando productos sabrosos, saludables, accesibles y sustentables, ya que prescinde de los animales en la producción de alimentos.

Kingo Energy

Es una empresa guatemalteca cuyo objetivo es resolver el problema de la falta de acceso a la electricidad. Para ello, ofrece un kit fotovoltaico compuesto por paneles solares y una caja con una batería para almacenar la electricidad producida durante el día. Los usuarios compran su consumo por unidad de tiempo (hora, día, semana o mes) con un teléfono móvil de recarga. El objetivo de Kingo es proveer de energía a los lugares más recónditos e inaccesibles del mundo.

Lab4u

El objetivo de esta empresa chilena es democratizar el estudio de la ciencia, pues existe un gran porcentaje de jóvenes que no tiene acceso a ella. Su Lab4Physics utiliza los sensores incorporados en teléfonos inteligentes y tabletas para convertirlos en instrumentos de laboratorio. Utiliza el acelerómetro, la cámara y el micrófono para medir, graficar[1] y analizar los cambios de fenómenos físicos. Las clases de Física se convierten, de este modo, en una aventura en sí mismas.

[1] La palabra *graficar* es un verbo utilizado mayoritariamente en los países del Cono Sur. En España se usa la expresión *hacer* o *trazar un gráfico*.

Adaptado de https://negociostart.com/15-startups-de-america-latina-que-estan-transformando-la-region/

2 Busca una empresa emergente de tu país que cumpla un fin social y prepara una breve presentación siguiendo el modelo de los textos anteriores.

3 **Todo el grupo** Presentad vuestra empresa emergente al resto de la clase. ¿Cuál de ellas os parece más interesante desde el punto de vista social? ¿Por qué?

Vídeo

REPORTAJES

JOMLY y el alojamiento colaborativo

Antes del vídeo

1 **Todo el grupo** Vas a ver el vídeo de presentación de una empresa emergente llamada Jomly[1]. Fíjate en las imágenes. ¿Qué tipo de servicio crees que ofrece esta empresa?

[1] Jomly es el nombre de una empresa emergente de economía colaborativa que finalizó su actividad en 2014.

Durante el vídeo

2 Visiona el vídeo y responde a las preguntas.

1. Según el vídeo, ¿en qué se basa la economía colaborativa?
2. ¿Qué necesita el anfitrión o la anfitriona que utiliza el servicio de Jomly?
3. ¿Qué consigue el/la huésped?
4. ¿Qué ofrece el/la huésped a cambio?
5. ¿En qué consiste el servicio que ofrece Jomly?

3 **En parejas** En el vídeo aparecen varias personas que buscan gente. Vuelve a verlo y fíjate en ellas. ¿Cómo crees que son? ¿Qué necesidades pueden tener?

1 ....

2 ....

3 ....

3.1 **En parejas** ¿De qué diferentes maneras pronuncian "jomly" las personas que aparecen en el vídeo? ¿A qué crees que hace referencia "jom"? ¿A qué palabra de otro idioma remite? ¿Por qué crees que utilizan un término como este? Justifica tu respuesta.

4 **En grupos pequeños** Algunas de las personas que aparecen en el vídeo deciden colaborar entre ellas. ¿Qué servicio crees que les van a ofrecer los huéspedes a sus anfitriones a cambio del alojamiento? Habla con tus compañeros e intercambiad vuestras impresiones.

Después del vídeo

5 **En parejas** Lee estos anuncios publicados a través de Jomly y escribe un anuncio similar para buscar un anfitrión o una anfitriona o un/a huésped.

Busco anfitrión o anfitriona en Valencia

Busco una persona de mediana edad que quiera alojar en su casa a un estudiante de Bellas Artes a cambio de formación en técnicas artísticas (dibujo, óleo, cerámica y escultura).

Buscamos huésped en Málaga

Buscamos una mujer para la zona centro, no importa la edad, dispuesta a ofrecer ayuda en el hogar y formación en informática a cambio de alojamiento.

¿Compartimos?

Buscamos ....
....
....
....

6 **Todo el grupo** Comenta con tus compañeros las siguientes cuestiones.

1. ¿Qué te parece la iniciativa de Jomly?
2. ¿Conoces a alguna persona que podría beneficiarse de este servicio? ¿Qué necesidades tiene?
3. Imagina que buscas alojamiento en Jomly, ¿qué podrías ofrecer a cambio?
4. ¿Te importaría alojar a una persona a cambio de un servicio? ¿Por qué?

Evaluación

1 Completa los fragmentos de estas noticias con las palabras adecuadas.

mercado laboral | contrato indefinido | trabajadores | empresas | vida laboral | salarios | flexibilidad laboral | habilidades | metas profesionales | Recursos Humanos | teletrabajo

El porcentaje de empresas que han optado por el [1] .... se ha disparado durante el último año. Sin embargo, lo que parecía la panacea para conciliar la [2] .... y la familiar ha resultado plantear más desafíos de los previstos.

En un [3] .... cambiante, en el que conviven generaciones diferentes con sus distintas ambiciones y [4] ...., cada vez es más complicado para las [5] .... fidelizar a sus [6] ...., lo que repercute negativamente en sus resultados. Esto ha hecho que los departamentos de [7] .... estén cada vez más centrados en lograr el compromiso del personal con la empresa, a través de incentivos tanto económicos como sociales, para conseguir que ambas partes salgan beneficiadas.

Un 12 % de las empresas están diseñando planes para establecer [8] .... y beneficios en función de las [9] .... de sus empleados. Un 19 % tiene ya en marcha políticas para fomentar la [10] ...., y un 30 % asegura que son conscientes de que la nueva realidad del trabajo requiere un nuevo modelo de incentivos y compensaciones.

Las personas trabajadoras desean tener un [11] ...., ser fijas en la empresa; esto, que hace años era una garantía de estabilidad en el trabajo, lamentablemente hoy en día ya no lo es.

2 Relaciona la información de las columnas.

1. Si tienes dudas sobre la financiación de tu empresa,...
2. Para mantenerte al día en tu profesión...
3. Para tus clases por videoconferencia...
4. Si vas a trabajar desde casa con archivos muy pesados,...
5. Para buscar trabajo...

a. te sugiero que amplíes tu red de contactos en alguna plataforma de empleo.
b. es aconsejable que contrates una buena conexión a internet.
c. te recomiendo que te asesores en el banco.
d. conviene que realices cursos de formación periódicamente.
e. te aconsejo utilizar esta aplicación. ¡Puedes tener hasta cien alumnos conectados!

3 Escribe una recomendación para estas personas.

1. "Tengo un grado en Filología Inglesa, pero creo que no es suficiente para encontrar un buen trabajo". Consejo: ....
2. "He visto una oferta de trabajo relacionada con el comercio digital, pero no sé nada de Excel". Consejo: ....
3. "Me han ofrecido teletrabajar en la empresa, pero no sé si aceptar porque creo que voy a perder el contacto humano con mis compañeros". Consejo: ....

4 **Completa las frases según tu experiencia.**

1. Este año he conseguido ....
2. Voy a intentar que mi pareja/mis padres/mi mejor amigo-a ....
3. He conseguido que mi pareja/mis padres/mi gato/mi perro ....
4. El año que viene procuraré ....
5. Quiero que mi jefe-a/mi profesor-a ....

5 **Completa en tu cuaderno las siguientes frases.**

1. La demanda del futuro mercado laboral provocará que las universidades…
2. Los objetivos de desarrollo sostenible en el mundo del trabajo harán que las empresas…
3. El envejecimiento de la población hará que los trabajos relacionados con los servicios sociales…

6 **Lee este texto sobre los logros de una empresa emergente española y complétalo con los verbos del recuadro en el presente o el pretérito perfecto de subjuntivo según convenga.**

instalar | renunciar | probar | realizar | volver a aparecer | tomar

Nos dedicamos al campo de la tecnología wifi e implementamos soluciones para resolver cualquier problema que tengan nuestros clientes, incluso en los escenarios más difíciles. Hemos conseguido que muchos pueblos y zonas rurales de España [1] .... en el mapa gracias al acceso a internet que ofrece nuestra empresa a sus habitantes, turistas y teletrabajadores, luchando contra el fenómeno de la "España vacía".

Hemos logrado que miles de colegios [2] .... sus videollamadas a lo largo del curso sin problemas de conexión y sin tener que entrar por turnos a las sesiones de clase.

Hemos conseguido que más de 1300 aviones comerciales [3] .... ya nuestra tecnología para suministrar entretenimiento a bordo sin cortes para los pasajeros y que las compañías [4] .... en consideración su implantación definitiva.

Vamos a lograr que los estadios de fútbol [5] .... a la tecnología wifi de fabricantes extranjeros y que, en su lugar, [6] .... la nuestra, incluso en eventos tan importantes como la Copa del Rey.

Adaptado de https://www.galgus.net/sobre-galgus

7 **Como has visto, en esta unidad hemos recordado algunos contenidos del nivel B1. ¿Crees que ha sido útil? Marca la opción adecuada según tu experiencia.**

Ha sido útil repasar…	Mucho	Bastante	Un poco	Nada
1. el léxico relacionado con la formación académica.	☐	☐	☐	☐
2. el uso del subjuntivo para dar consejos y hacer recomendaciones.	☐	☐	☐	☐
3. el uso del subjuntivo para expresar voluntad.	☐	☐	☐	☐
4. la forma y el uso del pretérito perfecto de subjuntivo.	☐	☐	☐	☐
5. expresiones para hablar de capacidades y habilidades.	☐	☐	☐	☐
6. el uso del subjuntivo para hacer peticiones.	☐	☐	☐	☐

Unidad

2 Cuerpo y mente

¿Qué te sugieren la imagen principal y el título de la unidad?

¿Cómo crees que se sienten los hombres de la foto?

¿Crees que para llevar una vida sana y equilibrada basta con alimentarse bien y hacer ejercicio?

¿Te consideras una persona feliz? ¿Por qué?

En esta unidad vas a. . .

- Hablar sobre la salud, el bienestar y las emociones
- Hablar de cambios ocasionales o permanentes de las personas
- Expresar sentimientos y estados anímicos
- Expresar sensaciones y percepciones físicas
- Conocer el grado de felicidad de los mexicanos

¿Qué sabes?

1 **Todo el grupo** Lee estas citas sobre la salud y el bienestar. ¿Con cuál o cuáles te identificas más? ¿Por qué?

"El ejercicio es clave para la salud física y de la mente".

Nelson Mandela

"El desear estar bien es una parte de lograr estar bien".

Séneca

"Que la comida sea tu alimento y tu alimento, tu medicina".

Hipócrates

"Solo la alegría es garantía de salud y longevidad".

Santiago Ramón y Cajal

"Nuestros cuerpos son nuestros jardines; nuestras decisiones, nuestros jardineros".

William Shakespeare

1.1 **En parejas** Lee la portada de esta revista sobre salud y bienestar. ¿A qué sección crees que pertenece cada artículo? Justifica tu respuesta.

1. ☐ Nutrición
2. ☐ Bienestar
3. ☐ Ejercicio físico
4. ☐ Salud

1.2 **Todo el grupo** ¿Te interesan la salud y el bienestar? ¿Qué medios utilizas para informarte sobre estos temas?

Fíjate:
- Yo normalmente sigo a... en...
- Yo leo revistas sobre...
- Yo sigo los consejos de...
- Yo escucho un pódcast sobre...
- Yo me informo a través de...
- A mí estos temas no me interesan (mucho/demasiado).

2 **En parejas** Lee los consejos que propone la revista en este artículo. ¿Los sigues todos? ¿Cuáles no? ¿Por qué? Coméntalo con tu compañero/a.

Ejemplo: ▶ *Yo tomo menos fruta de la recomendada porque no me gusta mucho.*
▷ *Pues yo paso demasiado tiempo delante del ordenador porque...*

Consejos para para llevar un estilo de vida saludable

Haz ejercicio y evita el sedentarismo

- Distribuye la actividad física a lo largo de la semana. Por ejemplo, treinta minutos de actividad moderada cinco o más veces a la semana.
- Reduce los periodos sedentarios prolongados: realiza sesiones cortas de estiramientos o da un breve paseo cada dos horas.
- Elige un transporte activo: camina o ve en bici siempre que sea posible.
- Limita el tiempo delante de una pantalla (televisión, ordenador, teléfono móvil, tableta, videoconsola...).

Cuida las relaciones personales

Las relaciones personales influyen en gran medida en nuestra salud mental y física.

Las personas que tienen buenas relaciones personales presentan menores tasas de ansiedad o depresión y tienen una mayor autoestima, lo que ayuda a fortalecer el sistema inmunológico, reduciendo el impacto de determinadas enfermedades y llegando a alargar la esperanza de vida.

Duerme bien

Dormir poco también es perjudicial, por lo que hay que intentar conseguir, al menos, 8 horas de sueño reparador al día. Con ello, reducirás el riesgo de padecer obesidad, diabetes o enfermedades cardiovasculares y mejorará tu metabolismo y tu digestión.

Se ha comprobado que un sueño adecuado reduce significativamente la ansiedad, al mejorar la capacidad de procesar el estrés y de reaccionar de manera apropiada.

Come de forma saludable

- Consume como mínimo cinco raciones al día de frutas y verduras, preferentemente frescas.
- Bebe agua y limita las bebidas azucaradas. No abuses tampoco de las bebidas sin azúcar.
- Compra alimentos frescos: evita los alimentos precocinados, los procesados (como hamburguesas, salchichas o algunos embutidos) y la bollería industrial.
- Reduce la sal en tus comidas y evita, también, la que contienen las salsas o aliños ya preparados y los productos procesados.
- Lee el etiquetado de los productos: evita los que contengan grasas hidrogenadas o parcialmente hidrogenadas y limita los elaborados con aceite de coco o palma.

Palabras

1 Haz este pequeño test preparado por nutricionistas de la Fundación Española del Corazón para comprobar lo que sabes sobre los alimentos.

1. ¿Qué aceite es el más recomendado para freír los alimentos?
   a. El de oliva virgen.
   b. El de girasol.
   c. El de soja.

2. ¿Cuántas raciones de pescado azul se recomienda consumir a la semana?
   a. Entre una y dos.
   b. Entre dos y tres.
   c. Entre cuatro y cinco.

3. ¿Las frutas y verduras contienen colesterol?
   a. Sí.
   b. No.
   c. Depende de si están crudas o cocidas.

4. ¿Qué fruto seco se considera uno de los más completos y recomendables?
   a. La nuez.
   b. El pistacho.
   c. La avellana.

5. ¿Qué tipo de chocolate es más saludable?
   a. El chocolate negro.
   b. El chocolate blanco.
   c. El chocolate con leche.

6. ¿Qué parte del huevo es la que contiene grasa y colesterol?
   a. La clara.
   b. La yema.
   c. Ambas.

7. ¿Cuántas raciones de lácteos se recomienda consumir al día?
   a. No más de una.
   b. Entre dos y tres.
   c. Más de tres.

8. ¿Qué lugar ocupan los cereales en la pirámide alimentaria?
   a. La parte superior.
   b. La parte central.
   c. La base.

9. ¿Qué beneficios tienen los alimentos integrales?
   a. Son bajos en calorías.
   b. Son bajos en azúcar y sal.
   c. Son ricos en fibra.

1.1 [4] Ahora escucha el audio y comprueba tus respuestas.

1.2 [4] Vuelve a escuchar y di si estas afirmaciones son verdaderas o falsas.

1. El pescado azul ayuda a prevenir enfermedades del corazón. .... V F
2. Los alimentos de origen vegetal contienen niveles muy bajos de colesterol. .... V F
3. Las nueces son ricas en fibra, vitaminas e hidratos de carbono. .... V F
4. El chocolate negro es beneficioso por alguno de sus nutrientes, pero su grasa es saturada. .... V F
5. Las proteínas de la clara del huevo tienen un valor nutricional muy alto. .... V F
6. Si padeces diabetes o sobrepeso, debes tomar lácteos descremados. .... V F
7. Las legumbres, junto con los cereales y las patatas, deberían representar aproximadamente la mitad de las calorías de nuestra dieta. .... V F

1.3 **En grupos pequeños** ¿Y tú? ¿Sigues las recomendaciones relacionadas con las preguntas 1, 2 y 7 del test? ¿Sueles comer frutas y verduras, frutos secos y alimentos integrales? ¿Te gusta el chocolate negro o eres más de chocolate con leche? ¿Qué lugar ocupan los cereales en tu dieta? Comenta estas cuestiones con tu grupo.

2 **En parejas** Una mala alimentación puede provocar diferentes problemas relacionados con la salud. Para conocerlos, completa las frases con la opción adecuada del recuadro.

a. anemia | b. ansiedad y estrés | c. cansancio y debilidad | d. diabetes
e. estreñimiento | f. la tensión alta | g. un infarto | h. el colesterol bajo

1. Los alimentos ricos en grasas saturadas incrementan el riesgo de sufrir... ☐
2. Tomar frutas y verduras te ayudará a tener... ☐
3. Seguir una dieta baja en sal evitará que tengas... ☐
4. Una dieta rica en hierro disminuye el riesgo de sufrir... ☐
5. Seguir un régimen muy estricto a veces puede provocar... ☐
6. Tomar alimentos ricos en fibra reduce el riesgo de padecer... ☐
7. Las bebidas azucaradas no son recomendables para las personas que padecen... ☐
8. Llevar una dieta baja en calorías, proteínas y hierro puede hacer que sientas... ☐

Fíjate:

- **tener** la tensión alta (hipertensión)/baja, el colesterol alto/bajo, el azúcar alto, un ataque al corazón/infarto, depresión, una enfermedad mental, ansiedad, estrés, estreñimiento...
- **sufrir/padecer** una enfermedad (mental), diabetes, anemia, estreñimiento, ansiedad, estrés...
- **dar/sufrir** un ataque al corazón/infarto...
- **tener/sentir** cansancio, debilidad...

2.1 **Todo el grupo** ¿Conoces a alguien con algún problema de salud de los mencionados anteriormente? ¿Crees que esa persona tiene unos hábitos saludables?

3 **En parejas** Lee los comentarios de estas personas. Elige con qué sentimiento o sentimientos de los siguientes los relacionas: alegría, alivio, angustia, enfado, estrés, temor, tristeza o resignación.

1. "Echo mucho de menos a mi exnovia... Todos esos buenos momentos que compartimos... Pero, bueno, ¡qué le vamos a hacer!".
2. "Por fin me han dado los resultados de los análisis. Me había puesto en lo peor, pero parece que tengo una salud a prueba de bombas... ¡Menos mal!".
3. "Estoy harta de que mi jefe me diga las cosas de malas maneras. Si sigue así, dejo el trabajo".

3.1 **En parejas** Clasifica estas palabras y expresiones en tu cuaderno según se refieran a sentimientos y estados anímicos o a sensaciones y percepciones físicas. ¿Cuáles son positivos y cuáles negativos?

- estresarse
- volver loco/a
- estar hambriento/a
- hacer ilusión
- tener un dolor espantoso
- disfrutar
- detestar
- ponerse histérico/a
- tener un sueño horrible
- estar helado/a
- estar (des)animado/a
- estar dolido/a
- estar agotado/a
- estar sin ánimos
- dar pánico
- estar disgustado/a

3.2 **En grupos pequeños** Ahora plantéales las siguientes preguntas a tus compañeros de grupo.

- ¿Qué comes cuando estás hambriento/a?
- ¿Qué haces para combatir el estrés?
- ¿Qué situaciones te dan pánico?
- ¿Qué te vuelve loco/a?
- Cuando tienes un sueño horrible, ¿qué haces para mantenerte despierto/a?
- ¿Cuándo fue la última vez que te asustaste?
- Cuando estás dolido/a, ¿cómo reaccionas?

Gramática

1 Verbos de cambio

En español, la idea de **cambio** se puede expresar mediante los siguientes verbos:

- ***Hacerse*** indica un cambio **permanente** relacionado con las **cualidades** de las personas. Se combina con adjetivos que expresan **cualidad** o **cambio gradual** *(rico/a, fuerte, mayor, viejo/a...)* y también con sustantivos (sin artículo) que se refieren a cambios de carácter **profesional**, **social** o **ideológico**:

  Fundó una empresa de la nada y, al año, ***se hizo rico****.*
  Las adversidades de la vida ***me han hecho*** *más* ***fuerte****.*
  Empezó como violinista y luego ***se hizo director de orquesta****.*

- ***Quedarse*** expresa un cambio **transitorio o permanente** que se produce como resultado de un proceso. Se combina con adjetivos y expresiones que indican una **pérdida** *(calvo/a, sin vista, sin palabras, huérfano/a, solo/a, viudo/a...)* la **ausencia de acción** *(quieto/a, paralizado/a, tieso/a...)* o **estados anímicos transitorios** causados normalmente por alguna impresión *(sorprendido/a, frío/a, perplejo/a...)*:

  Se quedó huérfano *cuando tenía 5 años.*
  ¡Quédate quieta! *Tienes una avispa en el brazo.*

- ***Volverse*** suele indicar un cambio **permanente**, positivo o negativo, en **la forma de ser o actuar** de las personas. Se combina con adjetivos *(metódico/a, sensible, desconfiado/a, responsable...)*:

  Mónica ***se ha vuelto*** *muy* ***responsable*** *desde que va a ese colegio.*

  La combinación *volverse* + *un/una/unos/unas* + **adjetivo** *(tirano/a, antipático/a, solitario/a, idiota, experto/a...)* es muy frecuente:

  Se ha vuelto un tirano *con sus empleados.*

- ***Ponerse*** expresa un cambio **transitorio del estado físico o anímico** de las personas que puede ser voluntario o no. Se combina con adjetivos o expresiones que se refieren a la **apariencia** *(colorado/a, elegante, guapo/a...)*, al **estado anímico** *(alegre, celoso/a, serio/a, triste, contento/a, nervioso/a...)* o al **comportamiento** con los demás *(pesado/a, insoportable...)*:

  ¡Qué ***guapo te has puesto*** *hoy! ¿Con quién has quedado?*
  Siempre que viajamos en coche ***te pones*** *muy* ***pesado****.*

> Fíjate:
> En *se hizo rico* y *se hizo director de orquesta*, es posible usar la expresión *llegar a ser (llegó a ser rico, llegó a ser director de orquesta)*, que denota un cambio gradual positivo fruto del trabajo o de un esfuerzo.

1.1 **En parejas** Combina los siguientes adjetivos y sustantivos con su verbo de cambio correspondiente. Dos de ellos pueden usarse con *llegar a ser*, ¿cuáles son?

vegano/a | cachas | un/a intelectual | famoso/a | de mal humor | viejo/a | nutricionista | boquiabierto/a | el/la sordo/a | furioso/a | de piedra | histérico/a | un protestón/una protestona | millonario/a | escéptico/a | sin voz | anarquista | sin palabras | reservado/a | generoso/a

Ponerse	Quedarse	Hacerse	Volverse

> Fíjate:
> *Hacerse* + *el/la/los/las* + **adjetivo** *(despistado/a, tonto/a, sordo/a...)* expresa comportamientos fingidos:
> *No* ***te hagas el tonto****, que sabes perfectamente de lo que hablo.*

1.2 **En grupos pequeños** Observa las imágenes y termina las frases utilizando alguno de los verbos de cambio que has estudiado (puede haber más de una opción).

Le tocó la lotería y...

Empezó a ir al gimnasio para...

Discutió con sus amigos y...

Por problemas de estrés,...

Después de perder parte de sus ahorros,...

Como no trabajaban, decidieron...

Después de su viaje a la India, Lidia...

Iba a ir de excursión, pero...

2 Adjetivos que cambian de significado con *ser/estar*

Con *ser*	Adjetivo	Con *estar*
Ser inteligente.	listo/a	Estar preparado/a. Estar (algo) acabado/terminado.
Profesar la religión católica.	católico/a	Estar enfermo/a. Encontrarse mal (siempre en frases negativas).
Producir cansancio.	cansado/a	Sentir cansancio.
Ser extravertido/a.	abierto/a	No estar cerrado/a (una puerta, por ejemplo).
Ser detallista, amable.	atento/a	Estar concentrado/a, prestar atención.
Ser silencioso/a, reservado/a.	callado/a	No hablar.
Causar molestia.	molesto/a	Sentir molestia. Estar incómodo/a, enfadado/a.
Ser adulto/a, sensato/a, juicioso/a.	maduro/a	Dicho de un fruto, alcanzar el grado de desarrollo adecuado para su consumo.
Tener mucho dinero.	rico/a	Tener buen sabor.
Ser listo/a, vivo/a, espabilado/a.	despierto/a	No estar dormido/a.
Producir aburrimiento.	aburrido/a	Sentir aburrimiento.
Ser soberbio/a.	orgulloso/a	Seguido de la preposición *de*, sentir orgullo o satisfacción por algo o alguien.
Ser de color negro.	negro/a	Estar muy enfadado/a o irritado/a. Estar muy sucio/a.
Referido a **personas**: Tener bondad/maldad. Ser habilidoso-a/poco hábil, torpe. Referido a **productos** o **alimentos**: Ser de buena/mala calidad. Ser beneficioso/perjudicial.	bueno/a malo/a	Referido a **personas**: Estar sano-a/enfermo-a. Referido a **alimentos**: Tener buen/mal sabor. Estar en buenas/malas condiciones.

Fíjate:
La expresión *estar bueno/a* se usa también coloquialmente para hablar de una persona físicamente atractiva.

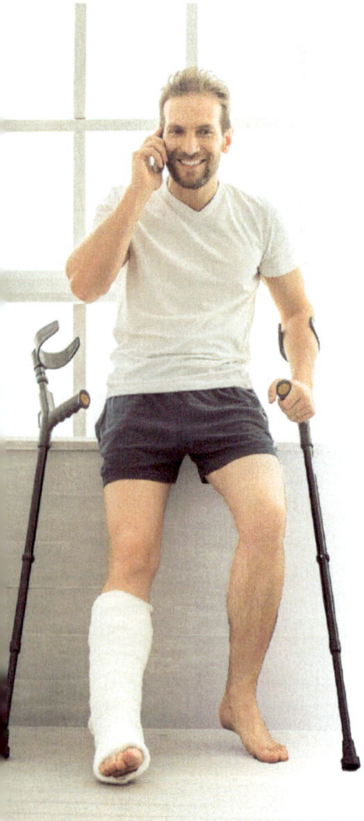

2.1 Lee los siguientes diálogos y elige la opción correcta.

Diálogo 1

▶ ¿**Es/Está** listo el arroz?
▷ Le quedan cinco minutos... Por cierto, ¿puedes bajar a comprar plátanos?
▶ Claro. Compro los que **sean/estén** maduros, ¿no?

Diálogo 2

▶ Hola, Mariano, soy Pablo, ¿qué tal va tu pierna?
▷ Hola, Pablo. Bueno..., la escayola **es/está** un poco molesta, pero en una semana me la quitan.
▶ Ya... Me imagino que también **será/estará** cansado andar con muletas, ¿no?
▷ ¡Muchísimo!

Diálogo 3

▶ ¿Qué tal tu cita de ayer con Mario?
▷ ¡Genial! Hablamos muchísimo y estuvo pendiente de mí en todo momento.
▶ Sí, la verdad es que **es/está** muy atento y, como has visto, no **es/está** para nada callado, ja, ja, ja...

Diálogo 4

▶ ¿Por qué **eres/estás** tan seria? ¿**Eres/Estás** molesta por lo que te he dicho esta mañana?
▷ No, es solo que hoy no **soy/estoy** muy católica.

Diálogo 5

▶ **Soy/Estoy** muy cansada de la actitud de Pedro en el trabajo. Al final siempre acabo pidiendo disculpas a los compañeros por él...
▷ Sí, debería **ser/estar** menos orgulloso y reconocer sus errores de vez en cuando.

Diálogo 6

▶ ¿Qué tal le va tu hija en el nuevo trabajo?
▷ Pues muy bien. Solo lleva seis meses y ya la han ascendido... **Somos/Estamos** muy orgullosos de ella.
▶ No me extraña... Bueno, siempre **ha sido/ha estado** una chica muy lista.

3 Expresar sentimientos y estados de ánimo (repaso)

- Para expresar **sentimientos** usamos verbos como *detestar, odiar, soportar, temer, admirar, disfrutar, hartarse, alegrarse*...:
  No soporto que me hablen mal.
- También usamos otros verbos que se construyen igual que el verbo *gustar*, como *encantar, doler, molestar, fastidiar*...:
  Me molesta que mis padres me digan siempre lo que tengo que hacer.
- Las locuciones *dar* + **sustantivo** *(pena, alegría, lástima, vergüenza, miedo, pánico, asco...)* y *poner* + **adjetivo** *(triste, contento-a, furioso-a, nervioso-a, de buen/mal humor...)* son muy habituales para expresar sentimientos:
  Me da vergüenza hablar en público. *Me pone de mal humor que me griten.*
- Los **estados anímicos** se suelen expresar con *estar* + **adjetivo** *(harto/a, contento/a, aburrido/a...)* + *de*:
  Estoy muy contento de verte.
- Estas estructuras pueden ir acompañadas de un **sustantivo**, un **infinitivo** (cuando el sujeto de la oración subordinada es el mismo que el de la principal) y de *que* + **subjuntivo** (cuando los sujetos son diferentes):
  *Me da asco este **pescado**.* *¡Me alegro mucho de **verte**!*
  *Me ponen nervioso las **películas** de suspense.* *Estoy cansada de **que te quejes** por todo.*

> Fíjate:
> Algunas de estas construcciones pueden ir seguidas de *cuando* o *si* en lugar de *que*. En este caso, el verbo que introducen va en **indicativo** y añaden un sentido habitual *(cuando)* o condicional *(si)* que no tienen las construcciones con *que* + **subjuntivo**:
> *Me alegro de **que vengas**./Me alegro **cuando/si vienes**.*

RAE

GRAMÁTICA

- De las anteriores estructuras, las que se construyen con sustantivo, infinitivo y *que* + subjuntivo son más numerosas que las que se construyen con cuando. El verbo *soportar*, por ejemplo, arroja estos resultados en el CORPES XXI: con sustantivo, 1028/903[1]; con infinitivo, 799/641; con *que* + subjuntivo, 580/479 y con cuando, 36/35. Estos son algunos ejemplos extraídos de este corpus:

  *El poderoso mediocre no **soporta colaboradores** cercanos que sean brillantes.*
  *Raúl ya no **soportaba escuchar** más lamentos.*
  *Puedo soportar lo que sea, pero no **soporto que** me **tengan** lástima.*
  *No **soporto cuando** el arroz se apelmaza, es algo que no puedo aguantar.*

[1] número de casos/número de documentos

3.1 **En parejas** Completa las frases con la forma adecuada de los verbos entre paréntesis. Después compara tus respuestas con las de tu compañero/a.

a. Estoy encantado de que mi hija .... (venir) a verme cada domingo.
b. Me da lástima que tus hermanos .... (seguir) sin hablarse.
c. Me desespero cuando mis hijos .... (gritar) sin parar.
d. Me pongo como un tomate cuando ese chico .... (hablar) conmigo.
e. Detesto que mi vecino .... (poner) la música tan alta.
f. No aguanto que la gente .... (colarse) en el supermercado.
g. Estoy cansada de que Luis .... (contar) tantas mentiras a todo el mundo.
h. Me da pánico .... (conducir) de noche.
i. Estoy muy a gusto cuando .... (ir) a la casa del pueblo.
j. Me extraña que Raúl no .... (llegar) todavía.
k. Me aburre .... (ver) deporte en la tele.
l. Estamos orgullosos de .... (tener) unos nietos tan buenos.

3.2 **En parejas** Relaciona las frases de la actividad anterior con el tipo de sentimiento que expresan.

1. ☐ admiración y orgullo
2. ☐ vergüenza
3. ☐ hartazgo
4. ☐ miedo, ansiedad y preocupación
5. ☐ tristeza y aflicción
6. ☐ placer y diversión
7. ☐ aburrimiento
8. ☐ nerviosismo
9. ☐ aversión
10. ☐ enfado e indignación
11. ☐ alegría y satisfacción
12. ☐ sorpresa o extrañeza

3.3 Ahora elige cuatro sentimientos de los anteriores y escribe un ejemplo con cada uno de ellos.

....
....
....
....

3.4 **En grupos pequeños** Vamos a practicar con un juego. Sigue las instrucciones que te va a dar tu profesor/a.

Practica en contexto

1 **En parejas** ¿Te preocupa tu imagen? Fíjate en esta infografía sobre la vigorexia y comenta las siguientes cuestiones con tu compañero/a.

¿Conocías este trastorno? ¿Hay alguna información que te sorprenda? ¿Por qué?

¿Conoces a alguna persona que responda a este perfil?

VIGOREXIA

La vigorexia es un trastorno psicológico cuya principal característica es la obsesión por ganar masa muscular, debido a la imagen distorsionada que tiene la persona de su propio cuerpo (que percibe como débil y poco musculado). Esta imagen irreal hace que las personas que sufren este trastorno pasen un número excesivo de horas en el gimnasio y se obsesionen con su dieta. Afecta principalmente a hombres de entre 18 y 35 años.

¿Qué la CAUSA?

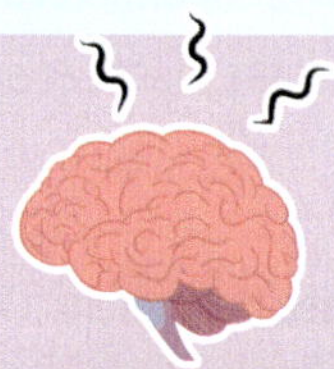

- Factores psicológicos y biológicos.
- Factores sociales:
  - Un modelo sociocultural estético basado en un ideal de belleza inalcanzable.
  - Ideas erróneas sobre la práctica de ejercicio físico y las dietas restrictivas (asociadas a la delgadez o a tener una figura atlética y sana).

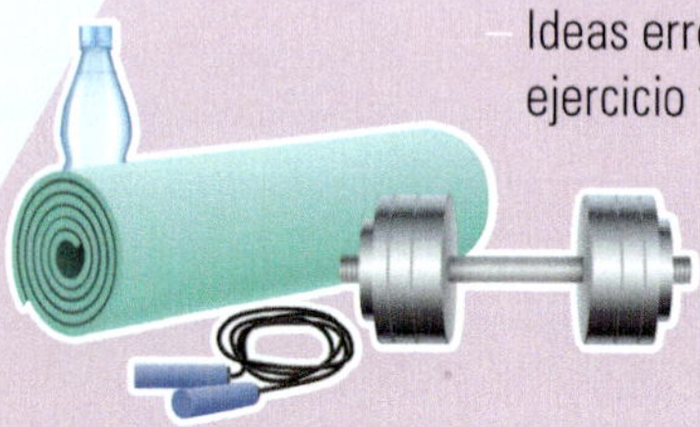

¿Cuáles son los SÍNTOMAS?

- Preocupación excesiva por el cuerpo.
- Dependencia del ejercicio físico y de los esteroides anabolizantes.
- Imagen totalmente distorsionada del propio cuerpo.
- Obsesión por llevar una dieta baja en grasas y rica en hidratos de carbono y proteínas para aumentar la masa muscular.
- Comportamientos repetitivos, como mirarse en el espejo continuamente.

PROBLEMAS que genera

En lo social
Problemas en las relaciones interpersonales.
Aislamiento social.

En lo emocional
Ansiedad, baja autoestima, depresión, pensamientos obsesivos, sentimiento de culpa, irritabilidad y frustración.

En la salud
Alteraciones cardiovasculares.
Problemas musculares.
Trastornos digestivos.

1.1 **Todo el grupo** ¿En tu país se puede hablar abiertamente de este tipo de trastornos o es todavía un tema tabú?

1.2 **En grupos pequeños** ¿Conoces estas otras alteraciones de la conducta? Fíjate en las imágenes como pista. Luego, busca información sobre uno de ellos y di cuáles son sus causas y consecuencias para la salud física y mental, y a qué personas afecta.

ortorexia

tanorexia

permarexia

potomanía

1.3 **Todo el grupo** Ahora presentad los resultados de vuestra investigación al resto de la clase.

RAE

LÉXICO

- Según indica la FundéuRAE (Fundación del Español Urgente), los términos ortorexia, tanorexia o vigorexia son neologismos que se han formado a partir de la terminación -orexia y aluden a un comportamiento obsesivo que generalmente tiene consecuencias negativas para la salud.
- Esta terminación proviene de la palabra anorexia, término que, a su vez, deriva del griego y que está compuesto por el prefijo an- (negación o privación) y -órexis (apetito).
- Algunos de estos términos están recogidos por el diccionario de la RAE y otros no, pero su uso se considera correcto:
  La persona afectada de ***vigorexia*** *siempre se ve enclenque, nunca está lo bastante musculada, lo que la lleva a realizar pesas de forma compulsiva, hasta que su cuerpo alcanza desproporciones grotescas.*

2 [5] Escucha a dos personas que nos hablan de los cambios que han sufrido por sus problemas con la alimentación y la imagen. Marca qué información se refiere a Elsa, a Pedro o a ambos.

Cambios	Elsa	Pedro	Ambos
1. Se volvió una persona poco sociable.	☐	☐	☐
2. Se volvió una persona insoportable.	☐	☐	☐
3. Se quedó en los huesos.	☐	☐	☐
4. Cuando comía, se ponía morado/a.	☐	☐	☐
5. Se volvió obsesivo/a con la comida.	☐	☐	☐
6. Se hacía el/la fuerte pero estaba preocupado/a.	☐	☐	☐

Expresar sensaciones físicas

- Tengo una sed/un hambre/un sueño horrible.
- Estoy hambriento-a/sediento-a.
- ¡Qué sed/hambre/sueño tengo!
- ¡Qué gusto!
- *¡Qué bien/mal me sienta* + sustantivo/infinitivo!

Expresar cansancio

- Estoy/Me siento/Me encuentro cansado-a/agotado-a.
- ¡Qué cansancio!
- ¡Qué cansado/a estoy!
- ¡No puedo más!

Expresar dolor

- ¡Qué daño (me he hecho)!
- ¡Cómo me duele!
- Tengo/Siento un dolor horrible/espantoso.
- No estoy/me siento/me encuentro nada/demasiado bien.

2.1 [5] **En parejas** Vuelve a escuchar el audio. ¿Qué trastorno de los que has visto en las actividades anteriores tiene Elsa? ¿Y Pedro? Justifica tu respuesta.

2.2 **Todo el grupo** Lee primero el papel que te va a asignar tu profesor/a. Después busca entre tus compañeros a alguien que haya experimentado alguno de los siguientes cambios y pídele que te explique por qué.

- Volverse obsesivo/a con lo que come.
- Hacerse vegetariano/a o vegano/a.
- Querer ponerse cachas.
- Volverse más estricto/a con su dieta.
- Quedarse en los huesos alguna vez en su vida.
- Ponerse morado/a por las noches.
- Volverse un/a adicto/a al ejercicio.
- Obsesionarse por ponerse moreno/a.

3 **Todo el grupo** ¿Qué relación crees que hay entre las emociones y la salud? ¿Cuáles crees que son las principales emociones que experimentamos en nuestro día a día?

3.1 Lee el texto y relaciona las siguientes emociones con la función que tienen. ¿Coincide la información con alguna de tus suposiciones anteriores?

El asco | La alegría | La ira | El miedo | La sorpresa | La tristeza

¿Para qué sirven las emociones?

Las emociones nos permiten comunicarnos e identificar aquello que es bueno y malo para nosotros. Son indicadores de lo que sucede en nuestro interior, señales que nos avisan de que hay una necesidad que debe ser cubierta.

[1] .... provoca en nosotros un estado placentero y de relajación e inhibe los pensamientos negativos. Nos predispone a la acción y facilita las relaciones sociales, aumentando nuestra autoestima y autoconfianza. Es una emoción que hace que sintamos la necesidad de compartir.

[2] .... se produce ante la pérdida de una persona, un objeto o un objetivo valioso. Cuando experimentamos esta emoción, nos aislamos del entorno para poder reflexionar. El fin es analizar la situación y sacar alguna conclusión que nos permita restaurarnos por dentro y volver a coger fuerzas para superar la pérdida.

[3] .... despierta la necesidad de protección. Tiene que ver con el instinto de supervivencia y nos prepara ante situaciones de amenaza o peligro. La anticipación de una amenaza o un peligro produce ansiedad, incertidumbre e inseguridad. El cuerpo reacciona enviando todo el flujo sanguíneo a las piernas para poder huir en caso necesario, de ahí que, cuando sentimos esta emoción, nos quedemos pálidos.

[4] .... nos obliga a afrontar los cambios inesperados que pueden ocurrir en nuestra vida cotidiana, evaluando si la situación que sufrimos es segura o perjudicial. Es la emoción más breve, se produce ante una situación novedosa o extraña y desaparece con rapidez.

[5] .... nos hace sentir rechazo ante algo que percibimos como nocivo o peligroso. Su función es la de protegernos ante una comida en mal estado o una sustancia tóxica que amenaza nuestra salud o, incluso, nuestra vida. Esta emoción también nos ayuda a seguir unos hábitos saludables, higiénicos y adaptativos.

[6] .... nos ayuda a proteger nuestro territorio, a marcar límites. Provoca una movilización de energía para defendernos o atacar cuando nos encontramos en peligro. Cuando experimentamos esta emoción, nuestra energía aumenta, se nos acelera el corazón y actuamos de forma impulsiva para reaccionar ante el peligro.

Adaptado de https://sandrarteaga.com/la-importancia-aprender-gestionar-las-emociones/

3.2 [6] Escucha lo que dice esta especialista sobre cómo gestionar algunas emociones. Toma nota en tu cuaderno de sus comentarios.

soledad

vergüenza

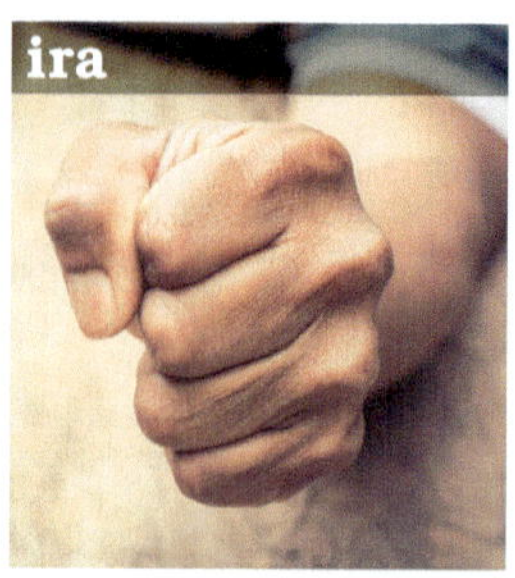
ira

tristeza

3.3 **En grupos pequeños** Leed las siguientes situaciones y pensad en cómo se podrían gestionar las emociones para afrontar los problemas que se plantean de la mejor manera posible. Seguid los consejos de la experta del audio anterior.

Situación 1

Tu amiga siempre llega tarde y es lo que más detestas de ella. Hoy habéis quedado a cenar y llevas quince minutos esperando en el restaurante. Crees que la gente te observa y eso te avergüenza. Empiezas a ponerte de mal humor…

Situación 2

Tienes que salir para el aeropuerto a tomar un avión y no encuentras tu tarjeta de embarque. Buscas por todas partes, pero no aparece por ningún lado. Estás muy inquieto/a y te da pánico pensar que vas a llegar tarde y que perderás el vuelo.

Proponer y sugerir

- Enunciado afirmativo, + *¿cómo lo veis?*
  Yo creo que en esta situación el sentimiento de tristeza se podría gestionar recurriendo a los amigos más cercanos, ¿cómo lo veis?
- *Habría que/Estaría bien/Podría estar bien/No estaría mal* + infinitivo
  Igual en esta situación habría que canalizar la ira y pensar racionalmente si el retraso puede deberse al tráfico.
- Una/Otra posibilidad es/sería…
  Otra posibilidad sería llamarle la atención de manera educada y tranquila, sin gritar.

Situación 3

Hace unos meses te dejó tu pareja de toda la vida y, aunque ya ha pasado un tiempo, todavía te sientes triste y no tienes ganas de nada. Además, ya has cumplido los cuarenta y piensas que va a ser muy difícil conocer a alguien y, si lo hicieses, nunca sería como con tu expareja.

Situación 4

Por la mañana, en la oficina, has pasado mucha vergüenza cuando tu jefe y tus compañeros te han dicho que tu informe contenía errores. Después de esto, te has agobiado, lo que ha dificultado tu concentración en el trabajo durante el resto de la jornada.

Situación 5

Llevas varios meses viviendo en una ciudad nueva por motivos laborales y, aunque tus nuevos compañeros de trabajo son muy amables contigo, tienen su propia vida, y tu relación con ellos no va más allá del trato diario. Te sientes cada vez más solo/a y piensas que lo mejor sería retomar tu vida anterior.

4 **En grupos pequeños** Ahora vamos a hacer un poco de terapia de emociones. Completa la tabla con los sentimientos que te generan las siguientes situaciones y sobre la manera en que reaccionas ante ellas. Luego compara tu tabla con la de tus compañeros. ¿Coincidís? ¿Alguien del grupo gestiona alguna emoción mejor que tú?

	¿Cómo te sientes?	¿Cómo reaccionas?
Alguien llega tarde a una cita.		
Alguien te comenta tus errores.		
Se termina una relación amorosa.		
No encuentras algo que necesitas urgentemente.		
Una persona se cuela en el cine, el teatro, el supermercado…		
Estás solo/a en un lugar desconocido.		

Los mexicanos y LA FELICIDAD

1 Lee los resultados de esta encuesta realizada en México para conocer el grado de satisfacción personal de los mexicanos. Subraya la información clave.

Conforme pasa el tiempo, nuestros proyectos de vida se van modificando, cambiando su rumbo, y la sociedad, la familia y hasta los factores económicos alteran todo plan. Si bien es cierto que no todo puede –ni tampoco debe– salir tal cual lo planeamos, algo que siempre debemos tener en mente es buscar la felicidad a través de las actividades que hacemos y lograr un desarrollo personal pleno.

¿Son felices los mexicanos?

El 70 % de los mexicanos están orgullosos de sus cualidades y aceptan y respetan las cualidades de los otros. Solo un 10 % reconoció sentir envidia de los demás.

En cuestión de suerte, cerca del 50 % dijo sentirse afortunado y tener muchos motivos para sentirse así, frente a un 40 % que sentía que no tenía ni mucha ni poca suerte.

Amor, amistad y familia

La situación amorosa de los mexicanos parece ir bien, a grandes rasgos, ya que el 63.8 % declaró que está cómodo con su situación actual, mientras que solo un 8.9 % se muestra insatisfecho.

El 64.3 % de los mexicanos aseguran que sus amistades los aprecian, frente a un 28 % que no lo sabe porque nunca se había planteado esta cuestión.

El 44 % de los encuestados dijeron tener una buena relación con su familia y estar muy unidos, seguido de un 36.2 % que dijo llevarse bien con casi todos, aunque no se declaran muy familiares.

Panorámica de la ciudad de **Taxco** (México) al atardecer

Situación laboral y económica

En cuanto a la percepción de su desarrollo profesional, el 93.5 % de los mexicanos aseguraron que su trabajo les gustaba. De ellos, el 41.3 % afirmó que le gustaba mucho lo que hacía y el 52.2 % restante dijo que estaba bien, pero que podía mejorar.

Cuando se les preguntó si consideran que el dinero podría cambiar su vida, solo un 23.4 % aseguró que su vida sería más feliz, frente a casi un 70 % que piensa que ayudaría, pero no se queja de su situación económica actual.

Al 58 % le gusta el lugar donde vive y al 31 % no le parece mal, pero le encantaría mudarse.

Otros rubros que también influyen en la satisfacción personal

Tratándose de esparcimiento y diversión, al menos la mitad de los encuestados dijeron que les gustaría salir más y tener otros pasatiempos. En una escala del 1 al 10, casi un 80 % evaluó su felicidad entre el 8 y el 10.

1.1 **Todo el grupo** ¿Hay algún dato de la encuesta que te haya sorprendido? ¿Por qué?

2 **En parejas** Vas a hacer la misma encuesta que se hizo en México a tu compañero/a. Sigue las instrucciones de tu profesor/a.

3 **Todo el grupo** Ahora poned en común los datos y calculad la media de la clase. ¿Hay muchas diferencias respecto a la encuesta que habéis leído?

RAE

LÉXICO

La palabra rubro significa 'título, rótulo, apartado, categoría'. Es una palabra que se usa en algunos países de Latinoamérica como México, Bolivia, Perú o Chile, entre otros:

*En el **rubro** de película favorita de los estadounidenses, compiten* El señor de los Anillos, La comunidad del Anillo, El hombre araña *y* Casarse está en griego.

Vídeo

REPORTAJES

La inteligencia emocional

Antes del vídeo

1 **Todo el grupo** Vas a ver un vídeo en el que el psicólogo Fernando Pena nos habla sobre una emoción. Observa la imagen y fíjate en lo que tiene en la mano y en los objetos que hay sobre la mesa. ¿De qué emoción piensas que nos va a hablar?

Durante el vídeo

2 Visiona el fragmento 00:00 ▶ 00:26 del vídeo y completa las frases para comprobar tu hipótesis anterior. ¿Has acertado?

"Hola, muy buenas tardes. Muchísimas gracias por compartir conmigo este ratito, por estar conmigo acompañándome en este vídeo. Como ves, te he preparado una serie de cosas para hablarte, en esta ocasión, de cómo funciona la mente humana y cómo se relaciona con ...., ... y .... Vamos a hablar, en definitiva, de .... y de la importancia que tiene para que te lleves mejor con tu entorno y contigo mismo o contigo misma".

3 En el fragmento 00:26 ▶ 01:12, el psicólogo explica dos situaciones relacionadas con la lentitud y que provocan irritación en las personas. ¿Cuáles son?

Situación 1	Situación 2

4 Cuando Fernando Pena explica qué comportamientos de otras personas nos pueden irritar y las reacciones que nos pueden provocar, utiliza varias expresiones relacionadas con el fuego. Visiona el fragmento 01:12 ▶ 01:41 y anótalas.

....

....

....

....

5 **En parejas** Visiona el vídeo completo y contesta a las preguntas. Luego, compara tus respuestas con tu compañero/a.

1. ¿Qué pasa cuando una persona irritada se acerca a otra persona?
2. ¿Una sola persona irritada es capaz de irritar a todo un grupo? ¿Cómo?
3. ¿Cómo se puede evitar el contagio de una emoción negativa como la ira?
4. ¿Para qué sirven las habilidades sociales?
5. ¿Cómo reaccionan las personas que quieren evitar el contagio emocional fácilmente?
6. ¿Qué consecuencias puede tener alejarse de las personas cuando están irritadas?
7. ¿Cómo se pueden desarrollar las habilidades sociales?

Después del vídeo

6 **En grupos pequeños** En el vídeo que has visto, el experto utiliza las cerillas y otros objetos para explicar cómo se contagia la ira en nuestro entorno. ¿Podrías explicar tú cómo se contagia alguna de las emociones que has visto en la unidad de una manera visual? Puedes dibujarla, representarla con tus compañeros o utilizar algún objeto.

7 **En parejas** La habilidad social que ayuda a controlar la ira se denomina *desarmar la ira*. ¿Sabes qué significa *desarmar*? ¿Cómo crees que se *desarma* la ira?

7.1 **En grupos pequeños** Lee el texto y confirma tu respuesta anterior.

Desarmar la ira

Se trata de ignorar el contenido del mensaje airado y concentrar nuestra atención y conversación en el hecho de que la otra persona está enfadada. Manteniendo el contacto visual y con un tono de voz moderado, debemos rechazar cortésmente el continuar con el contenido hasta que la otra persona se haya calmado. Por ejemplo, podríamos decir: "Veo que estás enfadado/a y quiero hablar sobre ello. Sentémonos, tomemos un café y hablemos".
Como parte de la técnica, es importante no responder a los insultos ni a otros temas colaterales, ya que la interacción podría ir subiendo progresivamente de tono.

8 **Todo el grupo** ¿Te irritas con facilidad? ¿Qué haces para controlarte? ¿Te da resultado?

Evaluación

1 Relaciona para formar combinaciones frecuentes.

1. aceite
2. alimento rico
3. arroz
4. bebida
5. yogur
6. plato
7. dieta baja
8. producto

a. integral
b. desnatado/a
c. en grasas
d. de origen animal
e. de palma
f. precocinado/a
g. en proteínas
h. sin azúcar

2 Escribe el nombre de...

1. tres alimentos ricos en fibra: ...., ..., ...
2. tres alimentos ricos en vitaminas: ...., ..., ...
3. tres alimentos que no tengan colesterol: ...., ..., ...
4. cuatro frutos secos: ...., ..., ..., ...
5. tres tipos de aceite: ...., ..., ...
6. tres alimentos que tengan hidratos de carbono: ...., ..., ...

3 Piensa en las siguientes situaciones y escribe qué sentimiento te provocan.

¿Cómo te sientes cuando...

- tienes que esperar en un aeropuerto? ....
- suspendes un examen? ....
- discutes con un amigo/a o un familiar? ....
- ves un insecto en tu casa? ....
- recibes una buena noticia? ....
- tienes mucho trabajo? ....

4 Completa las frases con las palabras del recuadro y el verbo de cambio adecuado.

inmóvil | el/la interesante | muy contento/a | el/la valiente | vegano/a | insoportable

1. Oye, que nos conocemos hace mucho tiempo, no .... conmigo.
2. Cuando le he dicho a mi madre que me habían ascendido, ... y me ha felicitado.
3. Con la adolescencia, mi hija .... Se avergüenza de mí, no quiere que la lleve al cole, se pasa el día con el móvil, nos contesta mal... ¡No sé qué hacer!
4. ▶ ¿Qué tal fue la experiencia de saltar en paracaídas?
   ▷ Pues estaba muerta de miedo, pero .... y salté como si nada para no decepcionar a mis amigas. Al fin y al cabo, era su regalo de despedida de soltera.
5. A Luis no le basta con no comer carne... ¡Ahora dice que quiere ....!
6. Admiro a los artistas callejeros que hacen de estatuas. ¡Yo sería incapaz de .... tanto tiempo!

5 **Completa las frases con los verbos *ponerse* o *quedarse* en combinación con uno de estos colores: *negro/a, rojo/a, blanco/a* o *morado/a*.**

1. Hoy he estado en un restaurante japonés que han abierto en mi barrio y .... de *sushi, maki, sashimi*... ¡Qué manera de comer!
2. Siempre que vamos a casa de mi cuñado .... Que si mi casa es más grande que la vuestra, que si yo gano mucho dinero... ¡No lo soporto!
3. El otro día el médico se equivocó con los resultados y me dijo que tenían que ingresarme de urgencia... ¡Me .... como la pared!
4. Iñaki siempre .... cuando le haces un cumplido.

6 **Elige la opción correcta y completa las frases con un adjetivo de los que has estudiado.**

1. ¡Qué .... **es/está** esta niña! Ha entendido las ecuaciones a la primera.
2. ▶ Jaime, hijo, tus profesores dicen que debes **ser/estar** más .... en la clase de Historia.
   ▷ ¡Es que la vida de los reyes **es/está** muy ....!
3. ▶ ¿Crees que Julia **será/estará** aún ....?
   ▷ ¿A estas horas? No creo. Además, hoy no ha ido a trabajar porque **era/estaba** ....
4. En ese restaurante casi siempre todo **es/está** muy ...., pero hoy el pescado **es/está** .... porque se les ha olvidado echar sal.

7 **Lee la información de estas personas y completa las frases en tu cuaderno.**

Nutricionista y vegano convencido

- Detesto (que)...
- Disfruto de...
- Me preocupa que...

Monitora de zumba y apasionada del deporte

- Me entretiene...
- Pierdo la paciencia...
- Me aburre...

Veterinaria y amante de los animales

- Me indigna (que)...
- Lo paso fatal...
- Me encuentro a gusto...

8 **Piensa en los cambios que se han producido en tu vida por algún motivo concreto (como la pandemia, estudiar en la universidad, independizarte, compartir piso...) y escribe en tu cuaderno cuatro frases como en el ejemplo.**

Ejemplo: *Desde que vivo solo/a me he vuelto un poco insociable.*

9 **Reflexiona sobre la unidad y valora tu aprendizaje.**

1. Puedo hacer referencia a diferentes aspectos relacionados con la salud y el bienestar. .. V F
2. Puedo hablar sobre la nutrición y su impacto en la salud. .... V F
3. Puedo hablar sobre los cambios que una persona experimenta en la vida. .... V F
4. Puedo expresar mis emociones, sentimientos y estados anímicos. .... V F
5. Puedo expresar sensaciones y percepciones físicas. .... V F

Unidad

3

Fíjate en las imágenes, ¿qué tipo de actividades crees que representan?

¿Cuánto tiempo de tu ocio dedicas a la cultura?

¿Crees que la oferta cultural de tu ciudad es variada?

CultivARTE

Templo de Diana, Mérida, España

En esta unidad vas a. . .

- Hablar de diferentes aspectos relacionados con la cultura
- Contar anécdotas relacionadas con experiencias culturales
- Valorar experiencias relativas a la cultura
- Escribir un texto argumentativo
- Conocer la Red de Ciudades Creativas de la Unesco

¿Qué sabes?

1 **En grupos pequeños** ¿Con cuál de estas actividades culturales te identificas más? ¿Hay alguna que no hayas realizado nunca? ¿Por qué?

Hacer una visita guiada a un museo, monumento o yacimiento arqueológico.

Asistir a una conferencia, a unas jornadas o a una charla.

Ir a un concierto de música clásica o a la ópera.

Ver una representación teatral.

Jugar a videojuegos.

Ver una película.

1.1 **Todo el grupo** ¿Crees que alguna de las actividades anteriores no son propiamente culturales? Justifica tu respuesta.

2 [7] Lola y Manuel son muy amigos, pero en temas de cultura no siempre se ponen de acuerdo. Escucha lo que responden en una encuesta y resume las preferencias culturales de cada uno en tu cuaderno.

2.1 **En parejas** Lee la siguiente programación cultural. ¿Qué actividades le gustarían más a Lola? ¿Y a Manuel? ¿Cuáles podrían hacer juntos? Discútelo con tu compañero/a y justifica tus respuestas.

MÚSICA

AUDITORIO NACIONAL

Sala de cámara
Ciclo de Música Barroca.

Sala sinfónica
Piotr Ilich Tchaikovski: *Sinfonía n.º 5 en mi menor*, Orquesta Sinfónica de Bilbao.

CASA DE AMÉRICA
Concierto: *Música tradicional peruana*.

SEMANA DE MÚSICA RELIGIOSA DE CUENCA

DANZA

TEATROS DEL CANAL
Demo-n/crazy
(compañía Danza Contemporánea de Cuba).

Coreografías a dúo
(Compañía Nacional de Danza).

TEATRO REAL
El lago de los cisnes (Ballet Clásico de Moscú).

Ver un espectáculo de danza contemporánea.

Ir a una exposición de fotografía.

Participar en un club de lectura o en un taller de literatura o escritura.

Asistir a una feria del libro o a un salón del cómic.

Hacer un viaje o una visita cultural a otra ciudad o país.

Ir a un festival de cine, música, teatro, danza o cortometrajes.

EXPOSICIONES

FUNDACIÓN JUAN MARCH
El arte futurista ruso.

MUSEO REINA SOFÍA
Juan Gris: cubismo y modernidad.

FUNDACIÓN MAPFRE
Kandinski y el arte abstracto.

MUSEO THYSSEN-BORNEMISZA
Los pintores impresionistas franceses y la naturaleza.

CONFERENCIAS

MUSEO DE AMÉRICA
Historia contemporánea de América Latina.

FUNDACIÓN JUAN MARCH
La arquitectura modernista en Barcelona.

CASA ASIA
Hokusai: una aproximación al arte oriental.

MUSEO CERRALBO
Fotografías de estudio y retratos de principios del siglo XX.

VISITAS GUIADAS

- Diez esculturas de Barcelona que no te puedes perder.
- Recorrido a pie por el centro monumental de Toledo.
- Curiosidades de las estatuas del parque del Retiro de Madrid.
- Leyendas y fantasmas en el casco histórico de Segovia.

Más información: www.visitasguiadasespaña.es

LITERATURA

BIBLIOTECA LUIS ROSALES
Club de lectura: *Narrativa francesa contemporánea.*

BIBLIOTECA DE BUENAVISTA
Conferencia: *Los viajes en la literatura romántica.*

ESCUELA DE ESCRITORES
Taller de escritura: *El relato breve.*

GETAFE NEGRO: XIV FESTIVAL DE LA NOVELA NEGRA EN MADRID

2.2 **Todo el grupo** ¿Con quién sueles asistir a actividades culturales? ¿Os ponéis de acuerdo fácilmente?

2.3 **En parejas** Comenta con tu compañero/a las propuestas culturales de la programación anterior que te interesen más. ¿A cuáles podríais ir juntos?

Palabras

1 **En grupos pequeños** Un museo es el sitio cultural por excelencia. ¿Qué actividades se pueden realizar en él? Haced una lista entre todos los miembros del grupo.

1.1 **Todo el grupo** Estas son las actividades que ofrecen algunos museos de España e Hispanoamérica. Compáralas con las de vuestra lista. ¿Coinciden? ¿Te sorprende alguna? ¿Por qué? ¿En cuáles te gustaría participar?

Museo Picasso (Barcelona)

Museo Picasso dibuja

Sesiones mensuales en las que un/a artista realizará un ejercicio de dibujo guiado, explicándolo mientras lo lleva a cabo y compartiéndolo con los participantes, de modo que estos puedan dibujarlo paralelamente en el museo o después en casa.

Museo Nacional de Arte (MUNAL) (México)

- Música de cámara: Triunvirato Ensamble Concierto para clarinete, flauta y guitarra.
- Dentro del Encuentro Internacional Iberoamericano de Mujeres en el Arte México-España: *De Dulcineas a Quijotas. Conquistando molinos.*

Museo del Romanticismo (Madrid)

Taller en línea para adultos: *El arte de escribir.*

A través de los álbumes de la biblioteca del museo podrás conocer las distintas tipologías caligráficas del siglo XIX. Además, podrás practicar caligrafía inglesa o *Copperplate.*

>> Descarga aquí el material <<

Museo de Arte Latinoamericano de Buenos Aires (MALBA)

Entrevistas: *Artistas en* Terapia.

Invitamos a algunos de los artistas que participan en la exposición *Terapia* a contestar por qué creen que eligieron sus obras para la muestra y cuál es su relación personal con el psicoanálisis.

Museo Frida Kahlo (Ciudad de México)

Con motivo del Día Internacional de la Mujer, el museo organiza el curso *Frida Kahlo, vida y pasiones.*

Del 23 al 26 de marzo a las 17:00 h.

Medio: Videoconferencia.

Se otorgará constancia de participación.

Museo de Bellas Artes de Bilbao

Jazzinema 5

Como cada año, el *jazz* llega a las pantallas del auditorio del museo para hacernos disfrutar de la extraordinaria relación entre el cine y este género musical. Cine que incluye *jazz* en su banda sonora, que tiene como protagonistas nombres del *jazz* o cine en cuya narrativa influyó este tipo de música.

1.2 **En grupos pequeños** ¿Cuál es tu museo preferido? ¿Por qué? ¿Qué tipo de actividades realiza? ¿Asistes con regularidad a alguna de ellas? Busca información y elabora una presentación para tus compañeros. De los museos presentados, ¿cuál os parece que tiene las actividades más interesantes?

2 En parejas Relaciona las palabras de las columnas para formar expresiones relacionadas con el arte.

1. artes	a. de danza/teatro
2. feria/muestra	b. de bronce/mármol/barro
3. obra/representación/temporada	c. teatral
4. estatua/escultura	d. de exposiciones/cine/conciertos
5. estilo	e. plásticas/escénicas
6. compañía	f. arquitectónico/literario/pictórico/escultórico
7. sala	g. de arte

2.1 En grupos pequeños Habla con tus compañeros sobre las siguientes cuestiones.

- ¿Sabes cuáles son las tres principales artes escénicas? ¿Y las artes plásticas?
- ¿Hay muchas salas de exposiciones, cine o conciertos en tu ciudad? ¿Y festivales?
- ¿Hay alguna feria de arte importante en tu ciudad/país? ¿Cuándo se celebra?
- ¿Cómo se llama la compañía de danza más famosa de tu ciudad/país?
- ¿Cuál es la escultura que más te gusta de tu ciudad? ¿De qué material es?
- ¿Cuál es el estilo arquitectónico que más te gusta? ¿Por qué?

3 En parejas Lee las definiciones de estos estilos artísticos y relaciónalos con las obras que aparecen a la derecha. Vuelve a leer los textos, busca en el diccionario las palabras que no entiendas y haz un mapa mental de cada movimiento. Sigue el modelo que te va a mostrar tu profesor/a.

1. ☐ **Futurismo.** Intenta captar la sensación de movimiento: tiempo, velocidad, energía, fuerza… Los temas de las obras están relacionados con el mundo moderno: las ciudades, las máquinas, el progreso… Utiliza las formas y los colores para generar ritmos y multiplica las líneas y los detalles, imitando la sucesión de imágenes de un caleidoscopio o una película.
2. ☐ **Cubismo.** En los cuadros cubistas desaparece la perspectiva tradicional y se tratan las formas por medio de figuras geométricas, fragmentando las líneas y las superficies. Se adopta una perspectiva múltiple en la que se representan todas las partes de un objeto en un mismo plano. No existe un punto de vista único ni sensación de profundidad. Los detalles se suprimen y a veces el objeto es representado por un solo aspecto (un violín, por ejemplo, puede estar representado solo por las cuerdas).
3. ☐ **Arte abstracto.** Este estilo artístico prescinde de toda figuración y propone una nueva realidad distinta a la natural. Usa un lenguaje visual de forma, color y líneas para crear una composición que puede existir con independencia de referencias visuales del mundo real.
4. ☐ **Impresionismo.** La pintura impresionista utiliza trazos gruesos y pinceladas grandes y cortas, que tienen como resultado imágenes borrosas y poco precisas. Utiliza colores claros y colores pastel (sobre todo azules y verdes) y apenas hay sombras negras. Sus obras buscan la luminosidad y en ellas tienen mucha importancia las personas, los elementos naturales, los paisajes y el agua.

3.1 Todo el grupo ¿Cuál es tu estilo pictórico preferido? Explica a tus compañeros sus características tomando como modelo los textos de la actividad anterior.

A

Pareja en un balandro (Claude Monet, 1874)

B

Improvisación 27 (Vasili Kandinski, 1912)

C

El ciclista (Natalia Goncharova, 1913)

D

Todavía vida con guitarra (Juan Gris, 1915)

Gramática

RAE

GRAMÁTICA

El pretérito imperfecto tiene varios usos modales; entre ellos, el imperfecto onírico, el de figuración y el lúdico, tal y como indica la *Nueva gramática de la lengua española* de la RAE (§ 23.11b, c, d). En todos estos casos el imperfecto introduce situaciones irreales.

- El imperfecto onírico se refiere a hechos **soñados** o **imaginados**:
  *Ayer soñé que todo **era** mentira. Yo **era** yo, pero el resto del mundo había cambiado.*
- El imperfecto de figuración es propio de las **obras de ficción para niños**, donde lo antiguo y lo imaginado se mezclan:
  ***Había** una vez, en un reino muy lejano y perdido, un rey al que le **gustaba** mucho sentirse poderoso.*
- El imperfecto lúdico es el que usan los niños en sus **juegos de roles**:
  *Mejor hacemos una torre y jugamos a que **éramos** constructores.*

1 Tiempos del pasado (repaso)

- El **pretérito perfecto** sirve para hablar de acciones terminadas en un tiempo aún no terminado o relacionado con el presente. También se usa para hablar de experiencias:
  ***He estado** esta tarde en la exposición y me **ha encantado**.*
  *Nunca **he estado** en el museo Lázaro Galdiano, ¿y tú?*
- El **pretérito indefinido** se utiliza para hablar de acciones terminadas en un tiempo pasado no relacionado con el presente. Sirve para contar anécdotas, hechos históricos o acontecimientos:
  *La obra **duró** más de tres horas, pero a mí se me **pasaron** volando.*
- El **pretérito imperfecto** presenta la acción en un tiempo pasado, sin especificar el comienzo o el final de la misma. Se usa para describir en el pasado o para hablar de las circunstancias que rodean los hechos:
  *El museo **estaba** lleno de gente y nadie **mantenía** silencio.*
- El **pretérito pluscuamperfecto** expresa una acción terminada que precede a otra acción también terminada; es decir, es un pasado anterior a otro pasado:
  *Cuando fui a comprar las entradas, ya se **habían agotado**.*
- El **condicional**, cuando se usa como un tiempo del pasado, expresa una acción posterior a otra pasada. Esa acción posterior puede haberse producido ya o no:
  *Me dijo que **haría** todo lo posible para estar en el estreno.*

1.1 Completa esta anécdota con el tiempo del pasado adecuado. En algún caso hay más de una posibilidad, indica todas las opciones que haya.

Clubes de lectura en las bibliotecas municipales

Hace unos años [1] .... (ver, yo) por casualidad que las bibliotecas municipales de mi ciudad [2] .... (organizar) clubes de lectura gratuitos para los usuarios de las bibliotecas. Como la lectura es mi pasión, [3] .... (apuntarse, yo) a uno de los clubes que [4] .... (ofrecer, ellos) y en el que [5] .... (tener, yo) la suerte de participar. Los clubes [6] .... (ser) temáticos y el que yo [7] .... (elegir) [8] .... (centrarse, él) en el tema de la guerra en la literatura. Durante tres meses [9] .... (leer, nosotros) tres novelas y un libro de relatos cortos y, aunque no me [10] .... (interesar) todos, lo [11] .... (pasar, yo) muy bien comentando las obras en cada sesión y compartiendo mis opiniones con el resto del grupo. Me [12] .... (gustar) tanto la experiencia que en los años siguientes y hasta hoy [13] .... (seguir, yo) apuntándome. La verdad es que, aunque todos tenemos edades muy distintas, al final [14] .... (hacer, nosotros) un grupo muy majo con el que salgo todos los lunes después del club para seguir comentando las obras. Hace poco se lo [15] .... (comentar) a mi amiga Marta y me [16] .... (prometer) que se [17] .... (apuntar).

1.2 **En parejas** En esta anécdota hay algunos errores en el uso de los tiempos verbales. Localízalos y corrígelos con tu compañero/a.

Hace un par de años mi pareja y yo íbamos a Recópolis, una antigua ciudad visigoda que está en Guadalajara.

A pesar de que no hacíamos reserva, pudimos hacer la excursión sin problemas. La visita duró solo media hora, pero era muy interesante. Una empleada nos explicaba cómo era la ciudad en la época visigoda, a qué se dedicaban sus habitantes y cómo decaía el esplendor de la ciudad hasta desaparecer.

Los paneles explicativos me encantaron. ¡La ciudad pareció un pueblo manchego como los de hoy! Pero lo mejor de la excursión fue que, después de ver el castillo de Zorita de los Canes, nos han enseñado los huesos y las calaveras que han encontrado durante las excavaciones arqueológicas.

1.3 **En parejas** ¿Cuál es la última actividad cultural a la que has asistido? ¿Con quién fuiste? ¿Por qué? ¿En qué consistía?

2 Pretérito imperfecto de subjuntivo: formas

- El **pretérito imperfecto de subjuntivo** se forma a partir de la 3.ª persona del plural del pretérito indefinido de indicativo y tiene dos formas: habla~~ron~~ › habla**ra**/habla**se**; comie~~ron~~ › comie**ra**/comie**se**; vivie~~ron~~ › vivie**ra**/vivie**se**.
- Verbos **regulares**:

	Hablar	Comer	Vivir
yo	hablara/hablase	comiera/comiese	viviera/viviese
tú	hablaras/hablases	comieras/comieses	vivieras/vivieses
él, ella, usted	hablara/hablase	comiera/comiese	viviera/viviese
nosotros/as	habláramos/hablásemos	comiéramos/comiésemos	viviéramos/viviésemos
vosotros/as	hablarais/hablaseis	comierais/comieseis	vivierais/vivieseis
ellos, ellas, ustedes	hablaran/hablasen	comieran/comiesen	vivieran/viviesen

- Las **irregularidades** del pretérito imperfecto de subjuntivo son las mismas que las de la 3.ª persona del plural del pretérito indefinido:
  - **fueron › fuera/fuese**
  - **dijeron › dijera/dijese**
  - **dieron › diera/diese**
  - **estuvieron › estuviera/estuviese**
  - **supieron › supiera/supiese**
  - p**i**dieron › p**i**diera/p**i**diese
  - p**u**dieron › p**u**diera/p**u**diese
  - d**u**rmieron › d**u**rmiera/d**u**rmiese
  - le**y**eron › le**y**era/le**y**ese...

RAE

GRAMÁTICA

- Según indica la *Nueva gramática de la lengua española* (§ 24.2b), la forma en -ra es la más extendida en la lengua oral y la forma en -se se usa principalmente en contextos formales.
- Según algunos recuentos realizados, en Hispanoamérica ha desaparecido casi por completo el uso oral de la forma en -se y se restringe a contextos escritos formales.
- En España, las dos formas alternan indistintamente (con algunas restricciones en cuanto a los verbos *querer, deber, poder* y *parecer*) pero el uso de la terminación -ra es mayor.
- La frecuencia y distribución por áreas geográficas de las formas hiciera/hiciese en el CORPES confirman estos datos.

Hiciera (11 130 casos/5669 documentos):

Hiciese (1147 casos/713 documentos):

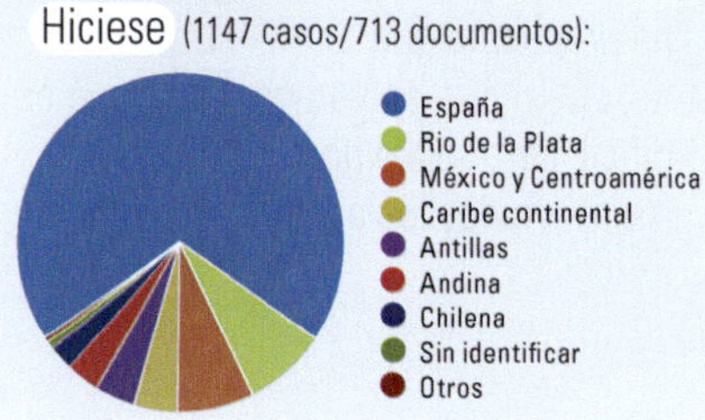

2.1 Escribe el pretérito imperfecto de subjuntivo de los siguientes verbos irregulares en primera persona del singular.

1. ser/ir › *fuera/fuese*
2. creer › ....
3. tener › ....
4. hacer › ....
5. poner › ....
6. andar › ....
7. traer › ....
8. construir › ....
9. morir › ....
10. querer › ....
11. conducir › ....
12. venir › ....

3 Pretérito imperfecto de subjuntivo: usos

- El **pretérito imperfecto de subjuntivo** puede tener valor de **presente, pasado o futuro** en función de la idea que se exprese en la oración principal.
  - Presente › Valor **irreal** o de **imposibilidad** en frases independientes:
    *Ojalá **hubiera** más museos en mi ciudad.*
    *¡Ay, si yo **fuese** la presidenta de este país...!*
  - Pasado › En oraciones subordinadas de **pasado**:
    *Ana me pidió que la **acompañara** al teatro para no perder la entrada.*
  - Futuro › En oraciones subordinadas introducidas por estructuras condicionales que expresan **deseo**:
    *Me gustaría que me **informase** de los programas culturales previstos para el verano.*
- En el caso de las oraciones subordinadas, por tanto, si el verbo de la oración principal está en **pasado** y rige subjuntivo, se usa el pretérito imperfecto de subjuntivo enmarcado en un contexto **pasado**:
  *El otro día me **sorprendió** que la gente **aplaudiera** tan poco al terminar la función...*
  *Cuando era pequeño me **encantaba** que mi tía me **llevara** al cine.*

  Y si el verbo de la oración principal está en **condicional** y rige subjuntivo, el imperfecto de subjuntivo hace referencia a un contexto **presente o futuro**:
  *Yo te **recomendaría** que **fueras** a la exposición entre semana.*

3.1 Completa las frases con presente o imperfecto de subjuntivo según corresponda.

1. ▶ ¿Cómo fue la representación teatral de ayer?
   ▷ Bien, pero resulta que sacaban al público para que .... (participar).
   ▶ ¡No me digas!
   ▷ Sí. Y adivina a quién sacaron...
   ▶ ¡No!
   ▷ Sí, hijo, sí... Los actores me pidieron que .... (cantar) una canción... ¡Qué vergüenza pasé!

2. El concierto fue un éxito. El teatro nos ha propuesto que .... (dar, nosotros) otro en verano. Ya sé qué es difícil, pero ¡ojalá nos .... (llamar) todos los años!

3. ▶ ¿Conoces alguna biblioteca donde .... (organizar, ellos) talleres de lectura?
   ▷ Pues precisamente el año pasado estuve buscando bibliotecas donde .... (impartir, ellos) ese tipo de talleres, pero supongo que la información habrá cambiado. Te recomiendo que .... (mirar) esta página web. Ahí está toda la información.

4. La conferencia estuvo genial. Me gustó mucho que la ponente .... (centrarse) en su obra y no en su vida personal. Me parece fundamental que la obra de los artistas .... (presentarse) al margen de su vida privada.

5. ¿Te gustaría que .... (ir, nosotros) a ver el Ballet Nacional de Cuba? Tengo muchas ganas de que .... (hacer) alguna actividad cultural tu y yo juntos.

Ballet Nacional de Cuba

4 Subjuntivo para hacer juicios de valor (repaso)

- Para hacer juicios de valor usamos verbos como ***ser, parecer, ver, encontrar, considerar*** o ***resultar*** + **adjetivo o sustantivo valorativos** *(bueno, malo, absurdo, indignante, positivo, una pena, una tontería, una locura...)* o ***estar*** y ***parecer*** + **adverbio valorativo** *(bien, mal, genial, fenomenal, fatal...)*.
- Cuando hacemos un juicio de valor en general, la frase subordinada se construye con **infinitivo**:

  *Considero una buena idea **reducir** el IVA de los libros.*
  *Encuentro muy positivo **compartir** impresiones con otras personas en un club de lectura.*
- Cuando el juicio de valor se personaliza, la frase subordinada se construye con ***que*** + **subjuntivo**:

  *Me parece un error **que** la sociedad **perciba** la cultura como un artículo de lujo.*
  *Estaría genial **que** los Gobiernos **promovieran** la cultura en las zonas rurales.*

Fíjate:

- Otros adjetivos valorativos son: *importante, increíble, interesante, (in)necesario, escandaloso, (in)justo, sorprendente, intolerable, (i)lógico...*
- Y otros sustantivos valorativos son: *una vergüenza, una lástima, un horror, una buena idea/noticia, una suerte, un desastre, una barbaridad, un error...*

4.1 **En parejas** Lee lo que opinan estas personas sobre diferentes cuestiones relacionadas con la cultura y completa los espacios en blanco con los verbos entre paréntesis en infinitivo, en presente de subjuntivo o en imperfecto de subjuntivo, según corresponda.

1 "Yo considero fundamental que los Gobiernos .... (establecer) tarifas más económicas para los museos y espectáculos en todas las franjas de edad, no solo para los mayores y los más jóvenes. Me parece injusto que el resto de las personas .... (tener) que pagar siempre más por todo".

2 "Sería una buena idea que los horarios de apertura de los museos .... (ser) más amplios para que todo el mundo pudiera conciliar su vida laboral o familiar con las actividades de cultura. Si los comercios y la restauración abren hasta tarde, sería lógico que también lo .... (hacer) los museos".

3 "Yo creo que sería bueno que .... (reducirse) el aforo de los museos y fundaciones y que la venta de entradas .... (hacerse) exclusivamente por internet. A veces es imposible disfrutar del arte cuando hay tanta gente, y las colas son agotadoras... A mí se me quitan las ganas de ir".

4 "Yo veo necesario .... (reforzar) el papel de las escuelas y que .... (introducirse) el aprendizaje de las artes en las actividades escolares a través de la participación de pintores o escritores. Eso haría que muchos artistas .... (tener) otra forma más de ganarse la vida".

5 "En mi opinión, es innecesario .... (bajar) el IVA en la cultura. La cultura no es cara, lo que pasa es que la gente prefiere gastar el dinero en otras actividades. Lo que de verdad estaría bien es que .... (fomentarse) más para que las personas sean consumidoras de cultura habituales, no ocasionales".

6 "Yo estoy un poco harto de pagar un dineral para entrar en un museo y después ver solo una exposición temporal. Si los turistas quieren pagar ese dinero, me parece muy bien que lo .... (hacer), pero deberían subirles el precio solo a ellos, no a los ciudadanos que ya pagamos impuestos por la cultura".

4.2 **Todo el grupo** ¿Qué piensas tú de los comentarios anteriores? Valóralos según tu opinión.

▶ *Para mí, sería una locura que los museos tuvieran el mismo horario que un bar; seguramente no iría nadie y sería muy caro de mantener...*

▷ *Bueno, igual es un poco exagerado, pero yo encuentro lógico que la gente quiera conciliar su tiempo de ocio con el trabajo, ¿no?*

Practica en contexto

1 **En grupos pequeños** La forma de consumir cultura en los últimos años ha pasado de ser una mera visita a algún lugar a constituir una experiencia completa. Lee estas propuestas. ¿Te parecen atractivas como experiencias culturales? ¿Por qué? ¿Cuál te gusta más? Coméntalo con tus compañeros de grupo.

Viaje fotográfico al desierto del Sáhara

Prepara tu cámara y vente con nosotros al desierto del Sáhara, un clásico entre los viajes fotográficos de PhotoTravel. En esta emocionante aventura trabajaremos aspectos técnicos relacionados con la fotografía de viajes, como cuál es el equipo más adecuado, y también aspectos artísticos, como la composición o el retrato. Toda esta teoría la pondremos en práctica día a día para afianzar tus conocimientos y continuar avanzando sobre una base sólida.

Viajes literarios: Las hermanas Brontë

Si existe una familia famosa en el mundo literario, es la compuesta por las hermanas Brontë. Charlotte, Emily y Anne escribieron algunas de las mejores novelas de la literatura inglesa. De la experta mano de la escritora Espido Freire, recorreremos los escenarios más importantes de la vida de las tres escritoras: los páramos, las calles, la rectoría donde se encuentra la casa museo de la familia..., y las ciudades a las que viajaron y donde enseñaron las tres hermanas.

El misterio de Miguel de Cervantes (Juego de escape literario en Alcázar de San Juan)

Los misterios rodean a Miguel de Cervantes: ¿dónde nació? ¿En qué lugares vivió? ¿Cómo murió? ¿Dónde se encuentran sus restos? Una de las estancias en las que se hospedaba Cervantes durante cortos periodos de tiempo ha sido encontrada en Alcázar de San Juan, donde han aparecido varias pistas que podrían desvelar algunos de estos misterios. ¿Quieres descubrirlos? Entra en la habitación y resuélvelos en menos de 60 minutos.

Música, gastronomía y paisaje otoñal en el Festival de Música Antigua de Aranjuez

El Festival de Música Antigua de Aranjuez vuelve este otoño. Del 22 de noviembre al 13 de diciembre acudirán al Teatro Real Carlos III prestigiosos conjuntos nacionales e internacionales. Como cada año, habrá actividades gastronómicas y visitas guiadas por los recintos del Palacio, así como encuentros con los músicos antes de los conciertos para que los asistentes conozcan, de boca de sus protagonistas, las características del repertorio que van a escuchar.

1.1 [8] Ahora escucha lo que cuentan estas personas sobre las experiencias culturales de la actividad anterior y contesta a las preguntas.

Conversación 1

1. ¿Qué le preocupaba a Paloma antes de hacer el viaje?
2. ¿Qué es lo que más le gustó del viaje al Sáhara?
3. ¿Qué le recomendaría Paloma al amigo de Javier?
4. ¿Qué les sorprendió a Javier y a su mujer de la sala?
5. ¿Hay algún aspecto del juego que no les gustara?

Conversación 2

1. ¿Qué le gustó a Alberto de la guía experta?
2. ¿Qué piensa Alberto de la visita a York?
3. ¿Qué no le gustó a Alberto de la gente del grupo?
4. ¿Qué hizo Laura en Aranjuez?
5. ¿Qué le recomienda Laura a Alberto?

1.2 [8] Vuelve a escuchar el audio mientras lees la transcripción que te va a dar tu profesor/a y subraya los recursos que se utilizan durante las conversaciones para preguntar por experiencias y valorarlas, pedir al interlocutor que comience a contar la anécdota, contar una experiencia o anécdota y mostrar interés.

1.3 **En parejas** Ahora piensa en alguna actividad cultural que hayas realizado y cuéntale a tu compañero/a cómo fue la experiencia (en qué consistió la actividad, qué te gustó, qué no, si te sorprendió algo positiva o negativamente y a quién se la recomendarías).

Preguntar por una experiencia

- ¿Qué tal/Cómo ha estado/estuvo...?
- ¿Qué tal/Cómo ha ido/fue...?

Valorar una experiencia

- (Me) Ha ido/Fue/Ha salido/Salió bien/mal/genial/fenomenal/fatal...
- ¡Fenomenal!/¡Excelente!
- (Me) Lo pasé/he pasado bien/genial/fenomenal...
- Lo pasé/he pasado fatal/(muy) mal.

Pedir a alguien que cuente una experiencia o anécdota

- Oye, cuéntame algo de...
- (Oye), ¿Qué pasó con...?

Contar una experiencia o anécdota

- Pues, para empezar...
- Pues, verás/una vez/el otro día...
- Nada, pues que.../Pues nada, que...
- Te cuento...
- Me sorprendió/ha sorprendido...
- Me encantó/ha encantado...

Mostrar interés

- ¡No me digas!
- ¡Es increíble/alucinante!
- Sí, (ya) me lo imagino.
- ¡Anda!
- Normal...
- (Lo) Entiendo/Comprendo.
- ¡Qué interesante/bonito/mal/mala suerte...!

2 **Todo el grupo** ¿Conoces el movimiento por la calma? ¿En qué consiste? ¿Has oído hablar del Día del Arte con Calma *(Slow Art Day)*? ¿Cuál crees que es su objetivo?

2.1 Lee el texto y comprueba tus hipótesis anteriores.

La iniciativa *Slow Art Day*, creada por Phil Terry en 2008, nos hace reflexionar sobre la velocidad con la que vemos las obras en las exposiciones, algo que –como todo en la vida moderna– puede estar sucediendo demasiado rápido como para comprender lo que tenemos enfrente.

Aunque no existe un estudio científico que determine el tiempo necesario para comprender una obra de arte, se sabe que el visitante suele detenerse entre 15 y 30 segundos frente a cada pieza, tiempo suficiente para descifrar lo que esta intenta representar, pero no el necesario para experimentarla en su totalidad. *Slow Art Day* trata de hacernos ver que no solo es importante la cantidad de visitantes que recibe un museo, sino también la experiencia que estos tienen en él, e invita al público a pasar más tiempo recreándose en las exposiciones a las que asiste. La experiencia, según Phil Terry, es completamente diferente: mucho más enriquecedora y menos cansada.

Adaptado de https://polodearte.com/slow-art-day-cuanto-tiempo-necesitas-ver-una-obra-arte-comprenderla/

2.2 **En grupos pequeños** Vamos a poner en práctica el arte con calma con una sencilla actividad. Observa el cuadro de Manet titulado *El ferrocarril* (1873) y sigue las instrucciones de tu profesor/a.

2.3 [9] **Todo el grupo** Ahora escucha el audio y observa de nuevo la pintura en detalle. Después comenta estas cuestiones con tus compañeros.

- ¿Te habías fijado en los mismos detalles que los descritos en el audio? ¿Qué otros aspectos destacarías?
- ¿Cuál de los ejercicios propuestos te ha gustado más? ¿Por qué? ¿Cuál es tu valoración de este tipo de experiencias?
- ¿Crees que a partir de ahora vas a ver las obras de arte de manera diferente?
- ¿Qué pintura, escultura o monumento nos recomendarías ver de una forma pausada?

Pedir una valoración sobre un tema conocido por los interlocutores

- *¿Qué te parece lo de* + infinitivo/sustantivo/ *que* + subjuntivo?
- *¿Te parece bien/mal/(una)buena/mala idea lo de* + infinitivo/sustantivo/*que* + subjuntivo?
- *¿Cómo ves lo de* + infinitivo/sustantivo/*que* + subjuntivo?

  ¿Qué te parece lo de utilizar la cultura y el arte para repoblar pueblos abandonados?

Valorar un tema conocido por los interlocutores

- *Es/Me parece/Veo/Encuentro/Considero/Me resulta* + adjetivo/sustantivo de valoración + *lo de* + infinitivo/sustantivo/*que* + subjuntivo
- *Está* + adverbio de valoración + *lo de* + infinitivo/sustantivo/*que* + subjuntivo
- *Lo de (que)... lo veo/encuentro/considero* + adjetivo/sustantivo

  Yo creo que es una buena idea lo de que el arte sirva para revitalizar pueblos olvidados.

Fíjate:

Con verbos como ***ver***, ***encontrar*** o ***considerar***, se repite ***lo*** cuando la frase empieza por el objeto de la valoración:

*Yo **lo** de bajar el IVA de la cultura **lo** encuentro necesario.*

3 **En parejas** Lee algunas iniciativas culturales que se han llevado a cabo en diferentes lugares. Luego valóralas siguiendo el modelo. ¿Crees que el arte y la cultura pueden cumplir una función social?

Los jóvenes en riesgo de exclusión que entran en contacto con el arte mejoran sus logros académicos y su compromiso cívico y social

La Fundación Nacional para las Artes (la agencia federal encargada de promover el arte en Estados Unidos) ha desarrollado múltiples investigaciones dirigidas a demostrar el impacto que tiene la participación artística en el desarrollo económico de la sociedad, así como en la salud y en el bienestar de las personas.

Bilbao utiliza el diseño para producir equipos de protección sanitaria

En el marco de la iniciativa Comunidad Maker de Euskadi contra el Coronavirus, el centro de producción artística BilbaoArte ha prestado su avanzada maquinaria de fabricación digital, utilizada de manera habitual por sus creadores y artistas, para producir equipos de protección sanitaria.

***Invitadas*, la exposición del Museo del Prado que muestra la misoginia en el Arte**

El Museo del Prado presenta una polémica exposición, en donde se habla de la misoginia institucional durante el siglo XIX y principios del XX y la relación de opresión hacia las mujeres artistas.

Pueblos en Arte: artistas reviven con cultura un territorio olvidado

Esta iniciativa, impulsada por un grupo de artistas, se ha convertido en un proyecto consolidado que está revitalizando el territorio gracias a poetas, escritores, fotógrafos y pintores, los cuales desarrollan y muestran su trabajo en los pueblos de una de las comarcas más despobladas de Aragón.

- Utilizar el arte para mejorar la vida de los jóvenes en riesgo de exclusión social.
- Poner el arte al servicio de la sociedad en una situación de crisis como la de una pandemia.
- Tratar temas como el machismo o la misoginia en una exposición de arte.
- Utilizar el arte y la cultura para repoblar pueblos abandonados.

Ejemplo: ▶ *¿Qué te parece lo de que los artistas produzcan y muestren sus obras en pueblos deshabitados?*

▷ *Pues me parece genial... En el campo tienen más tiempo y más tranquilidad para crear sus obras.*

3.1 **En grupos pequeños** Ahora pensad en alguna iniciativa que se podría desarrollar en el ámbito de la cultura para que esta cumpla una función más social. Después presentádsela al resto de grupos. ¿Qué iniciativa de las presentadas os parece más interesante?

4 **En parejas** Lee el siguiente texto sobre el arte y su función social y coloca los siguientes marcadores y conectores de discurso en su lugar correspondiente. Según lo que dice la autora del texto, ¿qué obra de arte de las que conoces crees que cumple una función social? Coméntalo con tu compañero/a y justifica tu respuesta.

por otra parte | en definitiva | por (lo) tanto (2) | por una parte
sin embargo | y por eso | un ejemplo de ello es | por último | ya que | es decir

www.cultivARTE.com

El arte y su función social

Los seres humanos somos artistas por naturaleza y, [1] .... , el origen del arte está indisolublemente unido al origen de la humanidad. Desde la pintura rupestre hasta la obra más moderna, el arte es un medio de expresión inherente al ser humano.

[2] .... , el arte no es solo una manifestación estética, sino que nace como una necesidad de provocar emociones fuertes que queden grabadas en el recuerdo de los individuos y de los pueblos.

[3] .... , podemos considerar el arte como una herramienta de denuncia social. Los artistas, con sus obras, apelan a los sentimientos más profundos del individuo para que este desarrolle la capacidad de ponerse en el lugar del otro, [4] .... , para que sea empático, cualidad que nos hace humanos y nos diferencia de otros seres vivos.

[5] .... , el arte es el espejo de la sociedad en la que se desarrolla, pero su manifestación no siempre es inmediatamente comprensible, [6] .... requiere un trabajo emocional y cierta capacidad de interpretación de la obra. [7] .... el *Guernica* de Picasso, cuyas figuras simbólicas remiten al desastre de la guerra civil española.

El objetivo, [8] .... , es que se interpreten las obras para reflexionar sobre determinados acontecimientos, comprometerse con los problemas sociales, despertar las emociones más profundas y apelar a estas para sensibilizar sobre temas delicados.

[9] .... , hay que aprovechar los beneficios que aporta el arte como forma de democracia aplicada, concreta y real, [10] .... el arte proporciona a los artistas la libertad suficiente para expresarse sobre cualquier tema a través de sus diferentes modalidades.

[11] .... , el arte es mucho más que un patrimonio cultural. Sirve para crear una memoria colectiva y para que los errores y horrores del pasado no se vuelvan a repetir nunca más.

Adaptado de Ilaria Verde, https://www.elperiodico.com/es/entre-todos/participacion/el-arte-y-su-funcion-social-192190

4.1 **Todo el grupo** Fíjate en la organización del texto anterior. ¿Cuáles son sus ideas principales?

4.2 Ahora imagina que colaboras con una revista de ocio y tiempo libre y que te han pedido que escribas un artículo sobre el impacto de la cultura en la felicidad y en el bienestar de los españoles. Para ello, analiza la información que aparece en los gráficos que te va a mostrar tu profesor/a y redacta un texto en el que:

- introduzcas el tema;
- expliques cómo crees que contribuye la cultura a nuestra felicidad;
- expliques la importancia de tener experiencias culturales compartidas;
- valores las políticas de los Gobiernos para facilitar el acceso a la cultura;
- elabores una conclusión.

Marcadores y conectores del discurso

- **Estructurar la información:** *en primer lugar, en segundo lugar, por un lado/por una parte, por otro lado/por otra parte, por último, para terminar...*
- **Reformular:** *es decir, dicho de otro modo, en otras palabras...*
- **Añadir información:** *también, además...*
- **Contrargumentar:** *sin embargo, a pesar de (que)...*
- **Expresar causa:** *porque, puesto que, ya que...*
- **Expresar consecuencia:** *(y) por eso, por ello, por (lo) tanto...*
- **Concluir:** *en definitiva, en conclusión...*

RED DE CIUDADES CREATIVAS

1 **En parejas** ¿Conoces la Red de Ciudades Creativas de la Unesco? Lee el texto para saber un poco más sobre algunas de las ciudades de España e Hispanoamérica que forman parte de esta iniciativa.

Creada en 2004, esta iniciativa promueve la cooperación internacional entre las ciudades que identifican la cultura y la creatividad como motores del desarrollo sostenible. Mediante siete ámbitos creativos –Artesanía y Arte Popular, Diseño, Cine, Gastronomía, Literatura, Artes Digitales y Música– las ciudades de la Red promocionan diferentes proyectos que tienen un impacto económico, social, cultural y medioambiental positivo. El objetivo de la Red es cumplir con el poder habilitador y transformador de la cultura y la creatividad en la construcción de ciudades resilientes, sostenibles y preparadas para el futuro, apoyando así la Agenda 2030 para el Desarrollo Sostenible de la ONU a nivel local.

Artesanía y Arte Popular:

Chordeleg, Ecuador (2017)[1]

La ciudad de Chordeleg es un ejemplo del trabajo con metales preciosos, alfarería, fabricación de calzado y tejido de paja toquilla[2]. Este trabajo es llevado a cabo por familias y comunidades que utilizan técnicas ancestrales transmitidas a través de la tradición oral. Con el fin de garantizar la sostenibilidad del campo, la ciudad apoya a los artesanos para que formen cooperativas y participen en la transmisión de conocimientos.

La ciudad también colabora con el Centro Interamericano de Artesanías y Artes Populares con el objetivo de preservar los métodos artesanales tradicionales y de mejorar las condiciones laborales de los artesanos.

[1] Las fechas indican el momento en que estas ciudades se adhirieron a la iniciativa de la Unesco.

[2] La *paja toquilla* es una fibra procedente de la palmera.

Diseño:

Buenos Aires, Argentina (2005)

El Centro Metropolitano de Diseño (CMD) es la principal institución industrial y de diseño de Buenos Aires. Sus objetivos son fomentar iniciativas públicas y privadas relacionadas con el diseño y apoyar la internacionalización del sector para convertir esta ciudad en un referente del diseño en Latinoamérica. El CMD también acoge el Festival Internacional de Diseño, un evento dirigido a profesionales, estudiantes y público en general, que muestra un diseño sostenible e inclusivo.

Cine: Valladolid, España (2019)

Desde hace más de 60 años, la Semana Internacional del Cine de Valladolid ha situado a esta ciudad castellana en el centro del cine independiente internacional. Esta localidad ofrece también un amplio programa de actividades para inspirar al talento joven, dar apoyo al cine independiente y fomentar la exploración de nuevos horizontes culturales, utilizando el cine para educar, integrar y generar riqueza e igualdad.

Gastronomía: Popayán, Colombia (2005)

Popayán es una ciudad universitaria conocida por su centro histórico colonial, de herencia hispana. Esta ciudad también alberga numerosas actividades gastronómicas destinadas a promover los sabores de la cocina tradicional de la región, la cual fusiona tres tradiciones culinarias: la precolombina, la africana y la española. La riqueza de la cocina tradicional de Popayán no solo cuenta con los sabores y gustos derivados de antiguos conocimientos, sino también con el simbolismo, los ritos, las leyendas y las costumbres de su patrimonio.

Artes Digitales: Guadalajara, México (2017)

Guadalajara apuesta por el arte digital como una herramienta innovadora e interactiva que no solo añade valor a otros campos creativos, sino también a la forma en la que ciudadanos y ciudadanas experimentan la ciudad. Su Festival de la Luz ofrece a sus habitantes la oportunidad de redescubrir la ciudad a través de mapeos de vídeo, espectáculos multimedia y proyecciones interactivas. Paralelamente, el Festival Cultural Sucede promueve la diversidad cultural con distintos eventos artísticos.

Música: Sevilla, España (2006) y Literatura: Granada, España (2014)

Sevilla es un centro de creatividad y actividad musical que refleja siglos de tradición e influencia musical a escala mundial. Entre sus festivales destaca la Bienal de Flamenco, muestra del género musical reconocido como Patrimonio Cultural Inmaterial de la Humanidad en 2010 y una de las manifestaciones culturales más reconocidas de España en el mundo.

Granada, por su parte, cuenta con una larga historia como ciudad de escritores, lo que la ha convertido en un referente en la producción literaria del sur de España y en la gestión de actividades relacionadas con la literatura desde los años 70. Las instituciones, las editoriales y una sólida red de librerías proporcionan espacios para que cada año se celebren cientos de eventos literarios en la ciudad.

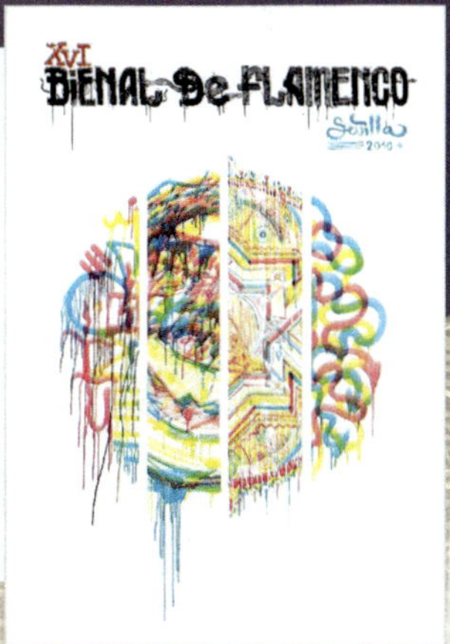

Adaptado de https://en.unesco.org/creative-cities/creative-cities-map y de https://www.thisistherealspain.com/es/actualidad/la-red-de-ciudades-creativas-de-la-unesco-en-espana

2 **En grupos pequeños** Busca información sobre otra ciudad creativa de España o Hispanoamérica y haz una pequeña presentación para tus compañeros. ¿Por qué la has elegido?

3 **Todo el grupo** ¿Existe en tu país alguna ciudad adherida a la Red de Ciudades Creativas de la Unesco? ¿En qué categoría? ¿Por qué?

REPORTAJES

Arte urbano

Antes del vídeo

1 **En parejas** Vas a ver un vídeo relacionado con el arte urbano. Observa la imagen y escribe con tu compañero/a una definición de este tipo de arte.

Durante el vídeo

2 Visiona el fragmento 00:00 ▶ 01:24 del vídeo y escucha lo que dice la experta en arte urbano. ¿Cómo lo define? ¿Qué otras disciplinas artísticas menciona además del grafiti? ¿Coincide vuestra definición de arte urbano con la definición que se da en el vídeo?

El arte urbano es ....

....

Además del grafiti, otras disciplinas artísticas que se pueden incluir en el arte urbano son ....

....

3 Visiona el fragmento 01:24 ▶ 02:37 y contesta a las preguntas.

1. ¿Cuál es el origen del arte urbano?
2. ¿Para qué se utilizaban los grafitis en Pompeya?
3. Además de la ilegalidad, ¿qué otras características tiene el arte urbano?

4 En el vídeo, la especialista habla de diferentes tipos de arte urbano. Visiona el fragmento 02:37 ▶ 03:45 y relaciona las imágenes con sus técnicas correspondientes.

a. grafiti realizado con aerosol | b. estarcido con plantillas | c. pegatinas | d. *yarn bombing* | e. grafiti limpio

1 ☐

2 ☐

3 ☐

4 ☐

5 ☐

6 ☐

7 ☐

8 ☐

4.1 **En grupos pequeños** Vuelve a ver el fragmento anterior y completa las frases.

1. El estarcido consiste en aplicar .... sobre una .... y se usa, en muchas ocasiones, con carácter ....
2. Las pegatinas se utilizan para decorar mobiliario urbano como ....
3. El *yarn bombing* consiste en utilizar el .... para .... diferentes elementos del paisaje urbano.
4. El grafiti limpio consiste en "limpiar" una .... con un grafiti para conseguir o bien que la limpien, o bien que la obra permanezca en su lugar.

5 **En parejas** Visiona el fragmento 03:45 ▶ 04:59 y relaciona las frases con uno de estos artistas: Keith Haring, Banksy, John Fekner, Muelle o Suso33. Luego compara tus respuestas con tu compañero/a.

1. Pinta sus obras con las dos manos. › ....
2. Son famosos sus mensajes de protesta. › ....
3. Algunas casas de subastas han vendido obras suyas. › ....
4. Sus obras se han expuesto en museos. › ....
5. Destacan en su obra las caras que pinta. › ....
6. Utiliza el estarcido con plantilla en sus obras. › ....
7. Es famoso por su representación de un animal doméstico. › ....
8. Fue importante en una etapa de cambios en España. › ....

Después del vídeo

6 **En grupos pequeños** Ahora busca una obra de alguno de los artistas urbanos famosos de los que se habla en el vídeo y preséntasela a tus compañeros. Explícales por qué te gusta esa obra, qué crees que quiere transmitir el autor con ella y qué te transmite a ti.

Keith Haring

Banksy

John Fekner

Muelle

Suso33

7 **Todo el grupo** Comenta con tus compañeros las siguientes cuestiones.

1. ¿Te gusta el arte urbano? ¿Y los grafitis? ¿Por qué?
2. ¿Qué te parece lo de que el arte callejero se considere ilegal? ¿Crees que debería ser una disciplina artística reconocida por el arte convencional? ¿Por qué?
3. ¿Hay alguna obra de arte urbano en tu ciudad que te guste? ¿Dónde está? ¿Por qué te gusta?

Evaluación

1 Completa las frases de este foro con la forma adecuada de los tiempos del pasado.

Juego de escape literario: *El misterio de Miguel de Cervantes*

Juan Yáñez
●○○○○ Aburrida

Acabo de volver hoy y estoy muy decepcionado. La idea de arranque [1] .... (ser) buena, pero las pruebas me [2] .... (resultar) bastante aburridas. No [3] .... (divertirse) resolviendo el juego y [4] .... (sentirse) demasiado observado por mi *game master.* Para no volver...

Jimena Castillo
●●●●● Magnífica ambientación

Ayer [5] .... (viajar, nosotros) a propósito desde Albacete por los buenos comentarios y críticas que [6] .... (leer, nosotros) y lo que nos [7] .... (contar) varias personas. El decorado nos [8] .... (parecer) maravilloso y el juego [9] .... (ser) muy dinámico. ¡Cien por cien recomendable!

Alba Simón
●●●●● Cómo pasar una tarde de lo más entretenida... ¡y cultural!

Ya [10] .... (participar, nosotros) en varios juegos de escape antes, pero este nos [11] .... (sorprender) por lo bien organizado que [12] .... (estar), lo maja que [13] .... (ser) la chica que lo [14] .... (explicar) y por su ambientación en el mundo de Cervantes. Ideal para manchegos y para cualquiera que esté de visita.

2 Lee el titular de esta noticia y valórala en tu cuaderno según tu opinión.

UNA GALERÍA RETIRA UNA POLÉMICA EXPOSICIÓN QUE ORDENABA FOTOS DE 5000 MUJERES POR SU FEALDAD

La colección *Uglier and unglier,* con 5000 fotografías tomadas por el artista chino Song Ta, ordenaba a las mujeres de la más guapa a la más fea con un número. La exhibición, que también incluía vídeos, ha sido eliminada de la Galería OCAT de Shanghái, después del aluvión de críticas recibidas.

A mí me parece/Yo considero...

3 Completa los diálogos con las palabras del recuadro. Fíjate en los tiempos verbales que se usan como pista.

pues verás | cuéntame algo de | cómo va | sí, ya me lo imagino | fenomenal | qué tal fue | no me digas | qué tal ha ido | normal

Diálogo 1

▶ Hola, ¿[1] .... tu viaje por América?
▷ Genial, la verdad. Estoy encantando.
▶ ¿[2] .... tu paso por Colombia?
▷ ¡[3] ....! He visto un montón de lugares interesantes... Ahora estoy en Ecuador, haciendo la ruta del cacao.
▶ ¡[4] ....!
▷ Es alucinante, no te puedes ni imaginar lo que estoy aprendiendo. Lo que no sé es si voy a poder llevarte algo de chocolate. ¡Está tan bueno, que no creo que llegue a España!
▶ [5] ...., ja, ja, ja, yo también me lo comería todo.

Diálogo 2

▶ Oye, [6] .... tu viaje al Festival de Mérida. ¿[7] .... la excursión?
▷ [8] ...., salimos por la mañana prontito y, cuando llegamos, nos alojaron en el hotel. Después visitamos el conjunto monumental de la ciudad y el Museo Nacional de Arte Romano. Luego comimos y descansamos un poco, y por la noche vimos *Antígona*.
▷ ¡Qué interesante!
▶ Sí… Volví ayer por la noche… Lo único es que ¡estoy reventada!
▷ [9] ....

4 Busca en la unidad 5 palabras relacionadas con las siguientes disciplinas:

La pintura y la escultura: ...., ..., ..., ..., ...

La música: ...., ..., ..., ..., ...

El teatro y la danza: ...., ..., ..., ..., ...

La literatura: ...., ..., ..., ..., ...

5 Completa estos diálogos utilizando el infinitivo, el presente de subjuntivo o el imperfecto de subjuntivo.

▶ ¿Sabes que el Ministerio de Cultura quiere lanzar un bono cultural para fomentar la cultura entre los jóvenes?
▷ Me parece una idea genial. Considero necesario que los Gobiernos [1] .... (tomar) medidas para que la cultura sea más accesible.
▶ Es verdad, pero a mí lo de que el Gobierno [2] .... (ofrecer) un bono solo para los jóvenes no me parece suficiente. Estaría bien que todas las personas [3] .... (tener) acceso a esos bonos, ¿no te parece?

▶ ¿Qué te parece lo de que el Gobierno [4] .... (bajar) el IVA de los cines a partir del mes que viene?
▷ Pues me parece una iniciativa muy buena, pero sería bueno también que [5] .... (reducir) el IVA de los teatros, los conciertos, los libros…

▶ Tú que entiendes de teatro… ¿A qué representación nos recomendarías [6] .... (ir) este fin de semana? Es que viene un amigo de Londres que es muy aficionado al teatro.
▷ Pues yo os recomendaría que [7] .... (ir) a la sala Valle Inclán. Todas las obras que están representando ahora son buenas.

▶ Ayer estuve en el Museo de Artes Decorativas y tienen un montón de actividades gratuitas para hacer en familia. ¡Ojalá todos los museos de la ciudad [8] .... (organizar) actividades así!
▷ Es verdad, uno no sabe ya cómo hacer para que los niños disfruten de la cultura.

6 Una amiga tuya va a ir unos días a tu ciudad y quiere saber qué museos, monumentos o lugares de interés cultural puede visitar y si puedes acompañarla en alguna actividad. Escríbele un correo en el que le cuentes qué puede ver y le propongas alguna actividad para hacer juntos.

7 Reflexiona sobre la unidad y valora tu aprendizaje.

	Sí	Un poco	No
1. Puedo hablar sobre diferentes aspectos relacionados con la cultura.	☐	☐	☐
2. Puedo contar anécdotas relacionadas con experiencias culturales.	☐	☐	☐
3. Puedo valorar experiencias relativas a la cultura.	☐	☐	☐
4. Puedo identificar y usar la forma del imperfecto de subjuntivo.	☐	☐	☐
5. Puedo escribir un texto argumentativo sobre un determinado tema.	☐	☐	☐

Unidad

4 En democracia

Fíjate en la imagen principal y en el título de la unidad. ¿Qué crees que representa este conjunto de banderas?

¿Conoces alguna agrupación de países que se reúna periódicamente?

Observa a la persona que habla frente a los medios de comunicación. ¿Por qué crees que está ahí? ¿Cuál es su papel en el destino de un país?

¿Qué problema social refleja la segunda imagen?

¿Qué está haciendo la gente que lleva las pancartas?

En esta unidad vas a. . .

- Hablar de problemas y de preocupaciones sociales
- Discutir sobre política y participación ciudadana
- Hacer hipótesis y expresar probabilidad
- Expresar opiniones y sensaciones
- Conocer la transición española

¿Qué sabes?

1 **En grupos pequeños** Observa las fotos finalistas de un concurso de fotografía que organiza una ONG. ¿Cuál crees que es el tema del concurso? ¿Qué problemas sociales tratan de plasmar sus autores?

1
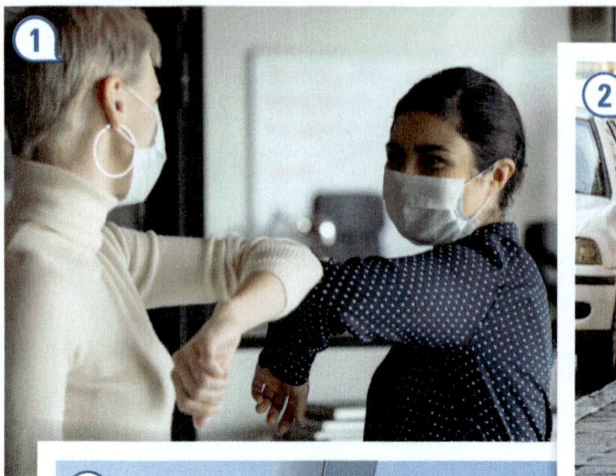

2

3

4
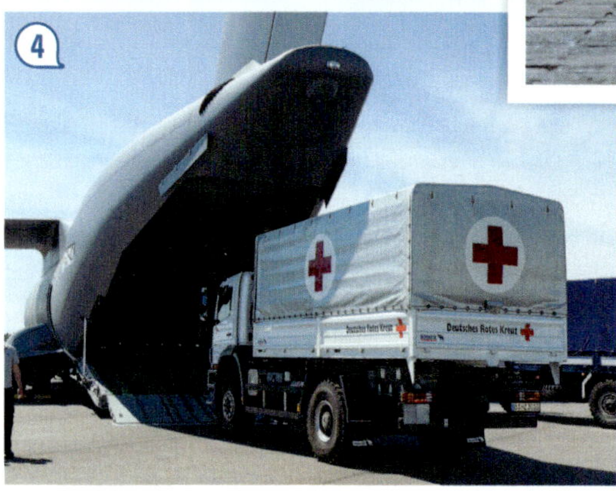

5

6

1.1 **En parejas** Relaciona las palabras para formar expresiones referidas a problemas sociales que nos preocupan a todos. ¿Cuáles se refieren a las imágenes anteriores?

a. atención | b. protección y cuidado | c. emergencia | d. discriminación por razón
e. violencia | f. derecho a | g. corrupción | h. violación de | i. pandemia
j. ayuda | k. conflictos | l. pobreza, hambre

1. ☐ de las personas vulnerables
2. ☐ la educación
3. ☐ humanitaria
4. ☐ los derechos humanos
5. ☐ de raza, sexo o condición
6. ☐ bélicos
7. ☐ a la discapacidad
8. ☐ política
9. ☐ climática
10. ☐ mundial
11. ☐ de género
12. ☐ y desnutrición

1.2 **En grupos pequeños** Clasifica los problemas anteriores por orden de importancia según tu opinión. Comparte tu clasificación con tus compañeros de grupo, ¿coincidís?

2 **Todo el grupo** De todos esos problemas, ¿cuáles crees que están relacionados con la emigración? Justifica tu respuesta.

2.1 Lee el siguiente informe de ACNUR en el que se reflejan las causas que provocan el desplazamiento forzoso de las personas. ¿Coincide con tu respuesta anterior?

UNHCR ACNUR
La Agencia de la ONU para los Refugiados
comité español

El hambre y la pobreza. A finales del año 2017, el hambre en el mundo afectaba ya a 815 millones de personas, el 11 % de la población mundial. La hambruna se produce por dos factores fundamentales: los conflictos y los desastres naturales a causa del cambio climático. Según el Banco Mundial, el 12.7 % de la población mundial vive con menos de 1.9 dólares al día.

El racismo. La discriminación por razón de la raza es una de las causas que origina el desplazamiento de miles de personas en el mundo, las cuales se ven obligadas a abandonar sus hogares. El problema, sin embargo, sigue existiendo cuando llegan a otros países, pues se enfrentan a demasiadas dificultades para la solicitud de asilo, a la denegación del acceso a los servicios públicos en condiciones de igualdad, o a los abusos verbales y físicos provocados por la incitación al odio de algunos grupos radicales y por el miedo a la diversidad.

Los conflictos bélicos. La guerras que se sufren en el mundo tienen otras consecuencias además de las materiales. Tener que huir del propio hogar sin nada supone cambiar de vida y enfrentarse a un futuro incierto. Estas situaciones suelen generar problemas que no son tan visibles, como depresiones, ansiedad o miedo en los niños.

La violencia de género. Este tipo de violencia puede ser otra de las causas de los desplazamientos forzosos. Supone un problema grave que pone en peligro la vida de las mujeres y las niñas, su integridad física y emocional y su desarrollo como personas.

La emergencia climática. Casi 25 millones de personas tuvieron que abandonar sus hogares en 2019 debido a fenómenos meteorológicos extremos provocados por la actual crisis climática.

Adaptado de https://eacnur.org/blog/problemas-actuales-de-la-sociedad-y-sus-consecuencias-tc_alt45664n_o_pstn_o_pst/

3 **Todo el grupo** Observa cómo han evolucionado las preocupaciones de la sociedad en la última década. ¿Qué dato te llama más la atención? ¿Qué principales cambios se han producido? Como ves, este informe llega hasta 2020. ¿Crees que las prioridades cambiarán en el próximo estudio? ¿Por qué?

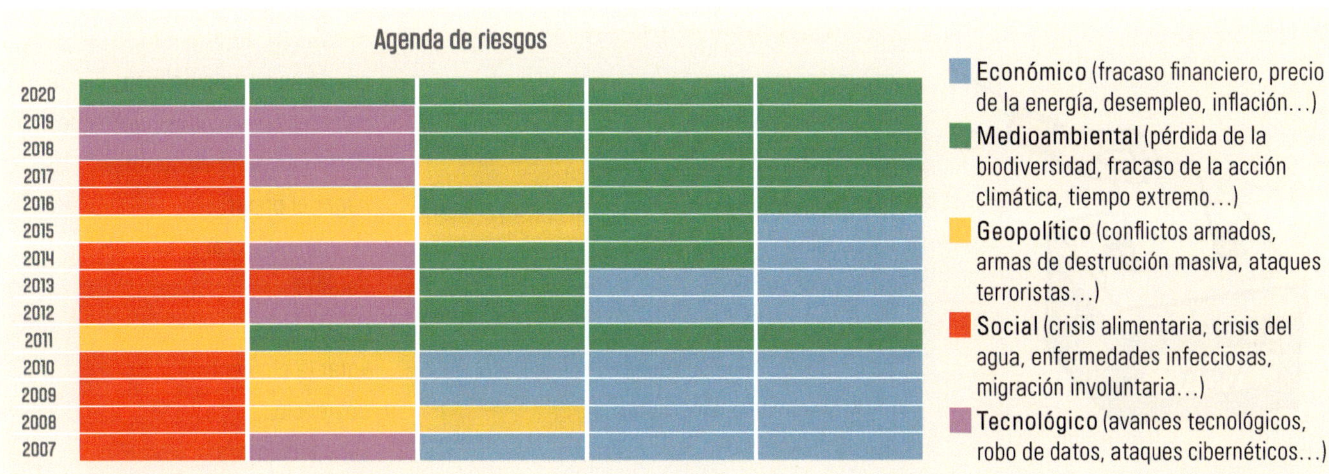

Adaptado de http://reports.weforum.org/global-risks-report-2020/shareable-infographics/

Palabras

1 [10] **En parejas** Los jóvenes están impulsando nuevas formas de participación política. Lee las siguientes afirmaciones y decide con tu compañero/a si son verdaderas o falsas. Luego escucha la entrevista y comprueba tus respuestas.

1. Hoy en día, los jóvenes muestran un mayor interés por la política debido a que la sociedad actual tiene en cuenta sus opiniones. ..... V F
2. Una gran cantidad de jóvenes se sienten conformes con la política actual. ..... V F
3. Según una encuesta realizada en varios países democráticos, más de la mitad de los jóvenes no votan cuando se convocan elecciones. ..... V F
4. Según los datos, la militancia de los jóvenes en los partidos políticos ha aumentado. ..... V F
5. La participación de los jóvenes en la política ha evolucionado a nuevas formas. ..... V F
6. El ciberactivismo es una forma de participación de los jóvenes en política. ..... V F
7. Los consejos de participación ciudadana son espacios donde los jóvenes que están afiliados a un partido político expresan sus ideas y problemas. ..... V F
8. No es recomendable que las instituciones políticas usen las redes sociales para conectar con los más jóvenes. ..... V F
9. Para fomentar la participación política de las personas jóvenes, es importante educarlas en democracia desde pequeñas. ..... V F

1.1 **En grupos pequeños** ¿Te interesa la política? ¿Te afiliarías a algún partido político? Justifica tus respuestas.

2 Clasifica este léxico relacionado con las elecciones en su lugar correspondiente de la tabla. Puedes usar el diccionario.

1. encuestas/sondeos
2. voto en blanco/nulo
3. mesa electoral
4. papeleta electoral
5. escrutinio
6. jornada de reflexión
7. programa electoral
8. ganar/perder las elecciones
9. presentarse a las elecciones
10. iniciar un mandato/una legislatura
11. elecciones reñidas
12. ser de un partido político
13. celebrar/convocar las elecciones
14. hacer campaña electoral
15. llegar al poder
16. colegio electoral
17. votante
18. urna
19. votar (a alguien)
20. abstención
21. ser candidato/a
22. escaño

Antes de las elecciones	El día de las elecciones	Análisis de los resultados

3 **En grupos pequeños** En la entrevista que has escuchado se dice que es importante educar a los niños en democracia. ¿Crees que este tipo de enseñanza se debe impartir en las escuelas? ¿Por qué?

3.1 **En parejas** Lee el siguiente texto sobre una asignatura que se llama *Educación para la Ciudadanía* y complétalo con las palabras propuestas.

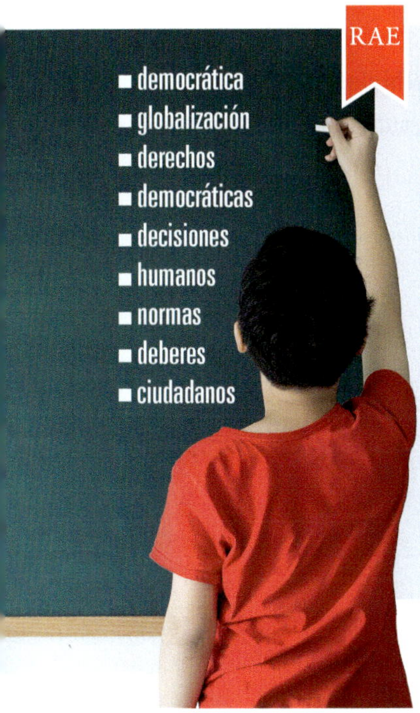

RAE

Vivir en sociedad

En la materia se propicia la adquisición de habilidades para vivir en sociedad y para ejercer la ciudadanía [1] .... Además de contribuir a reforzar la autoestima y la identidad personal, favorece el desarrollo de habilidades que permiten participar, tomar [2] .... y elegir la forma adecuada de comportarse en determinadas situaciones. Se contribuye también a la competencia a partir de la adquisición [de conocimientos] de los fundamentos, de los modos de organización de los estados, de las sociedades [3] .... y de otros contenidos específicos como la evolución histórica de los derechos [4] .... y la forma en que [estos] se concretan y se respetan o se vulneran en el mundo actual, particularmente, en casos de conflicto. [...]
El conocimiento de la pluralidad social y el carácter de la [5] ...., así como las implicaciones que [estos] comportan para los [6] ...., facilitará a los alumnos y a las alumnas instrumentos para construir, aceptar y practicar [7] .... de convivencia acordes con los valores democráticos, ejercitar los [8] .... y libertades, asumir las responsabilidades y [9] .... y participar activa y plenamente en la vida cívica.

Extraído de "La importancia en el currículo de ESO de la Educación para la Ciudadanía", Marta Rodríguez Martín, *Comunidad Escolar (2007)*

Incluido en: Real Academia Española: Banco de datos (CORPES XXI) [en línea]. *Corpus del Español del Siglo XXI (CORPES)* http://www.rae.es

3.2 **En grupos pequeños** ¿Hay alguna asignatura similar en tu país? ¿Cómo se llama? ¿A qué edades se imparte?

Yo creo que lo importante para vivir en sociedad es el respeto y la tolerancia.

4 **Todo el grupo** Para empezar a cambiar el mundo hay que aprender a vivir en sociedad. ¿Qué es para ti *vivir en sociedad*? ¿Qué implica?

Estoy de acuerdo, aunque creo que también es fundamental ser solidarios con las personas que se encuentran en situaciones difíciles.

Gramática

1 Hacer hipótesis y expresar probabilidad (repaso)

- Recuerda que en español podemos hacer **hipótesis** y expresar **probabilidad** con estos tiempos verbales:
  - Con el **futuro simple**, para referirnos a acontecimientos del presente:
    ▶ *¿De qué es esa manifestación?*
    ▷ *No sé, **será** contra de la violencia de género, por las pancartas que llevan…*
  - Con el **condicional simple**, para referirnos a acontecimientos del pasado en un tiempo terminado:
    ▶ *¿Por qué empezó tan tarde la mesa redonda de ayer?*
    ▷ *Ni idea, **se retrasaría** alguno de los ponentes.*
  - Con el **futuro compuesto**, para referirnos a acontecimientos del pasado en un tiempo no terminado:
    ▶ *¿Dónde ha ido a votar?*
    ▷ *Por lógica, **habrá ido** a un colegio electoral cercano a su domicilio.*
- Además, se pueden utilizar los siguientes **adverbios y locuciones adverbiales**:
  - ***Quizá(s),tal vez, posiblemente, probablemente*** + **indicativo/subjuntivo/condicional** (si se refiere al pasado). Con estos marcadores, el hablante usa el indicativo si cree que su hipótesis es más probable:
    ***Quizás** los jóvenes desfavorecidos **pueden** integrarse en la sociedad a través del deporte.*
    ***Probablemente** en el encuentro **hablen** sobre la importancia de proporcionar educación gratuita y de calidad.*
    ***Tal vez llegó/llegara/llegaría** tarde a casa y por eso no te llamó.*
  - ***Igual, lo mismo, a lo mejor*** + **indicativo**:
    ***Igual** este partido **gana** las elecciones por mayoría absoluta.*
  - ***Es (im)posible, es (im)probable, puede (ser)*** + ***que*** + **subjuntivo**:
    ***Puede ser que** el tema principal en la reunión del G20 de este año **sea** la protección del medioambiente.*

Fíjate:
Como ves, es frecuente expresar hipótesis combinando ambos procedimientos, los tiempos y modos verbales y los marcadores:

Quizá habrá venido y no lo hemos visto.

1.1 **En parejas** Relaciona las frases y complétalas con la forma verbal adecuada para expresar hipótesis. En algunos casos hay varias opciones posibles. Trabaja con tu compañero/a.

1. ¡Qué raro que esta diputada llegue tarde al debate! Siempre es muy puntual.
2. Ayer mi jefe no me llamó para felicitarme por el artículo que publiqué.
3. ¿A qué hora ha empezado el mitin?
4. ¿Cuántos años tiene el nuevo presidente?
5. ¿Cuándo se fundó la OTAN?
6. Lucas no ha asistido hoy a la reunión.
7. Debido a la crisis de su sector, Rubén está muy deprimido.

a. No sé; posiblemente .... (tener) unos cuarenta.
b. Posiblemente .... (estar) muy liado y se le olvidó.
c. Sí; me dijo que las ventas habían bajado e igual eso le .... (estar) afectando.
d. Lo mismo .... (tener) una reunión imprevista.
e. Es posible que .... (ser) a mediados del siglo xx.
f. Ni idea, ... (empezar) sobre las ocho, que es lo normal.
g. .... (Ponerse, él) enfermo.

1.2 **En grupos pequeños** Observa las siguientes imágenes. ¿Qué problemas referidos a la ciudad creen que muestran? ¿Qué podría hacer el Ayuntamiento para darles una solución?

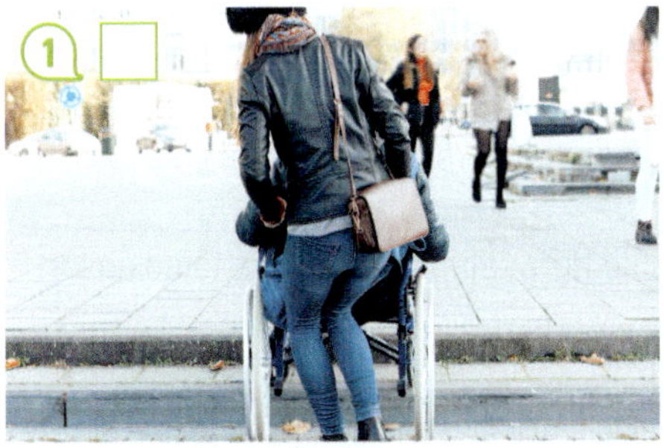

1.3 [11] Escucha y comprueba tu respuesta. Después escucha de nuevo y relaciona cada una de las situaciones anteriores con su intervención correspondiente.

2 Verbos de percepción física y mental

- Tanto los verbos de **percepción física** *(ver, oír, notar, percibir, observar, escuchar...)* como los verbos de **percepción mental** *(pensar, creer, saber, imaginar, suponer, recordar, dudar, sospechar, prever, parecer...)* se construyen con *que* + **indicativo** cuando la oración es **afirmativa**:

  Veo que el inicio de la presidencia ***ha sido*** *tan caótico como se esperaba.*

- En cambio, se construyen con *que* + **subjuntivo** cuando la oración es **negativa**:

  No ***creo*** *que* ***haya*** *una conspiración en contra de ese país.*

Fíjate:
En las frases **interrogativas negativas** o en **imperativo negativo**, el verbo va en **indicativo**:

¿No crees que ***exageras*** *un poco?*

No pienses que no ***me he acordado*** *de ti.*

Fíjate:
En las oraciones negativas, si el verbo principal está en pasado, el verbo subordinado se construye a veces con indicativo; en este caso, el hablante afirma algo que ya sabe, que ya ha comprobado o de lo que no tiene ya ninguna duda:

No sabía que ***era/fuera*** *tan simpático.*

RAE LÉXICO

El verbo creer tiene varias acepciones:

'Pensar u opinar algo' › *¿Fue difícil el exilio? Lo digo porque* ***creo*** *que es una edad difícil.*

'Suponer' › ***Creo*** *que fue entonces cuando me desperté. Sentí ruidos en la cocina y luego pasos que iban desde el* living *hasta la otra habitación.*

Seguido de la preposición en, 'tener fe, considerar que algo es verdad' › *Yo tampoco* ***creo en*** *los milagros. Pero el espíritu es energía y la energía es materia, y la materia es vida, ¿comprendes?*

En forma reflexiva, 'creer algo que no es cierto, dejarse engañar' › *Cada vez que anuncian "la mejor película de todos los tiempos", la gente* ***se lo cree*** *un poquito.*

2.1 **En parejas** Elige la opción correcta.

1. Pienso que su candidatura **es/sea** muy interesante.
2. No me parece que **tiene/tenga** dificultades para gobernar en solitario.
3. Oí que Felipe **tenía/tuviera** un trabajo bien remunerado.
4. Ayer vimos que la alcaldesa de la ciudad **pretendía/pretendiera** crear más empleo para los jóvenes en paro.
5. No creí que la crisis diplomática entre estos dos países **se agravaba/se agravara** tanto en los meses siguientes.
6. Sé que nos **están/estén** esperando en el Congreso.
7. Suponíamos que el Gobierno **achacaría/achacara** las inundaciones al calentamiento global.
8. No percibo que **vamos/vayamos** a obtener la mayoría absoluta.
9. No veo que ahora mismo los ciudadanos **esperan/esperen** con ansia que los políticos les den una solución a sus problemas.
10. No pienses que la crisis sanitaria **se va/se vaya** a solucionar así como así.

2.2 Completa las siguientes frases con la forma adecuada del verbo entre paréntesis.

1. Creo que María .... (creerse) superior al resto de adversarios.
2. No veo que .... (ser) necesario cambiar de Gobierno a estas alturas.
3. He oído que .... (llevarse, ellos) la exposición de Picasso a Francia.
4. No he visto que lo .... (aplaudir, ellos) al salir al escenario.
5. Percibo que la mayoría de los socios .... (estar) contentos.
6. No pensaba que ese país .... (ser) peligroso.
7. No me imagino que .... (ser) mi último partido en este equipo.
8. Oí que .... (haber) personas que se habían querido afiliar y estaban teniendo problemas.

2.3 **En parejas** ¿A qué temas piensas que hacen referencia estas imágenes? ¿Cómo crees que pueden solucionarse? Coméntalo con tu compañero/a utilizando las estructuras que has estudiado.

1

2

3

2.4 Escribe un breve texto para resumir vuestras conclusiones sobre los temas de la actividad anterior.

1. La imagen 1 creemos que hace referencia a .... y pensamos que ....
2. La imagen 2 ....
....
3. La imagen 3 ....
....

3 Verbos con doble significado y doble construcción

	Indicativo	Subjuntivo
Sentir	**Percepción física ›** 'notar, percibir': *Siento que la situación está mejorando.*	**Sentimiento ›** 'lamentar': *Siento que no puedas venir con nosotros.*
Pensar	**Percepción mental ›** 'creer': *Pienso que los políticos propondrán ayudas para los más desfavorecidos.*	**Influencia ›** 'decidir que alguien haga algo': *He pensado que acudáis vosotros solos a la conferencia.*
Decidir	**Percepción mental ›** 'pensar': *Mi hermana ha decidido que estudiará Ciencias Políticas.*	**Influencia ›** 'mandar, ordenar': *Mi profesor decidió que hiciéramos el examen un sábado.*
Temer	**Percepción mental ›** 'creer, sospechar algo': *Temo que hoy tendremos muchísimo trabajo.*	**Sentimiento ›** 'tener miedo': *Ese político ha defraudado a Hacienda y teme que lo destituyan.*
Comprender Entender	**Percepción mental ›** 'captar el significado de algo': *Comprendo/Entiendo que hay un problema económico en el país.*	**Sentimiento ›** 'sentir empatía': *Comprendo/Entiendo que se sienta mal, ya que es una situación muy complicada.*

3.1 Completa las frases con los verbos del recuadro en el tiempo y el modo adecuados.

obtener | estar | venir | llamar | apoyar | viajar | llegar | nombrar

1. Sentí que no .... (tú) a tiempo al mitin del presidente.
2. Sentí que alguien .... a la puerta y me asusté.
3. El ministro de Asuntos Exteriores decidió que las tropas españolas .... a África Central en ayuda humanitaria.
4. El partido de la oposición ha decidido que no .... la nueva ley de la vivienda.
5. Pienso que mañana .... (ellos) a Fernando presidente del Tribunal.
6. He pensado que Marta y tú .... a las diez, antes de comenzar el encuentro.
7. Temo que nuestro partido no .... mayoría absoluta en las próximas elecciones.
8. Entiendo que el partido de la oposición .... decepcionado tras su derrota en las urnas.

3.2 Completa las frases dando tu opinión sobre un tema de actualidad como es la pandemia del coronavirus.

1. Comprendo que ....
2. Temo que ....
3. Entiendo que ....
4. He pensado que ....
5. Siento que ....

Practica en contexto

1 **En parejas** ¿Conoces estos regímenes políticos y formas de gobierno? Define cada concepto brevemente. Trabaja con tu compañero/a.

Regímenes políticos

Democracia	Dictadura
....	....
....	....
....	....

Formas de gobierno

Monarquía	Monarquía absoluta
....	....
....	....
....	....

Monarquía constitucional y parlamentaria	República
....	....
....	....
....	....

1.1 [12] Escucha parte de una conferencia donde se explican los regímenes políticos y formas de gobierno que existen en el mundo y comprueba tu respuesta anterior.

1.2 **Todo el grupo** ¿Sabes cuál es el sistema político español? Compáralo con el de tu país y establece similitudes y diferencias si las hay.

2 **En grupos pequeños** Vas a leer un artículo titulado *¿Por qué mueren las democracias?* Explica primero qué puede hacer que una democracia desaparezca y qué formas tenemos de evitarlo, según tu opinión.

Felipe VI el día de su proclamación como rey (19/06/2014)

2.1 Ahora lee el texto de la página siguiente y relaciona cada una de las siguientes frases con su párrafo correspondiente.

1. ☐ La estabilidad de una democracia depende de que los políticos asuman el juego democrático de las elecciones y sus periodos de mandato.
2. ☐ Las democracias entran en crisis cuando los ciudadanos comienzan a desconfiar de sus políticos.
3. ☐ La supervivencia de la democracia precisa de ciudadanos activos, entre otros principios.
4. ☐ El debilitamiento de las democracias se produce cuando los Gobiernos no dan respuesta a los problemas de sus ciudadanos.
5. ☐ La democracia desaparece cuando los Gobiernos comienzan a controlar a los ciudadanos y a cambiar las reglas democráticas.

¿Por qué mueren las democracias?

A Las democracias no mueren. Al menos no lo hacen de golpe. Algunas se van debilitando lentamente. Las personas se desencantan con la democracia porque esperan que ella les resuelva sus problemas básicos. Pero, como sabemos, esto es difícil, porque la democracia no es un Gobierno que toma decisiones, sino un régimen político que permite a los Gobiernos tomar decisiones.

B Cuando las decisiones que se toman son malas, las democracias son vistas como incapaces de resolver los problemas de la sociedad y entran en crisis. Las personas dejan de votar y de participar, y empiezan a desconfiar de las instituciones. Muchos consideran que el Gobierno no les representa y se movilizan en contra de este; en las democracias más frágiles, el Gobierno recurre al uso de la fuerza para mantener el orden y la crisis se dispara.

C En otro escenario, las elecciones las gana una fuerza política que se opone fuertemente al Gobierno saliente, prometiendo devolver el poder al pueblo y resolver prontamente todos sus problemas. Una vez en el poder, el nuevo Gobierno, poco a poco, empieza a implementar cambios en las reglas electorales y destruye algunos de los fundamentos de la democracia.

D ¿Es este futuro inevitable? Para poder contestar a la pregunta, debemos saber responder a esta otra: ¿qué es una *democracia*? Si entendemos la democracia como el procedimiento que nos permite cambiar a los gobernantes pacíficamente, sin derramamiento de sangre, nunca estará destinada al fracaso. Cuando los políticos asumen que sus victorias o derrotas electorales son temporales, porque en cuatro, cinco o seis años tendrán una nueva oportunidad de competir y ganar, no tienen motivos para recurrir al uso de la fuerza, lo que permite la estabilidad de la democracia.

E Pero para sobrevivir, la democracia requiere cumplir con una condición sin la cual no puede ser una democracia: contar con una ciudadanía activa, una ciudadanía que sepa que la resolución de los problemas no es cosa solo de los Gobiernos. Y esta ciudadanía solo puede existir en situaciones de bienestar, libertad y pluralidad de ideas, igualdad e inclusión.

Adaptado de IDEA International, Índices de *El estado de la democracia en el mundo* (2019)

Preguntar por el conocimiento de algo
- ¿Tienes nociones/conocimientos de/sobre…?
- ¿Qué sabes de…?
- ¿Estás informado-a de/sobre…?

¿Tienen ustedes nociones de política exterior?

Preguntar si se conoce un hecho reciente
- ¿Te has enterado de (lo que…)?
- ¿Has oído algo de/sobre…?

¿Has oído algo sobre el cambio de Gobierno en Chile?

Expresar conocimiento
- (Ya) Lo sé/sabía.
- (Ya) Me he/había enterado de…
- Sé algo de/sobre…
- Tengo algunos conocimientos/nociones de/sobre…
- Estoy informado-a de/sobre…

Me he enterado de que hubo muchos disturbios.

Expresar desconocimiento
- No lo sé/sabía.
- No tengo/tenía ni idea.
- No sé/sabía nada/mucho de/sobre…
- *No sé/sabía* + *si/dónde/cómo/qué* + indicativo
- *No sabía* + *que* + imperfecto de subjuntivo
- *No he oído/leído/visto* + *que* + subjuntivo

No sabía que estuviera prohibido manifestase en la plaza.

2.2 **En grupos pequeños** Estas son algunas movilizaciones populares que se produjeron en varios países en contra de sus respectivos Gobiernos y que conllevaron cambios políticos. ¿Sabes qué ocurrió?

1. Puerta del Sol (Madrid, España, 2011)
2. Plaza de la Libertad (Taiz, Yemen, 2011)
3. Centro de Santiago (Santiago de Chile, 2019)

2.3 [13] Escucha y comprueba tus respuestas anteriores.

2.4 **Todo el grupo** ¿Conoces otras movilizaciones populares que hayan cambiado el curso de la historia? ¿Ha habido en tu país manifestaciones similares en contra del Gobierno?

Movimiento 15-M (Madrid, España, 2011)

Para expresar acuerdo

- ¡Por supuesto!/Desde luego (que sí/no).
- Tienes toda la razón.
- (Yo) También/Tampoco lo creo/pienso/veo/considero (así).
- (Yo) También/Tampoco creo/opino/veo/considero que...
  Yo tampoco veo que sea necesario invertir en este tipo de empresas.
- *(A mí) También/Tampoco me resulta* + adjetivo *(fácil, difícil, imposible...)*
  A mí tampoco me resulta fácil decidir cuál es el mejor tipo de educación.
- *(Yo) Estoy de acuerdo con/en lo de que* + verbo
  Estoy de acuerdo en lo de que se necesitará mucha fuerza de voluntad.

Para expresar acuerdo parcial

- Estoy de acuerdo con mucho/casi todo/gran parte de lo que dices/tus afirmaciones.
- Estoy de acuerdo (pero solo) en parte.
- No estoy del todo de acuerdo.

Para expresar desacuerdo

- ¡En absoluto!/No tienes razón./Creo que te equivocas/Yo no comparto tu opinión.
- Yo pienso justo lo contrario.
- (Pues) A mí no/sí me lo parece.
- (Pues) Yo no/sí lo creo/pienso/veo/considero (así).
- (Pues) a mí me parece que sí/no.
- (Pues) Yo no estoy de acuerdo con eso.
- *(Pues) Yo no estoy de acuerdo con/en lo de que* + verbo
  Yo no estoy de acuerdo con lo de que los medios de comunicación influyan en la política.

3

En grupos pequeños Actualmente, muchas personas creen que los partidos políticos no representan sus intereses y que, además, están cada vez más lejos de los problemas de la gente. Lee las siguientes opiniones. ¿Estás de acuerdo? Justifica tu respuesta.

Los partidos son poco transparentes, y si llegan al poder, solo defienden aquello que beneficia sus intereses. No me representan.

Los políticos viven en una burbuja y desconocen los problemas reales de la ciudadanía.

Los políticos solo se mueven por los votos, su único interés es mantenerse en el poder.

3.1 **En parejas** ¿Qué opinas de las siguientes afirmaciones? ¿Tu compañero/a está de acuerdo contigo?

- La vida es cada vez más difícil.
- Los jóvenes de hoy no tienen tantos problemas como los de antes.
- Dentro de unos años las reservas de energía estarán agotadas.
- Los Gobiernos deben atender más a la tercera edad.
- El sistema educativo actual es muy eficaz.
- Los países ricos ayudan bastante a los países menos desarrollados.
- El ser humano es cada vez más egoísta.
- Sin mayoría absoluta no se puede gobernar un país.

4

En grupos pequeños ¿Conoces la página web change.org? ¿Cuál es su propósito? Lee la petición que hizo un ciudadano mexicano y que logró un millón de firmas en 24 horas. Después crea con tus compañeros de grupo una petición para esta plataforma.

Que el Instituto Nacional Electoral sea el mediador

Firmen esta petición para que los partidos políticos de México donen los casi 7000 millones de pesos de recursos públicos destinados a las campañas políticas del 2018 a los damnificados de la tragedia del sismo producido en septiembre de 2017 en Ciudad de México, Tlaxcala, Estado de México, Puebla, Morelos, Guerrero, Oaxaca y Chiapas.

Muchas personas han quedado en condiciones críticas: sin hogar, sin comida, sin agua, sin ropa o lesionadas; otras han fallecido y han dejado desamparadas a sus familias, las cuales necesitan mucha ayuda económica. No es justo destinar tanto dinero de nuestros impuestos a los partidos políticos si miles de mexicanos sufren ante esta enorme tragedia. Todos debemos apoyar. Exigimos que estos recursos sean canalizados de forma transparente para la #Reconstrucción de #México.

4.1 **Todo el grupo** Presentad las diferentes peticiones a la clase. ¿Cuál os parece la más justificada? ¿Y la más urgente?

4

5 **Todo el grupo** Esta imagen representa otro de los mecanismos democráticos que tienen los ciudadanos para participar en la toma decisiones, ¿sabes a qué mecanismo hace referencia? Justifica tu respuesta.

5.1 **En parejas** Elige un papel (A o B), lee las siguientes iniciativas y contesta a las preguntas haciendo hipótesis. Tu compañero/a te dará la respuesta.

Estudiante A

1. Más de 30 familias residentes en la calle Primera de Villa Faro Centro, en Santo Domingo (República Dominicana), reclamaron, mediante asamblea vecinal, la intervención del Ayuntamiento para que prohibiera las operaciones de un almacén de chatarras.

¿Por qué quieren cerrar este almacén?

2. La asamblea vecinal de Gamonal, en Burgos (España), inició protestas y manifestaciones cuando el Ayuntamiento dio la orden de comenzar la obra de un bulevar para la construcción de aparcamientos subterráneos.

¿Por qué estas obras afectan a los vecinos?

Estudiante B

1. Tras la inundación del 2 de abril de 2013 en la ciudad de La Plata (Argentina), la cual arrasó la ciudad y provocó muertos y pérdidas materiales millonarias, se estableció la asamblea vecinal Parque Castelli.

¿Qué pretendía esta asamblea?

2. Las asociaciones de vecinos de Entrevías y El Pozo, barrios del distrito de Vallecas en Madrid (España), convocaron el 4 de junio de 2019 una asamblea para analizar la inseguridad en sus calles y pedir la dimisión de los responsables de la seguridad en la ciudad.

¿Qué está pasando en el barrio?

Respuestas del estudiante A

1. El almacén se ha convertido en un taller de chapa y pintura de automóviles y desde hace ocho meses viene operando de manera ilegal, afectando la salud de los vecinos con tóxicos, combustibles y ruidos de pulidoras y martillos que no los dejan descansar.
2. El Ayuntamiento quería arrendar estos aparcamientos a los vecinos por 19 800 euros durante 40 años y eliminar las plazas de aparcamiento público existentes en la superficie. Finalmente, el alcalde de Burgos decidió paralizar las obras ante las continuas movilizaciones ciudadanas.

Respuestas del estudiante B

1. Al mes de la catástrofe organizaron una marcha y una manifestación frente al ayuntamiento. También realizaron charlas y panfleteadas, publicaron un libro, pintaron seis murales y construyeron un monumento en homenaje a las víctimas de la inundación. No querían que se olvidara esta catástrofe.
2. Los vecinos reclaman el abandono del barrio, el aumento de la inseguridad, la venta de drogas y la ocupación de viviendas.

RAE

LÉXICO

Según el *Diccionario de Americanismos*, la palabra panfleteada es un término propio de algunos países del Cono Sur que se usa para designar 'el reparto de panfletos de carácter político':

*Se va a hacer una **panfleteada** y se va a impedir el acceso para ver si se puede colapsar la salida del buque.*

5.2 **En grupos pequeños** Imagina que tus compañeros y tú pertenecéis a la asamblea Escuela del Español. Proponed una reivindicación necesaria en vuestra escuela y pensad qué movilizaciones llevaríais a cabo para que se hiciera efectivo el cambio.

5.3 **Todo el grupo** Ahora, en asamblea, entablad un debate y una posterior votación para elegir una de las reivindicaciones y las acciones que conllevaría.

5.4 **Todo el grupo** ¿Te consideras una persona implicada en los problemas de tu barrio o ciudad? ¿Hay en tu barrio alguna asamblea vecinal? ¿Participas en las movilizaciones que organiza?

DE LA DICTADURA A LA DEMOCRACIA

1 **Todo el grupo** ¿Has oído hablar alguna vez de la transición española? ¿En qué crees que consistió? ¿Por qué es considerado uno de los periodos más trascendentes de la historia moderna de España?

Adolfo Suárez, uno de los artífices de la transición

2 Lee el texto y comprueba tus respuestas anteriores.

La transición española

Entre 1975, año de la muerte del general Francisco Franco, y 1977, cuando se celebraron las primeras elecciones libres desde los tiempos de la II República (1931-1939), tuvo lugar uno de los periodos más trascendentales de la historia moderna de España: la transición pacífica de un sistema dictatorial a una democracia parlamentaria.

La muerte de Franco en noviembre de 1975 iba a suponer el final del régimen totalitario implantado en España al término de la Guerra Civil (1936-1939). Las protestas populares y la presión internacional hicieron que el proceso de democratización fuera inevitable, a pesar de la resistencia de los partidarios acérrimos de la dictadura.

Final del franquismo

En su testamento, el dictador dejaba como su sucesor al príncipe Juan Carlos de Borbón, heredero de la dinastía histórica que había reinado en España hasta 1931. Sin embargo, Juan Carlos I, el nuevo rey, sería uno de los artífices del retorno de España al sistema democrático parlamentario.

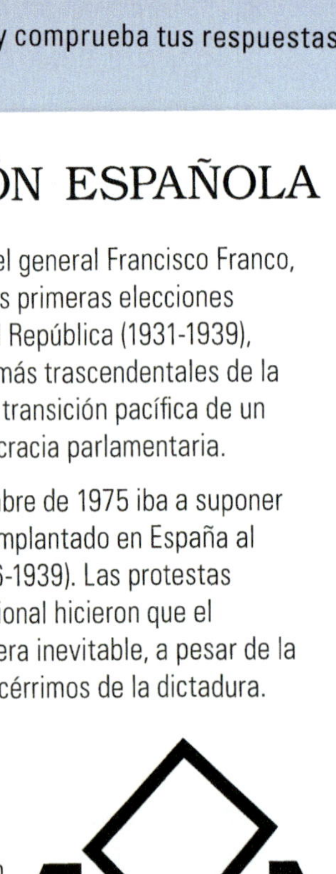

La transición: una victoria de todos

Después de la muerte del dictador, y tras el breve Gobierno de Arias Navarro, el rey Juan Carlos I le encargó a Adolfo Suarez la formación del segundo Gobierno de su reinado. De esta forma, Adolfo Suárez se convertiría en el principal protagonista de la transición. Su proyecto democratizador se basó en una serie de puntos:

- Aprobación de la Ley para la Reforma Política, que suponía la eliminación del sistema legal franquista y la base jurídica para la implantación de una nueva forma de gobierno.
- Legalización de todos los partidos políticos, incluido el Partido Comunista, que había sido el principal adversario político del franquismo.
- Consenso, es decir, el cambio se realizaría por mutuo acuerdo entre todas las fuerzas políticas españolas. Unos y otros renunciarían a sus demandas más radicales a cambio de la implantación de un régimen democrático.

El 15 de junio de 1977 se celebraron las primeras elecciones generales tras la dictadura. La Unión de Centro Democrático (UCD), fundada por Adolfo Suárez, formó el primer Gobierno de la democracia al resultar la formación más votada.

Proclamación de D. Juan Carlos I en noviembre de 1975

Primera página de la Constitución española

Cola para votar en las elecciones generales del 15 de junio de 1977 en Toledo (España)

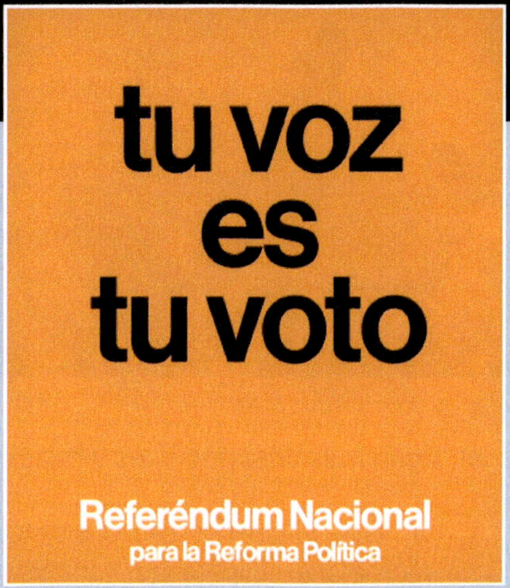

Eslogan del Referéndum Nacional para la Reforma Política

3 **En grupos pequeños** Elige algún acontecimiento de los reseñados a continuación y, junto a tus compañeros de grupo, amplía la información. Adjunta una imagen para ilustrar tu trabajo.

Fechas claves

- **1975** Muerte del general Franco. Juan Carlos I es proclamado rey.
- **1976** Adolfo Suárez es nombrado presidente del Gobierno. Aprobación de la Ley para la Reforma Política por referéndum.
- **1977** Primeras elecciones generales democráticas. Triunfo de la UCD. Firma de los Pactos de la Moncloa.
- **1978** Se aprueba en referéndum la nueva Constitución.
- **1979** Segundas elecciones legislativas. Nuevo triunfo de la UCD.
- **1981** Intento de golpe de Estado con el asalto al Congreso de los Diputados.
- **1982** El PSOE (Partido Socialista Obrero Español) gana las elecciones por mayoría absoluta. Felipe González es nombrado presidente del Gobierno.

3.1 **Todo el grupo** Presentad vuestro trabajo al resto de compañeros. ¿Qué hecho de los ocurridos te parece el más interesante de todos?

REPORTAJES El desastre del Prestige

Antes del vídeo

1 **Todo el grupo** Observa las imágenes. ¿Qué crees que representan?

2 **Lee las siguientes descripciones y relaciónalas con las imágenes anteriores.**

1. ☐ Miles de voluntarios, llegados de todas partes del mundo, acudieron a limpiar las playas gallegas para recuperar el ecosistema.
2. ☐ En noviembre de 2002, el barco petrolero Prestige provocó la mayor catástrofe ecológica que ha sufrido España.
3. ☐ El hundimiento del Prestige afectó a unos 2000 kilómetros de costa y dejó imágenes de playas cubiertas de chapapote durante meses.
4. ☐ Esta catástrofe medioambiental dañó gravemente a la fauna marina y a cientos de miles de aves.

3 **Relaciona las siguientes palabras que aparecen en el vídeo con su definición correspondiente.**

1. temporal
2. catástrofe
3. casco
4. crudo
5. brecha
6. remolcar
7. litoral
8. travesía

a. Viaje por mar o por aire.
b. Costa de un mar, un país o un territorio.
c. Sinónimo de *petróleo*.
d. Rotura o abertura irregular hecha en una superficie.
e. Suceso que provoca gran destrucción y muchas desgracias.
f. Tormenta grande, especialmente marina, con vientos de extraordinaria fuerza.
g. Cuerpo de una embarcación sin las máquinas.
h. Mover una embarcación tirando de ella con una cuerda o cable.

Durante el vídeo

4 Lee las frases y luego visiona el vídeo completo. Elige la opción correcta.

1. **El 13 de noviembre de 2002, el Prestige...**
   a. provocó una catástrofe en las costas españolas.
   b. sufrió una fisura en el casco.
   c. fue remolcado lejos de la costa.
2. **El Prestige era un petrolero que...**
   a. hacía la travesía desde Gibraltar hacia San Petersburgo.
   b. había pasado varios controles desde 1999.
   c. no seguía la normativa para navegar por la Unión Europea.
3. **La decisión del Gobierno fue...**
   a. remolcar el petrolero lejos de la costa.
   b. acercar el barco al puerto para repararlo.
   c. comunicar inmediatamente la gravedad del asunto.
4. **Los ciudadanos se manifestaron...**
   a. solicitando la colaboración de voluntarios en la catástrofe.
   b. para evitar que se acercara el barco al puerto.
   c. pidiendo claridad en la investigación y medidas para solucionar el problema cuanto antes.
5. **El voluntario...**
   a. dice que es una catástrofe producida por la incompetencia del capitán del petrolero.
   b. cree que no se podría haber evitado.
   c. vino a poner su granito de arena para salvar el planeta.
6. **El hundimiento del Prestige...**
   a. sirvió para concienciar sobre la importancia de cuidar el medioambiente.
   b. afectó a unos 246 km de la costa gallega.
   c. ocasionó un daño medioambiental menor al esperado.
7. **Tras años de juicios e investigaciones...**
   a. los responsables de la toma de decisiones pagaron sus consecuencias.
   b. solo se condenó al capitán a dos años de prisión por delito contra el medioambiente.
   c. el Gobierno reconoció que no tomaron las medidas adecuadas a tiempo.

5 **Todo el grupo** Vuelve a ver el fragmento del voluntario ecuatoriano 04:00 – 05:20. ¿Qué piensa que podrían haber hecho los Gobiernos locales? ¿Y de la actitud de estos durante el desastre?

Después del vídeo

6 **En grupos pequeños** Lee las últimas palabras del vídeo y habla con tus compañeros. ¿Por qué crees que son importantes estas palabras? ¿Qué mensaje nos transmite?

> "Después de tantos años, la catástrofe medioambiental del Prestige debe seguir siendo un recordatorio de la importancia que tiene cuidar nuestro entorno y despertar un sentimiento de culpa imborrable en los responsables de todos los 'Prestiges' del mundo".

7 Busca en internet otro desastre medioambiental y preséntaselo al resto de tus compañeros. ¿Cuál fue la actitud de los gobernantes ante el problema? ¿Qué consecuencias tuvo para la salud del planeta?

Evaluación

1 **Completa las frases con algunas de las palabras del recuadro. Hay tres que no debes usar.**

discriminación | deberes y responsabilidades | igualdad | asamblea | sociedad
derechos humanos | convocar | militar

1. Una .... democrática debe contar con ciudadanos activos.
2. Ricardo es miembro de la .... vecinal de su barrio.
3. Todos somos iguales ante la ley sin que pueda prevalecer .... alguna por cualquier condición o circunstancia personal o social.
4. Después de .... en ese partido durante más de 20 años, cambió de ideología y se afilió a otro partido más conservador.
5. El Gobierno de ese país viola claramente varios ....

2 **Relaciona cada palabra con su significado.**

1. papeleta
2. encuesta
3. jornada de reflexión
4. abstención
5. votante
6. escrutinio

a. Persona que ejerce su derecho a voto.
b. Día previo al de una votación durante el que está prohibido realizar cualquier propaganda política o actos de campaña.
c. Papel en el que figura cierta candidatura y con el que se emite el voto en unas elecciones.
d. Datos obtenidos mediante consulta a un número determinado de personas sobre un asunto.
e. Renuncia voluntaria a votar en unas elecciones.
f. Recuento de los votos de unas elecciones.

3 **En las siguientes frases puede haber algunos errores. Corrígelos cuando sea necesario.**

1. Según las encuestas, igual gana el partido ecologista en mi ciudad. Aquí nunca se sabe.
2. Puede que los vecinos hacen una manifestación en contra del alcalde por la falta de espacios verdes.
3. No me parece que va a haber muchos cambios en esta legislatura con la nueva ley educativa.
4. Desconozco quién era el señor que acompañaba al monarca ese día. Sería un periodista que le estaría haciendo una entrevista.
5. A lo mejor este año haya un cambio de Gobierno, según dicen las encuestas.
6. No veo que el mitin ha terminado ya. Hay gente por las calles con las banderas del partido.
7. No sé exactamente de qué es esta manifestación. Será en contra de la política del Gobierno.

4 **Crea en tu cuaderno frases relacionadas con la política utilizando estas expresiones.**

1. Veo que…
2. No creo que…
3. No me parece que…
4. Dudo que…
5. No recuerdo que…
6. Oí que…

5 El presidente del Gobierno de tu país lleva varios días sin aparecer públicamente. Todo el mundo se pregunta por qué. Completa las siguientes hipótesis conjugando los verbos en su forma adecuada.

1. Es posible que .... (ponerse) enfermo y que se .... (llevar) en secreto.
2. Puede que .... (encontrarse) trabajando en un asunto internacional de máxima seguridad.
3. .... (Estar) cansado de tanto trabajo y .... (decidir) desconectar. .... (Irse) con su familia a algún lugar discreto.
4. Quizá .... (tener) un problema serio con su partido y .... (tomarse) un tiempo para reflexionar.

6 Elige la opción correcta.

1. Pienso que este Gobierno no **hará/haga** ni la mitad de lo que prometió en su programa electoral.
2. Por lo que dices, entiendo que esta nueva alcaldesa **convertirá/convierta** en peatonales las calles del centro de la ciudad para hacerlo más habitable.
3. Los vecinos afectados por las obras del metro temen que **se derrumben/se derrumbarán** sus viviendas.
4. El alcalde ha decidido que **paralizan/paralicen** la construcción del complejo turístico hasta que la constructora acredite todas las licencias de obra.
5. He pensado que no me **esperáis/esperéis** después de cenar. He quedado con unos amigos.

7 Responde a las siguientes preguntas en tu cuaderno mostrando conocimiento o desconocimiento. Usa las expresiones que has aprendido en la unidad.

1. ¿Tienes nociones de programación?
2. ¿Te has enterado de que el desempleo ha bajado?
3. ¿Has oído algo sobre las propiedades del aceite de oliva?
4. ¿Qué sabes de los atentados del 11 de marzo de 2004 en España?

8 Indica si las siguientes frases se utilizan para expresar acuerdo (A), acuerdo parcial (AP) o desacuerdo (D).

1. ☐ Yo pienso justo lo contrario.
2. ☐ Yo tampoco lo considero un buen adversario.
3. ☐ Estoy de acuerdo en parte.
4. ☐ A mí tampoco me resulta convincente este político.
5. ☐ ¡En absoluto!
6. ☐ Desde luego que sí.

9 Analiza tu aprendizaje y marca la opción que más se acerca a tu experiencia.

Después de trabajar con esta unidad soy capaz de...

	Mucho	Bastante	Un poco	Nada
1. hablar de temas políticos y colaboración ciudadana.	☐	☐	☐	☐
2. hacer hipótesis y expresar probabilidad.	☐	☐	☐	☐
3. usar el indicativo o el subjuntivo con los verbos de percepción física y mental.	☐	☐	☐	☐
4. preguntar y expresar conocimiento o desconocimiento sobre algo.	☐	☐	☐	☐
5. expresar acuerdo y desacuerdo.	☐	☐	☐	☐
6. hablar sobre la transición española.	☐	☐	☐	☐

Unidad

5

Fíjate en la imagen principal, ¿la situación que refleja es lo habitual hoy en día?

¿Tú usas el móvil cuando te reúnes con tus amigos y amigas?

¿Qué crees que está haciendo la chica del sofá?

¿Piensas que el tipo de relación que refleja la tercera imagen se está perdiendo?

¿Te consideras una persona sociable?

Relaciones

En esta unidad vas a. . .

- Hablar del uso de internet y de su influencia en las relaciones sociales
- Identificar algo o a alguien y hablar de sus características o cualidades
- Proponer planes y aceptarlos o rechazarlos
- Conocer el uso del español en las redes sociales

¿Qué sabes?

1 **En parejas** Observa los siguientes dispositivos electrónicos y, con tu compañero/a, escribe el nombre en español de todos los que sepas. ¿De cuál de ellos no podrías prescindir?

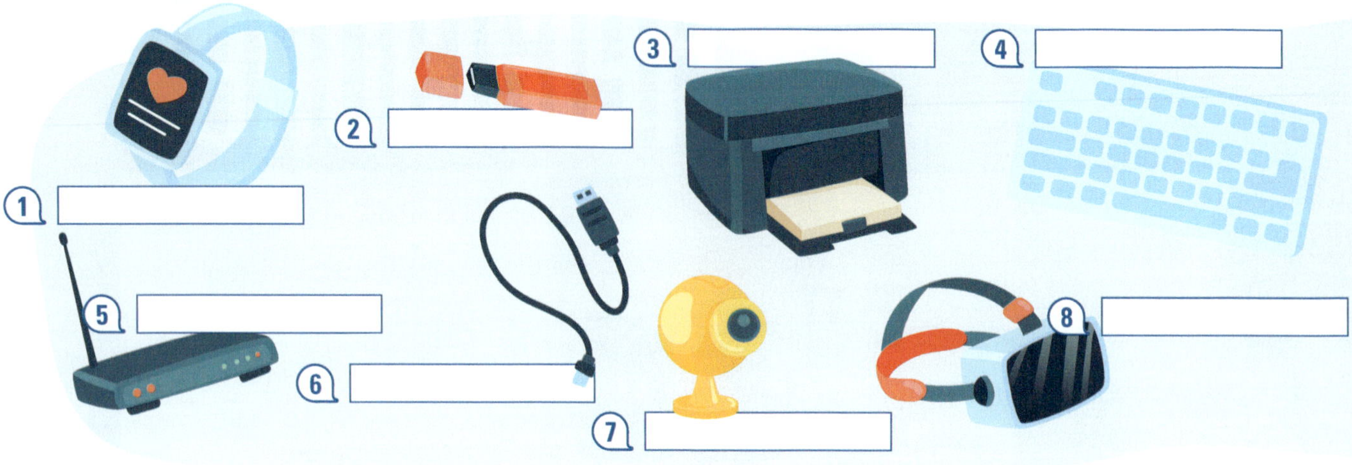

2 **En parejas** Las siguientes palabras pertenecen al campo semántico de la informática. Clasifícalas según se refieran a una parte del ordenador (O), a un programa informático (P) o a una forma de comunicarse (C).

1. ☐ videojuego	6. ☐ módem	11. ☐ videoconferencia
2. ☐ altavoz	7. ☐ pantalla	12. ☐ antivirus
3. ☐ correo electrónico	8. ☐ base de datos	13. ☐ escritorio
4. ☐ procesador de textos	9. ☐ disco duro	14. ☐ hoja de cálculo
5. ☐ escáner	10. ☐ chat	15. ☐ cursor

RAE

ORTOGRAFÍA

La palabra chat proviene del inglés y está plenamente implantada en el español; por ese motivo, tiene marca de plural chats y no se escribe en cursiva o entrecomillada, como ocurre con otros extranjerismos no aceptados aún por la RAE:

Se trata de una función que permite eliminar mensajes específicos que se hayan enviado a un **chat** *individual o de grupo.*

2.1 Elige la opción correcta para completar las siguientes frases.

1. Para **arrastrar/instalar** el programa tienes que **entrar/manejar** en la página web de Adobe y **pinchar/configurar** en el enlace de descargas.
2. Si quieres **abrir/configurar** un archivo, **accede/haz doble clic** con el botón izquierdo de tu ratón.
3. Para evitar que te **ataque/instale** un virus, deberás **configurar/instalar** un antivirus.
4. Quería **grabar/minimizar** un archivo en "Mis documentos", pero al **bloquearlo/arrastrarlo** a la carpeta correspondiente se me **reinició/configuró** el ordenador inesperadamente.
5. Para **seleccionar/arrastrar** una palabra, simplemente **entra/mueve** el cursor sobre ella y **pincha/haz doble clic** con el botón izquierdo del ratón.

2.2 **En grupos pequeños** ¿Qué conocimientos informáticos consideras imprescindibles para estudiar español? ¿Por qué?

Ejemplo: *Para mí es imprescindible conocer y manejar bien los chats de español porque así puedes hablar con otros estudiantes.*

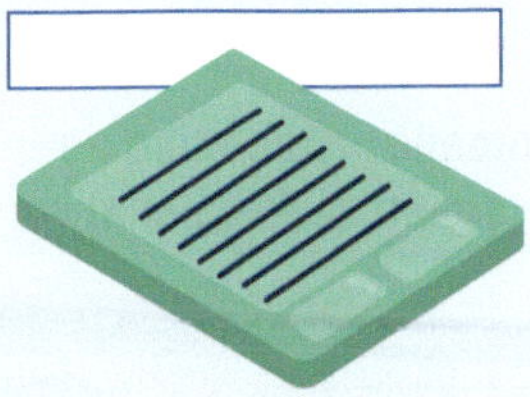

9

10

11

13

12

14

15

RAE

LÉXICO

En Hispanoamérica es frecuente usar *mouse* en lugar de ratón para referirse al dispositivo electrónico. De hecho, la palabra viene recogida en el *Diccionario de americanismos*[1] con esta acepción. Fíjate en la distribución de la palabra *mouse* por zonas geográficas, tal y como aparece en el CORPES XXI:

Distribución Zona

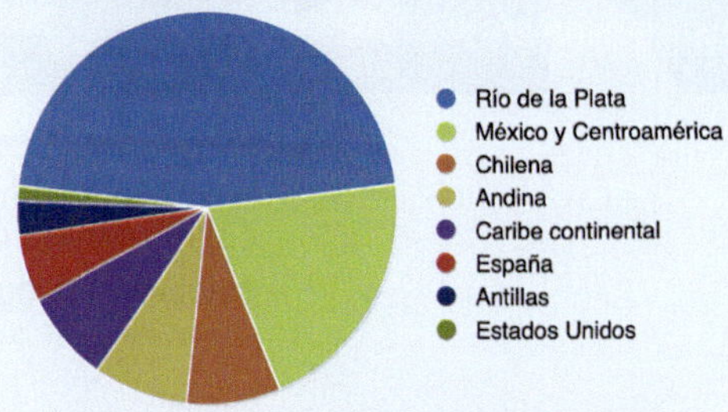

En la pantalla apareció un mapamundi con una instrucción: "marque con su **mouse** *el sitio donde está".*

[1] El *Diccionario de americanismos* publicado por la Asociación de Academias de la Lengua Española "constituye un repertorio léxico que pretende recoger todas las palabras propias del español de América, detallando al máximo la información relativa a las características geográficas, sociales y culturales del uso de cada una de las acepciones registradas".

En https://www.asale.org/obras-y-proyectos/diccionarios/diccionario-de-americanismos

3 **En grupos pequeños** La palabra *fobia* es un término que proviene del griego y que significa 'temor'. Sabiendo esto, ¿en qué crees que consiste la tecnofobia? ¿Por qué se produce y cuáles son sus síntomas? ¿Crees que necesita tratamiento? Luego lee el texto y comprueba tus respuestas.

Tecnofobia: ¿qué impacto tienen las nuevas tecnologías en nuestra mente?

Las nuevas tecnologías nos brindan la posibilidad de acceder a un mundo virtual infinito a un solo clic de distancia: información a raudales, vídeos, documentales, películas, juegos... Un entorno nuevo y fascinante para la mayoría de la población.

No obstante, hay personas que no se sienten cómodas al usar las nuevas tecnologías porque piensan que no están formadas adecuadamente. Cuando esta incomodidad se convierte en un temor irracional, aparece la tecnofobia y, según los estudios realizados, esta se da, mayoritariamente, en personas de más de 40 años.

Sus síntomas van desde lo más leve, como malestar o falta de concentración, hasta lo patológico: desasosiego, palpitaciones, ansiedad o, incluso, temblores.

En los casos leves, una formación adecuada es una solución efectiva para que la persona que desarrolla este malestar pueda manejar la tecnología con tranquilidad.

En los casos de mayor gravedad, será necesario recurrir a la psicoterapia para que la persona que sufre este problema vaya aprendiendo distintas técnicas de afrontamiento, y que, gradualmente, sea capaz de desenvolverse en este campo sin sentir miedo ni ansiedad.

Adaptado de https://gestion.pe/blog/economiaconductual/2019/01/tecnofobia.html/

3.1 **Todo el grupo** ¿Te da miedo enfrentarte a lo nuevo? ¿Tienes capacidad de adaptación? ¿Sufres alguna fobia?

Palabras

1 **En grupos pequeños** Discute con tus compañeros qué tipo de relación tienen estas personas: amorosa, amistosa, personal y/o profesional. Justifica tu respuesta.

1.1 Lee lo que han escrito estas personas sobre el tipo de relación que mantienen y comprueba tu respuesta anterior. Después lee de nuevo y completa los textos con las palabras adecuadas del recuadro.

sentimental/amorosa | laboral | de amistad/amistosa | personal

Raúl

Juan y yo nos conocemos de toda la vida, desde pequeños. No nos hemos separado nunca. Además, nos conocemos muy bien y siempre estamos ahí para darnos apoyo. Cuando fui al instituto hice amigos nuevos, pero Juan y yo siempre hemos mantenido una estrecha relación [1] ....; tenemos mucha confianza y sabemos que somos íntimos amigos.

José Luis

Ella es Ana, mi compañera de trabajo. En nuestro caso, todo comenzó como una simple relación [2] ...., pero pronto empezamos a llevarnos bien y aquello pasó a ser una relación [3] .... Algunos piensan que tenemos un romance 😊. Quizás porque cuando coincidimos en el trabajo nos saludamos calurosamente y nos damos dos besos. Pero, para nada. Ana está prometida con Óscar, que se ha convertido también en un buen amigo.

Noemí

Javi y yo nos conocimos por casualidad en una reunión de antiguos alumnos. Él venía como invitado, acompañando a una antigua compañera de clase, Lorena. Justo cuando me iba, nos presentaron y estuvimos hablando un buen rato. Esa noche nos despedimos afectuosamente, pero perdimos el contacto. Al cabo de un año, coincidimos en una red social y me contó que hacía meses que había roto su relación con Lorena. Primero nos hicimos amigos íntimos, pero con el tiempo se convirtió en algo más. Ya llevamos un año juntos, pero todavía ninguno de mis antiguos compañeros sabe que tenemos una relación [4] ....

Manuela

Tomás y yo hemos estado casados 24 años. Nos separamos hace dos porque la relación se estaba desgastando, nos llevábamos fatal y preferimos acabar bien. Ahora la relación [5] .... es maravillosa. Varias veces al mes le hago una visita y quedamos para comer. Incluso la semana pasada fue mi cumpleaños y él me llamó y me felicitó cordialmente. Hace poco he empezado una relación con Alberto, un hombre de mi bloque que conocía de vista. Un día, en la reunión de vecinos, empezamos a hablar y quedamos para tomar un café. Desde entonces mantenemos una bonita relación [6] .... Espero que algún día, cuando vaya de visita a casa de mi ex, podamos quedar con nuestras respectivas parejas.

1.2 **En parejas** Combina las siguientes palabras para formar expresiones sobre las relaciones personales. En algún caso puede haber varias opciones posibles. Compara los resultados con tu compañero/a.

a. amigo/a | b. viejo-a/íntimo-a | c. relación | d. reunión | e. mantener/romper | f. felicitar | g. saludar/despedirse | h. conocer(se) | i. perder | j. llevarse | k. dar | l. tener(se), sentir

1. ☐ cordialmente/sinceramente
2. ☐ de vecinos/de antiguos alumnos
3. ☐ apoyo/cariño/comprensión
4. ☐ amorosa/amistosa/laboral
5. ☐ calurosamente/afectuosamente
6. ☐ de vista/bien/por casualidad
7. ☐ amigo/a
8. ☐ íntimo/a
9. ☐ una relación
10. ☐ el contacto
11. ☐ bien/mal/fatal
12. ☐ respeto/confianza/admiración

1.3 Escribe en tu cuaderno un texto de unas 150 palabras sobre tus relaciones y amistades. Utiliza, al menos, cinco de las expresiones de la actividad anterior.

1.4 **Todo el grupo** Noemí y Javi retomaron el contacto a través de internet. ¿Qué te parecen las relaciones que se establecen a través de las redes? ¿Crees que son fiables? ¿Qué peligros pueden acarrear?

2 **En parejas** Aunque es innegable que las nuevas tecnologías han abierto un mundo inmenso de posibilidades, también es cierto que son las causantes de algunos trastornos que antes no existían. Elige dos de los siguientes y explica en qué consisten.

1. síndrome de la llamada imaginaria
2. nomofobia
3. cibermareo
4. cibercondría
5. efecto Google
6. síndrome FOMO

2.1 [14] Vas a escuchar a Rubén, un joven que nos habla de su adicción a las redes sociales. Antes completa las frases extraídas de su testimonio con las palabras del recuadro. Luego escucha y comprueba.

estar conectado | una tableta | las redes sociales | navegar | conversar | un chat | un móvil

1. Creía que estar todo el día pensando en .... era normal.
2. Esto es lo que nos recuerda ahora durante una conversación telefónica por medio de .... de vieja generación.
3. El teléfono solo era un instrumento, como lo puede ser un ordenador o .... De no haberlo tenido, habría usado otro medio para permanentemente ....
4. Lo adictivo era .... por una red social.
5. Me encantaba platicar en .... con gente que no sabe quién eres.
6. Había perdido la capacidad de .... con la gente real que sabía cómo era yo en realidad.

2.2 **Todo el grupo** ¿Conoces a alguien que haya sufrido un problema similar al de Rubén? ¿Qué hizo para superarlo?

Gramática

1 Oraciones de relativo

- Las **oraciones de relativo** sirven para **identificar** o **añadir información** sobre el elemento que las precede (antecedente).
  - Cuando el antecedente es **conocido** o sabemos que existe, el verbo de la oración de relativo va en **indicativo**:
    *Julio es un amigo que **conocí** en el instituto.*
  - Cuando el antecedente es **desconocido**, es decir, no podemos identificarlo, no conocemos su existencia o preguntamos por ella, el verbo de la oración de relativo va en **subjuntivo**:
    *Busco una amiga en la que **pueda** confiar completamente, pero no sé si la encontraré.*
    *¿Conoces a alguien que **esté** dispuesto a comprometerse para toda la vida?*

  También usamos subjuntivo cuando el antecedente es **escaso** o **negamos** su existencia:
    *Hoy en día hay **muy poca gente** que no **tenga** un ordenador en casa.*
    *No hay **nadie** que **pueda** resolver este problema, ¡es muy difícil!*
- Las oraciones de relativo pueden ser de dos tipos:
  - **Explicativas:** aportan una **información nueva** sobre el antecedente. Van entre comas y el verbo va en **indicativo**:
    *Antonio, **que es un viejo amigo mío,** ha conocido a su mujer por Instagram.* (Se da la información adicional de que Antonio es un viejo amigo).
  - **Especificativas: concretan o restringen** lo designado por el antecedente. No van acotadas por comas y pueden llevar el verbo en **indicativo o subjuntivo**:
    *Los participantes **que han/hayan sido seleccionados** pasarán a la siguiente fase.* (Se supone que hay más participantes, pero solamente pasarán a la siguiente fase los seleccionados).

> Fíjate:
> En las frases con antecedente desconocido, si la oración principal está en **pasado** o en **condicional**, la oración de relativo se construye con el subjuntivo en **pasado**:
> *__Buscaba__ un ordenador que __costara__ menos de 600 €.*
> *Probablemente __estaría__ llamando a algún lugar donde __pudieran__ arreglarle el móvil.*

> Fíjate:
> En las oraciones de relativo especificativas, el antecedente no puede ser ni un nombre propio ni un pronombre personal:
> *Pide ayuda ~~a Pedro~~ al chico que no esté ocupado.*
> *~~Ella~~ La mujer que está ahí es mi tía.*

1.1 Elige la opción correcta.

1. Necesito conocer a gente de Madrid que **sabe/sepa** tocar algún instrumento curioso para formar un grupo musical. Hay poca gente que **toca/toque** la armónica.
2. En mi barrio va a comenzar un club de lectura donde los jóvenes **pueden/puedan** participar.
3. Busco un piso cerca del centro donde **viven/vivan** estudiantes universitarios. En mi universidad no hay nadie que **puede/pueda** ayudarme.

1.2 **En parejas** Completa las siguientes frases y di si el antecedente es conocido o desconocido y si la oración de relativo es explicativa (EX) o especificativa (ES).

1. ☐ En mi clase hay una chica que .... (trabajar) en un restaurante árabe.
2. ☐ Necesito un ordenador que .... (tener) un disco duro con más capacidad.
3. ☐ Ayer me encontré con Carlos, que .... (compartir) piso con mi mejor amiga.
4. ☐ Buscaba una tienda donde .... (vender) protectores de pantalla de móviles.
5. ☐ Los documentos, que .... (salvarse) del incendio, son muy importantes.

2 Los relativos

- El pronombre relativo más usado es ***que*** y puede referirse a **cosas**, **personas**, **conceptos** o **ideas**. Cuando no tiene un antecedente expreso, en construcciones enfáticas con el verbo ***ser*** o tras preposición, se usa precedido de artículo:

  *Juan es un chico **que** tiene muchos seguidores en redes sociales.*

  ***Los que** más estudien aprobarán el examen.*

  ***Fuiste** tú **la que** se equivocó, no yo.*

  *No podemos descargar una foto de internet **de la que** no tengamos permiso.*

- El antecedente de los pronombres relativos ***quien/quienes*** es una **persona**. Estos pronombres pueden alternar con ***el/la/los/las que***. También se usan tras ***haber*** y ***tener*** sin antecedente expreso:

  *Rosa, **quien/la que** me explicó la Revolución rusa, va a estudiar el grado de Historia.*

  *Habrá **quienes** estén todo el día usando WhatsApp.*

  *No **tendrá** con **quien** jugar.*

- Los pronombres relativos ***cual/cuales*** solo pueden aparecer acompañados de un artículo: ***el/la cual***, ***los/las cuales***. Siempre llevan el antecedente expreso:

  *Me va a explicar esta funcionalidad del programa, **la cual** me interesa mucho.*

- Los adjetivos relativos ***cuyo/cuya/cuyos/cuyas*** establecen una relación de posesión con el sustantivo que los precede y concuerdan en género y número con el sustantivo al que acompañan. Son propios de la lengua formal:

  *Ahora va a hablar el presidente, **cuyas ideas** ya conocemos todos.*

- Los adverbios ***donde***, ***cuando*** y ***como*** expresan lugar, tiempo y modo respectivamente. Pueden sustituirse por *en* + **artículo determinado** + *que* si su antecedente es un sustantivo:

  *Este es el lugar **donde/en el que** conocí a mi mujer.*

  *Recuerdo el momento **cuando/en el que** se dieron el sí quiero.*

  *No me gusta la forma **como/en la que** los jóvenes escriben los mensajes.*

Fíjate:
Cuando el antecedente es un concepto o una idea, se usa ***lo que***:

Lo que no entiendo es que no controlen el acceso de los menores a esta aplicación.

Fíjate:
En las oraciones de relativo especificativas, ***el/la cual***, ***los/las cuales*** siempre van precedidos de **preposición**:

*YouTube es una aplicación **en la cual** puedes llegar a tener muchos seguidores.*

RAE GRAMÁTICA

- La estructura reduplicada verbo en subjuntivo + relativo + mismo verbo en subjuntivo tiene valor **concesivo**, es decir, que dada cualquier situación, esta no impide que se lleve a cabo la acción de la oración principal:

  *¿Eres de los que contesta a los wasaps en cuanto los recibes, **sea lo que sea** lo que estés haciendo, incluso aunque estés cocinando, trabajando o hablando con tus hijos?*

  *Esto es de las mejores cosas que hay aquí, primo: el pescado. Siempre fresco **vayas donde vayas**.*

2.1 Relaciona para completar las frases de forma lógica.

1. Esta es la actriz...
2. Lo que vamos a hacer...
3. Quien quiera hablar...
4. Te ha llamado un señor...
5. Esta es la canción...
6. Los caminos ... no son los más fáciles.
7. Las personas ... son muy inteligentes.
8. Este es el día...

a. cuyo nombre no recuerdo.
b. de la que te hablé.
c. con las que trata este hombre
d. cuando se independizó mi país.
e. a la cual dieron un Óscar el año pasado.
f. es irnos.
g. puede hacerlo ahora.
h. por donde corres

2.2 Completa las frases con el relativo adecuado y elige la forma verbal correcta.

1. La policía ha detenido a .... **robaron/robaran** en el supermercado.
2. No conozco a nadie .... **canta/cante** como él.
3. El hotel .... **me alojo/me aloje** este verano tendrá que ser de cinco estrellas.
4. Mi vecina, ... hijo **es/sea** futbolista, nos dio detalles sobre el torneo.
5. Este joven es .... nos **llevó/llevara** a ese restaurante. La comida era increíble.
6. Solo quiero hablar con padres .... hijos **han/hayan** suspendido la asignatura.

2.3 Escribe cinco frases en tu cuaderno con estructuras reduplicadas.

Ejemplo: *Quiero terminar la carrera este año y lo voy a conseguir cueste lo que cueste.*

> Fíjate:
> Los adjetivos relacionales se colocan normalmente después del sustantivo y no admiten graduación o intensificación: *un grupo musical* pero *un ~~musical grupo~~/un ~~grupo musicalísimo~~*.

3 Los adjetivos calificativos y relacionales

- Los **adjetivos calificativos** expresan **cualidades** o **características** propias de los sustantivos a los que acompañan: *noticia interesante, agua fría, vestido rojizo...*
  - Estos adjetivos tienen un **valor enfático** cuando se colocan antes del sustantivo y son muy usados en las descripciones literarias:
    *Es un **grave** problema.* *A su discurso le siguió un **prolongado** silencio.*
  - Algunos adjetivos cambian de significado según vayan colocados antes o después del sustantivo:
    *un **viejo** amigo* (de hace mucho tiempo)/*un amigo **viejo*** (de edad avanzada)
- Los **adjetivos relacionales** indican la **inclusión** de un sustantivo dentro de una **clase o grupo concretos** e informan sobre su origen, procedencia o pertenencia: *una amiga **cubana*** (de Cuba), *reunión **familiar*** (de la familia), *casa **presidencial*** (del presidente)...

RAE

GRAMÁTICA

- En Hispanoamérica, los adjetivos calificativos son utilizados frecuentemente como adverbios de modo para matizar la acción expresada por el verbo:
  *Caminaron **ligero** por el pasillo, hacia la salida.*
  *Me da la impresión de que llega **directo** del aeropuerto a verse conmigo.*
- Los adjetivos que indican procedencia, forma o color no se anteponen generalmente al sustantivo, salvo que tengan un valor estilístico o literario, como en los siguientes ejemplos extraídos del corpus:
  *La receta más conocida de este grupo es la **española natilla**, rápidamente adaptada al paladar regional.*
  *Sus ojos y sus labios son lo que más me atrae de su **redonda cara**, además de un poema que leí en su poemario.*
  *Sus cabellos, rubios como los míos, se deshacían sobre su ajada y **grisácea almohada**.*

3.1 **En parejas** Explica el cambio de significado según la posición del adjetivo.

1. una antigua casa/una casa antigua
2. ciertas noticias/noticias ciertas
3. con enorme trabajo/un trabajo enorme
4. una gran casa/una casa grande
5. pura agua/agua pura
6. una única mujer/una mujer única

3.2 Relaciona cada sustantivo del recuadro con el adjetivo con el que suele combinarse.

a. revista | b. fracaso | c. decisión | d. proyecto | e. energía | f. disciplina
g. libro | h. casa | i. manifestación | j. huelga

1. ☐ solar
2. ☐ juvenil
3. ☐ parlamentaria
4. ☐ mensual
5. ☐ estudiantil
6. ☐ militar
7. ☐ económico
8. ☐ pacifista
9. ☐ académico
10. ☐ real

4 Comparativos y superlativos

- Ya conoces las **estructuras comparativas** de superioridad *(más... que)*, de inferioridad *(menos... que)* y de igualdad *(tan/igual de... como/que)*:

  *María parece **igual de** sociable **que** su madre.*

  – Además, la comparación también puede introducirse por ***de*** + oración de relativo:

  *Instagram es más adictivo **de** lo que se piensa.*

- El **superlativo absoluto** puede formarse siguiendo estos procedimientos:
  – Con el adverbio ***muy***, los adverbios terminados en ***-mente*** o con ***tan*** + adjetivo: ***muy** solidario, **extremadamente** eficiente, **tan** honesta.*
  – Con el sufijo ***-ísimo/a/os/as***: *una película interesant**ísima**.*
  – Con los prefijos ***super-***, ***extra-***, ***re-***, ***archi-***, ***ultra-***: ***super**guapo, **extra**fina, **archi**conocidas, **ultra**limpio.*

> Fíjate:
> - El sufijo ***-érrimo*** forma **superlativos cultos**, más propios de la lengua escrita formal: *celebérrimo (célebre), libérrimo (libre), paupérrimo (pobre), misérrimo (mísero)...*
> - Existen también comparativos y superlativos **irregulares** que proceden de sus correspondientes formas en latín:
>
> | | |
> |---|---|
> | bueno/a › mejor - óptimo/a | alto/a › superior - sumo/a, supremo/a |
> | malo/a › peor - pésimo/a | bajo/a › inferior - ínfimo/a |
> | grande › mayor - máximo/a | interior › íntimo/a |
> | pequeño-a › menor - mínimo/a | exterior › extremo/a |

- El **superlativo relativo** se forma con la estructura ***el/la/los/las/lo*** (+ sustantivo) + ***más/menos*** + adjetivo + ***de/que***:

  *Marisa es **la** (persona) **más** trabajadora **del** mundo/**que** conozco.*

  *Esto es **lo más** feo **que** he visto en mi vida.*

> Fíjate:
> Un procedimiento muy coloquial para formar el superlativo es la repetición:
> *Dalí es **famoso**, **famoso**.*

> Recuerda:
> Los comparativos ***mayor*** y ***menor*** se usan habitualmente para hablar de la edad.

4.1 **Completa las siguientes frases comparativas y superlativas con los adjetivos entre paréntesis y las palabras que faltan. En algunos casos puede haber más de una solución posible.**

1. Mis padres son .... (testarudo/a) lo que pensaba.
2. Mi casa es .... (grande) nuestra urbanización.
3. La comida de este restaurante es .... (malo/a).
4. Salir a cenar fuera ahora es .... (caro/a) hace unos años.
5. Esta playa está .... (tranquilo/a) durante el invierno.
6. Ella es .... (afortunado/a) conozco.

4.2 **En parejas** **Observa las imágenes y escribe frases comparativas y superlativas en tu cuaderno. Compáralas con las de tu compañero/a.**

Ejemplo: *Esta red social es divertidísima.*

Practica en contexto

1 **Todo el grupo** Hoy en día existe una gran cantidad de redes sociales. ¿Sabes a cuáles pertenecen estos logotipos? ¿Cuáles crees que son las más populares?

1 2 3 4 5 6
7 8 9 10 11 12

1.1 **En grupos pequeños** ¿Qué es un *amigo* en las redes sociales? Define el concepto y pon un ejemplo.

1.2 Lee el texto. ¿Habéis llegado a las mismas conclusiones?

Los "amigos" de internet

¿Qué es exactamente un *amigo* en una red social? ¿Los conocidos también cuentan? ¿Gente que nunca se ha visto en persona? ¿Colegas del trabajo? ¿Jefes? ¿Familia? En realidad, cada usuario interpreta el término a su manera y actúa en consecuencia, por lo que conviene ser cauto y tener en cuenta cómo lo entienden los demás y cómo se comportan al respecto.

A todos nos asaltan muchas preguntas... ¿Debo añadir a mi cuenta de Facebook a la familia? ¿Es recomendable dejar que el jefe me siga en Twitter? ¿Puedo compartir mis vídeos con alguien más que con mis colegas más cercanos o tendré un conflicto de narices si no accedo a todo lo anterior? El verdadero reto pasa por evitar la confusión entre la amistad real y la amistad virtual, la cual no deja de ser sinónimo de la palabra *contacto*.

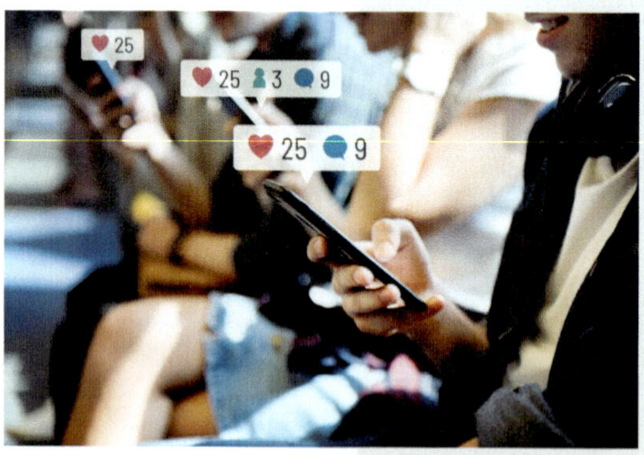

Por otro lado, como consecuencia de la forma que tenemos de relacionarnos en las redes, corremos el peligro de distraer nuestra atención. Que el hilo de conversaciones de decenas o cientos de amigos apuntados en la misma red genere miles de mensajes al día es más llevadero si se puede consultar el móvil o la tableta mientras vamos en el metro o esperamos en la peluquería, por ejemplo. Sin embargo, muchos consideran que esa atención debe ser prioritaria respecto, incluso, a quienes los rodean en persona, dando lugar a situaciones un tanto ridículas: personas que se reúnen para cenar pero que se pasan el tiempo tecleando en el móvil; amigos que quedan para charlar pero que hablan más con quienes no están presentes que con quienes sí lo están, reuniones donde la atención se dispersa en conversaciones externas con el "limbo"...

El tiempo dirá si esto tiene solución, pero, mientras, puedes seguir esta sencilla regla social a la hora de relacionarte: interactuar con otras personas mediante el móvil al tiempo que se está en una reunión es aceptable, siempre que sea para hacerlas partícipes de lo que está sucediendo, pero no para charlar sobre otros temas. Esto último es, simplemente, "mala educación 2.0".

Alvy, adaptado de *Las redes sociales y su influencia en las costumbres tradicionales* en https://www.microsiervos.com/archivo/internet/redes-sociales-influencia-costumbres.html

1.3 **Todo el grupo** ¿Crees que las nuevas tecnologías están modificando nuestra forma de ser y la manera que tenemos de relacionarnos? ¿En qué sentido?

2 **En parejas** Vas a escuchar una entrevista en la que cuatro personas de diferentes generaciones nos comentan cómo las redes sociales han cambiado su forma de relacionarse con los demás. Antes, observa las imágenes y contesta a las preguntas.

1. ¿Quién socializaba en los bailes de su pueblo?
2. ¿Quién piensas que escribía cartas para contactar con gente de otros países?
3. ¿Qué persona crees que no da su número de teléfono, sino que dice la sigan en Instagram?
4. ¿Quién crees que se relacionaba a través de SMS y de llamadas esporádicas al móvil?
5. ¿Qué significa darle al "Me gusta"?
6. ¿Qué es *Tinder*? ¿Quién crees que conoció a su pareja a través de Tinder?

Ejemplo: *Creo que la que socializaba en los bailes de su pueblo es Josefina porque...*

Identificar algo o a alguien

- Para identificar algo o a alguien se usan oraciones de relativo como:
  Ella usa una aplicación que permite subir fotos y enviar notificaciones.
  Ese chico fue quien conoció a su pareja por internet.
  Esa es la aplicación con la cual puedes hacer videollamadas.
- El/La/Los/Las que... es/son...
  La que conocía a personas solo cara a cara es Josefina.
- El-La-Los-Las/Ese-a-os-as de... es/son...
  Los/Esos de 2G eran móviles que solo usabas para enviar SMS.
  Son los de siempre.
- Lo/Eso de... es...
  Lo/Eso de "Me gusta" es lo que usan ahora los jóvenes para contactar en las redes.
- Se trata de...
  Se trata de una red social muy usada hoy día.

2.1 [15] Escucha y comprueba tus respuestas anteriores.

2.2 [15] **En parejas** Vuelve a escuchar y toma notas. Compáralas con las de tu compañero/a. ¿Con cuál de estas personas te sientes más identificado/a? ¿Por qué?

	Josefina	Álvaro	Fran	Elisa
1. Modo de socializar				
2. Medio de comunicación habitual		*Teléfono fijo, cartas.*		
3. Relaciones que tienen/han tenido				

2.3 **En grupos pequeños** Haced un listado de las principales diferencias que hay entre las relaciones cara a cara y las virtuales. ¿Creéis que es importante la interacción en persona? ¿Por qué? ¿Cómo puede conseguirse hoy en día?

2.4 **En parejas** Imagina que conoces a alguien en Instagram. ¿Cómo te gustaría que fuera esa persona según la relación que quieras establecer con ella (amorosa, de amistad, para compartir aficiones u opiniones...)?

Hablar de las cualidades de una persona

- *Mi amigo-a/novio-a... ideal es alguien/ una persona/aquel-aquella...* + oración de relativo/adjetivo
- *Me gustaría conocer a alguien/una persona...* + oración de relativo/adjetivo
  Mi novio ideal es alguien que respete en todo momento mi independencia.
  Me gustaría conocer a una persona extravertida y habladora.

3 [16] Escucha una conversación que dos usuarios han mantenido por videollamada tras conocerse por internet. Completa el cuadro con las expresiones que usan en su lugar correspondiente.

Ofrecer e invitar

- [1] ....
- [2] ....
- Te invito a..., ¿quieres?
- Vamos a..., ¡yo invito!

Aceptar una propuesta o invitación

- Por supuesto (que sí).
- [3] ....
- Me encantaría.
- Bueno, está bien, si insistes...
- Estaría fenomenal/genial.
- Sería estupendo/fantástico.
- Será un placer. (Formal)
- ¡Venga, vale!

Aceptar una propuesta o invitación con restricciones

- *Vale, sí/Será un placer...,* + *pero* + restricción
  Vale, pero tendrá que ser el domingo, el sábado no puedo.
- No, lo siento, salvo que/excepto que/solo si...
  No, lo siento, salvo que vayamos aquí al lado. Es que tengo mucho que hacer.

Rechazar una propuesta o invitación

- Eres muy amable, pero no puedo.
- *Lo lamento, pero...* + excusa o explicación
- [4] .... + excusa o explicación
- ¡Qué rabia! Te tengo que decir que no porque ya tengo otros planes.
- *Preferiría* + contrapropuesta
  Preferiría que fuéramos a otro sitio, la verdad.

Fíjate:
En España, cuando se invita a alguien a comer, a cenar o, simplemente, a tomar algo, la persona que tiene la iniciativa está indicando que va a pagar. En este contexto, *invitar* es sinónimo de *pagar*:

Venga, que te ***invito*** *a un café.*

Recuerda:
En España y en Hispanoamérica, es importante justificar una negativa a una propuesta o invitación. Un simple "no" como respuesta solo suele darse en contextos en los que los interlocutores estén enfadados.

3.1 **En parejas** Interactúa con tu compañero/a y comprobad si hay alguna compatibilidad entre vosotros.

Estudiante A

Situación 1. Haz preguntas a tu compañero/a para conocer sus gustos y aficiones. Según sus respuestas, proponle un plan para este fin de semana. Si no lo acepta, hazle otra propuesta.

Situación 2. Responde a las preguntas de tu compañero/a. Rechaza su primera invitación y explica los motivos. Acepta la segunda invitación.

Situación 3. Pregunta a tu compañero/a si es posible tener amigos de verdad en las redes sociales. Hazle una invitación para continuar hablando de esto en otro lugar.

Situación 4. Responde a tu compañero/a. Rechaza su invitación. Explica el motivo y hazle una contrapropuesta.

Estudiante B

Situación 1. Responde a las preguntas de tu compañero/a. Rechaza su primera invitación y explica el motivo. Acepta la segunda invitación.

Situación 2. Pregúntale a tu compañero/a cómo debe ser un amigo/a ideal, qué características debería tener y qué debería hacer por ti. Proponle un plan para conoceros mejor. Si no lo acepta, hazle otra propuesta.

Situación 3. Responde a tu compañero/a y explica cuáles son para ti las ventajas e inconvenientes de las redes sociales a la hora de conocer amigos. Acepta su invitación.

Situación 4. Pregunta a tu compañero/a si opina que tenemos demasiados amigos, qué amistades piensa que merece la pena conservar y cómo cree que es posible mantener una amistad. Hazle una invitación para quedar otro día.

4 **En grupos pequeños** Habla con tus compañeros sobre estas cuestiones.

1. ¿Cómo definirías a las personas extravertidas? ¿Y a las introvertidas?
2. ¿Qué ventajas tiene ser extravertido/a en las relaciones personales? ¿Y en el trabajo o los estudios?
3. ¿Crees que ser extravertido/a puede tener algún inconveniente?
4. ¿Piensas que ser introvertido/a puede tener alguna ventaja a la hora de entablar relaciones?
5. ¿Has oído hablar de las personas ambivertidas? ¿Cómo crees que se definen?

4.1 [17] Escucha este pódcast sobre psicología y comprueba tus respuestas anteriores.

4.2 [17] **En parejas** Con tu compañero/a, indica si las siguientes afirmaciones se refieren a las personas introvertidas (I), extravertidas (E) o ambivertidas (A). A veces puede haber más de una opción. Después escucha de nuevo y comprueba.

1. Son personas que disfrutan de las relaciones sociales. I E A
2. Se definen como personas con necesidades sociales. I E A
3. Tienen un efecto calmante en las personas que las rodean. I E A
4. Son muy detallistas y grandes observadoras. I E A
5. Tienen una gran capacidad de adaptación. I E A
6. Les gusta salir de su zona de confort y tienden a asumir riesgos. I E A
7. Conectan más fácil y profundamente con una mayor variedad de personas. I E A
8. Tienen más capacidad para concentrarse. I E A
9. No son demasiado habladoras ni demasiado centradas en sí mismas. I E A
10. Tienen un nivel de activación menor que aumentan mediante estímulos externos. I E A
11. No suelen apoyarse en los demás a la hora de tomar decisiones. I E A
12. Representan a dos tercios de la población aproximadamente. I E A

4.3 Después de oír el pódcast, escribe en tu cuaderno de qué modo piensas que ha influido tu personalidad a la hora de relacionarte en las diferentes etapas de tu vida. ¿Crees que deberías cambiar en algún aspecto para mejorar tus relaciones personales o laborales? ¿Cómo crees que puedes hacerlo?

4.4 **En parejas** Comenta con tu compañero/a las cuestiones anteriores. Pregúntale qué aspectos podría cambiar para mejorar sus relaciones y qué intenciones tiene para ello.

EL ESPAÑOL, INTERNET Y LAS REDES SOCIALES

1 **Todo el grupo** Fíjate en el siguiente gráfico y contesta a las preguntas.

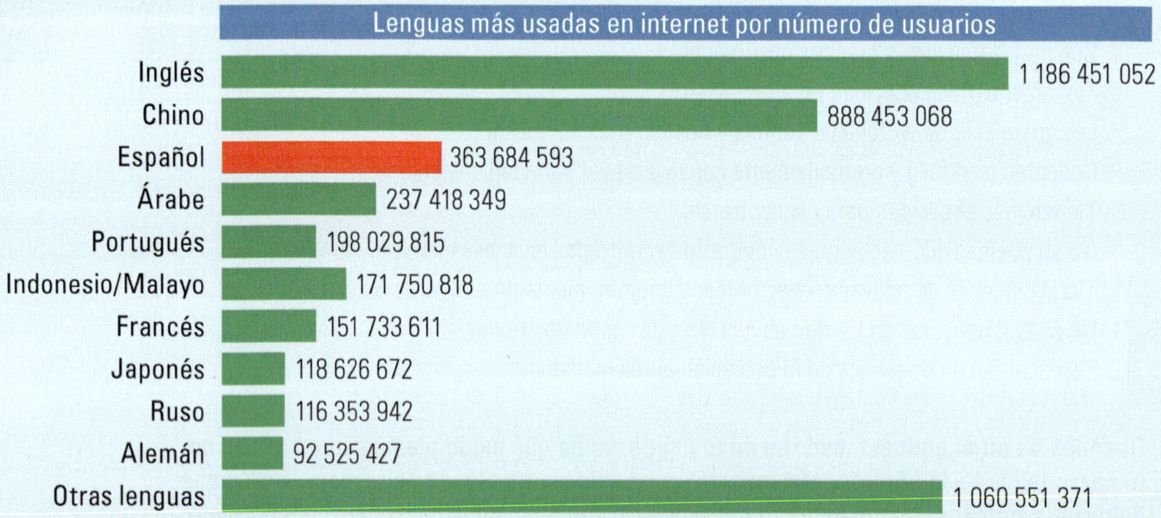

Fuente: Internet World Stats (2021), consultado el 2 de febrero de 2021

1. ¿Te sorprende el lugar ocupa el español en la clasificación?
2. ¿Por qué crees que el chino está en segundo lugar?
3. ¿Por qué crees el inglés es la lengua más usada con tanta diferencia?
4. ¿Está tu lengua en el gráfico? ¿Te sorprende la posición que ocupa?

¿Sabías que…?

En YouTube, el 15 % de los contenidos están elaborados en español, que se sitúa, de este modo, en la segunda lengua más usada en esta plataforma después del inglés.

De las 315 lenguas en las que se divulga la Wikipedia, el español ocupa el noveno lugar por número de artículos escritos en este idioma y el segundo lugar teniendo en cuenta el número de usuarios.

Los contenidos que se crean en español son escasos en comparación con el número de usuarios de esta lengua, y solo un 4.1 % está presente en plataformas multilingües, muy lejos del inglés (59.4 %), que se ha convertido en la lengua franca de internet.

Datos extraídos de *El español: una lengua viva.* Informe del Instituto Cervantes

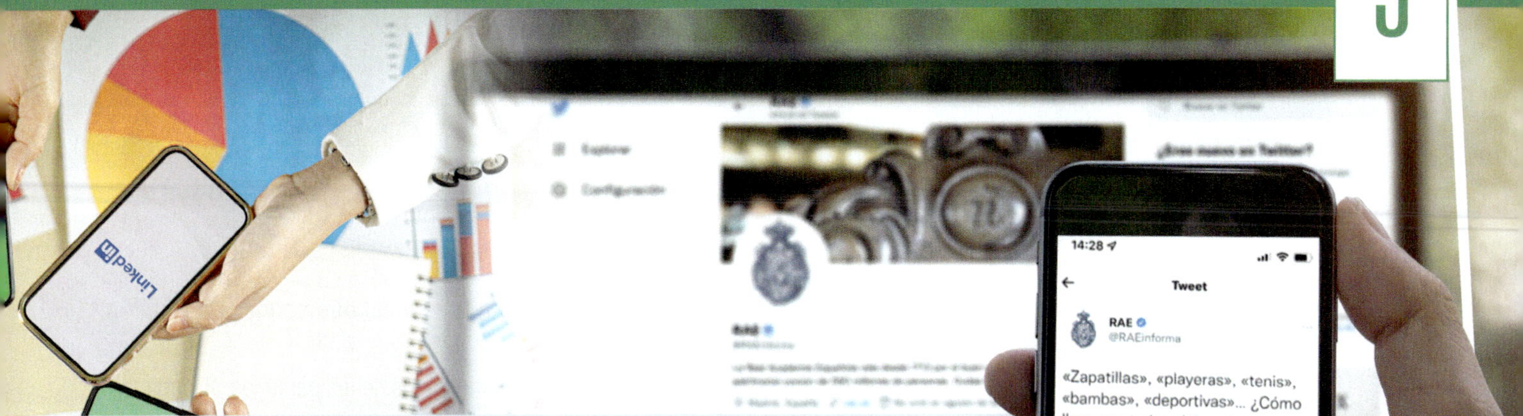

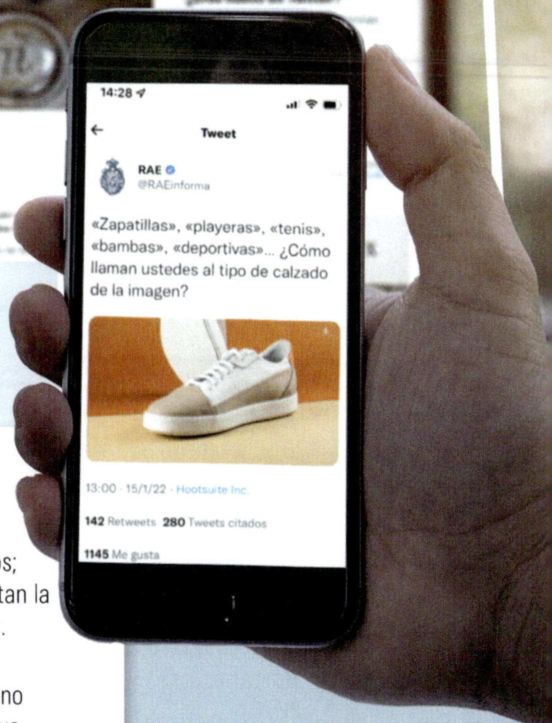

2 El uso del español en las redes sociales, canales donde la rapidez es una cualidad muy valorada, ha ocasionado ciertos cambios en la escritura. Algunas personas lo consideran negativo y otras, en cambio, positivo. Lee el siguiente artículo, ¿de qué lado te sitúas tú?

El uso del español en las redes sociales

La influencia de internet y las redes sociales en el lenguaje y en la ortografía ha sido muy significativa para la sociedad y, según los expertos, los cambios que esto ha supuesto han permitido que nuestro lenguaje evolucione en el tiempo.

Las redes sociales como Facebook, Twitter e Instagram cada vez se ven más influenciadas por el uso del español. Recíprocamente, estas redes han favorecido la entrada de extranjerismos, expresiones, signos y abreviaturas, algo que, para algunos profesionales del lenguaje, es perjudicial para la salud del idioma.

Según el filólogo español José Pazo Espinosa, la escritura en internet de los más jóvenes se está "oralizando", es decir, los usuarios escriben de la misma forma en que conversan en su día a día, dando cabida a faltas de ortografía, onomatopeyas, anglicismos…

Los puristas observan este fenómeno con preocupación, pues piensan que se produce una degradación del idioma. Según su opinión, la situación es preocupante porque los jóvenes mantienen este comportamiento lingüístico en otros ámbitos que no son las redes sociales.

Sin embargo, para otros lingüistas, el español no se degrada con los cambios; en realidad, piensan que estos representan la evolución natural y constante del idioma.

Para la lingüista canadiense Gretchen McCulloch, internet y las redes sociales no han sido factores negativos para la lengua española. Según McCulloch, cuando una persona redacta un mensaje en WhatsApp, Facebook o Twitter, analiza lo que quiere decir y busca recursos como signos de puntuación, emojis o pegatinas *(stickers)* para expresar de forma concisa sus ideas, según el número de caracteres permitidos. Estas características hacen que el usuario redacte de manera informal un mensaje que contiene vocablos, signos o expresiones que no se rigen por las normas de la lengua española, pero que expresan todo lo que el usuario desea comunicar.

Al final, quizás, lo más importante es expresar lo que sentimos adecuándonos al contexto y al interlocutor.

Adaptado de hhttps://www.elconfidencialdigital.com/articulo/tendencias/impacto-internet-lengua-espanola/20200929155002167325.html

3 **Todo el grupo** ¿Entiendes el hilo de Twitter? ¿Qué cambiarías para que se entienda mejor, según tu interpretación?

4 **En grupos pequeños** No existe una receta mágica para una adecuada comunicación escrita en las redes sociales, pero la clave para escribir correctamente en internet ya la dio hace tiempo Gabriel García Márquez. Comenta su frase con tus compañeros. ¿Estás de acuerdo?

"El único consejo que puedo dar para escribir bien en internet es saber escribir".

Vídeo

REPORTAJES

Millennials y redes sociales

Antes del vídeo

1 **En parejas** Lee los mensajes de estos usuarios y recomiéndales alguna red social que conozcas. ¿Cuáles crees que son las redes sociales preferidas por los *millennials*?

1. Me gusta mucho hacer fotografías que capturen momentos especiales y emociones de las personas. ¿Dónde puedo compartirlas?
2. Busco una red social donde pueda conocer al amor de mi vida.
3. Tengo 48 años y busco una red social donde pueda hacer comentarios o recomendaciones y ver vídeos interesantes.
4. A mí me gusta hablar con mis amigos a diario. Busco una aplicación donde pueda hablar con ellos y cuya respuesta a mis mensajes sea inmediata. Además, necesito que me permita compartir fotos y vídeos.
5. Necesito una red en la que pueda seguir a diferentes personas, conocer sus opiniones y mostrarles mi acuerdo o desacuerdo. No tengo interés en sus fotografías.
6. Pues a mí me gusta hacer cortometrajes con mis amigos de la escuela de cine. ¿Conocéis una red social de vídeos?
7. Necesito una red en la que los profesionales puedan acceder a mi currículum y yo pueda encontrar un empleo.

2 **Todo el grupo** Estas son dos imágenes que aparecen en el vídeo que vas a ver. ¿A qué red social pertenecen?

Durante el vídeo

3 Visiona el vídeo realizado por la empresa Acceso sobre lo que los jóvenes prefieren en las redes sociales y marca las respuestas correctas.

1. ☐ Twitter es la red social preferida por los más jóvenes.
2. ☐ Los usuarios de mayor edad prefieren Facebook.
3. ☐ En Instagram y Facebook los *influencers* suelen colgar los eventos que promocionan.
4. ☐ En Twitter suelen aparecer comentarios sobre sorteos y promociones.
5. ☐ Las imágenes y los vídeos son recursos que se usan mayoritariamente en Instagram y en Facebook.
6. ☐ Facebook es la red social favorita de los *influencers*.

4 Vuelve a ver el vídeo y anota los cinco anglicismos que se usan en él; ¿sabes si la FundéuRAE ha propuesto alguna alternativa en español? Puedes buscar esta información en su página web (https://www.fundeu.es) o a través de Twitter (@Fundeu).

En inglés	En español
1.	1. ....
2.	2. ....
3.	3. ....
4.	4. ....
5.	5. ....

RAE

LÉXICO

Aunque la FundéuRAE recomienda el uso de los términos en español milenial e influente en lugar de los anglicismos *millennial* e *influencer*, respectivamente, por ahora los términos en inglés son los más empleados por los hispanohablantes: por ejemplo, el término influente aparece recogido en el CORPES en 9 ocasiones, frente a las 66 del término *influencer*.

5 Visiona de nuevo el vídeo y completa la siguiente tabla.

Tipo de público			
Tipo de contenido			
Tipos de comentarios			
El uso de la imagen			
Es la red social preferida por los *influencers*	Sí. No.	Sí. No.	Sí. No.

Después del vídeo

6 **Todo el grupo** Las redes sociales generan entre los usuarios conversaciones que son aprovechadas por las empresas para detectar sus necesidades y crear oportunidades de negocio. ¿Qué productos o servicios suelen estar presentes en las conversaciones en línea? ¿Por qué es importante para una empresa no ignorar los comentarios que se hagan de ella en las redes sociales?

7 Escribe un texto de unas 200 palabras sobre la importancia del uso responsable de las redes sociales.

Evaluación

1 Completa las frases con los verbos del recuadro en la forma adecuada.

hacer | entrar | abrir | instalar | pinchar | seleccionar

1. Debes .... una aplicación en tu ordenador para ver vídeos.
2. .... en la página web de la editorial y cómprate una lectura en español.
3. Hay que .... en el enlace de descargas para conseguir un antivirus gratis.
4. Para .... una carpeta de tu ordenador, tienes que .... doble clic con el botón izquierdo de tu ratón.
5. Primero, ... el texto y, luego, corta y pega.

2 Señala qué tipo de relación hay entre estas personas.

1. Roberto y yo nos conocemos desde la guardería. Sé que siempre está ahí y que cuento con su apoyo.
2. Javier y yo trabajamos en la misma empresa desde hace cinco años. Solo tenemos contacto en la oficina, pero nos llevamos muy bien.
3. Ana y yo estamos saliendo desde hace dos años. Nos conocimos por Instagram y estamos muy felices juntos.

1. .... 2. .... 3. ....

3 Completa las frases con las palabras adecuadas. Las palabras que aparecen entre paréntesis son una pista.

1. Llevamos un mes de novios y hay algo dentro de mí que me hace pensar que nos conocemos de .... (vida)
2. Ambos mantenemos una .... de trabajo. (relacionar)
3. Nos conocimos .... y me pareció una persona muy amable. (casual)
4. En España, es muy habitual dar .... en las mejillas para saludar. (besar)
5. Mi hija es muy poco sociable y le cuesta hacer .... (amistad)

4 Elige la opción correcta.

1. Esta es la novela **quien/la cual/que** estoy leyendo.
2. Este es el pueblo en **el cual/cuyo/quien** se rodó la película de Almodóvar.
3. Pilar, **cuya/cuyo/quien** hermano vive en Corea, se va a mudar allí pronto.
4. Los niños, **que/los que/quien** jugaban en el parque, no vieron el accidente.
5. La calle **que/donde/la cual** vivo tiene muchos comercios.

5 Completa libremente las siguientes frases.

1. Me encantaría tener un amigo con el que ....
2. Quiero conocer a alguien para quien ....
3. Viajaría a un lugar donde ....
4. Necesitaría salir con alguien cuyo ....
5. Me gustaría estudiar un idioma que ....

6 Completa las oraciones de relativo con las palabras que faltan.

1. Los lápices .... dibujo son muy caros.
2. Me olvidé .... te quería decir.
3. El país .... voy a viajar es muy peligroso.
4. Mis vecinas, ... tengo mucho cariño, son ya muy mayores.
5. Los afectados por la crisis, ... me encuentro, ya somos millones.
6. El nuevo compañero de piso, ... no sé mucho, ha traído ya sus maletas.

7 Elige la opción correcta teniendo en cuenta el contexto de las frases.

1. Mercedes es una persona en la que puedo confiar plenamente. Es una **buena amiga/amiga buena**.
2. Mira, este es Juan, un **antiguo amigo/amigo antiguo**.
3. Hay **ciertas noticias/noticias ciertas** que me ponen enfermo. Por ejemplo, todas las que se refieren a la intimidad de las personas famosas.
4. Es un **único profesor/profesor único**. Lo admiro mucho.
5. Es una **gran niña/niña grande**. Con cinco años mide ya 1.20 cm.

8 Construye frases comparativas y superlativas usando los adjetivos del recuadro y las palabras necesarias. Sigue las instrucciones entre paréntesis.

sabroso/a | irrespetuoso/a | gentil | caluroso/a | interesante | fino/a

1. Este postre es .... el anterior. (comparativo de inferioridad)
2. Eso que me cuentas es .... (superlativo con el sufijo *-ísimo*)
3. A mi madre le encanta el chocolate .... (superlativo con el prefijo *extra-*)
4. El presidente fue .... su discurso. (comparativo de igualdad)
5. Esos fueron los días .... año. (superlativo relativo)
6. Cualquiera es .... Roberto. ¡Qué grosero es! (comparativo de superioridad)

9 Observa las imágenes y escribe en tu cuaderno una frase de relativo para identificar lo que ves en ellas.

1. Shakira

2. Javier Bardem

3. Hablar cara a cara

4. WhatsApp

Ejemplo: *Esa cantante es la que cantaba el* Waka Waka *en el Mundial de Fútbol.*

10 Escribe en tu cuaderno una conversación por WhatsApp entre tú y tu amigo/a donde le propongas o lo invites a hacer algo y él/ella acepte tu propuesta o la rechace.

11 **En grupos pequeños** Reflexiona sobre tu aprendizaje y comenta estas cuestiones con tus compañeros de grupo.

1. ¿Estás aprendiendo mucho en la clase de español?
2. ¿Utilizas el español fuera de clase?
3. ¿Cómo recuerdas lo que aprendes?
4. ¿Cuánto dedicas al aprendizaje del español?
5. ¿Qué parte del aprendizaje del español te gusta más?
6. ¿Te gusta que evalúen tus conocimientos?

Unidad

6 Última hora

Nombra los medios de comunicación a los que hacen referencia las imágenes. ¿Crees que falta alguno? ¿Cuál?

¿Te parece que las imágenes reflejan la forma de informarnos actualmente?

¿Piensas que la información que transmiten los medios hoy en día es de mayor o de menor calidad que la de antes? ¿Por qué?

En esta unidad vas a. . .

- Debatir sobre los medios de comunicación tradicionales y los digitales
- Aprender a atenuar tu papel como hablante
- Confirmar información y corregir una información previa
- Conocer el impacto de los pódcast en español en Estados Unidos

¿Qué sabes?

1 Escucha a estas personas y anota qué medios utilizan para informarse.

[18]

1 ______

2 ______

3 ______

4 ______

5 ______

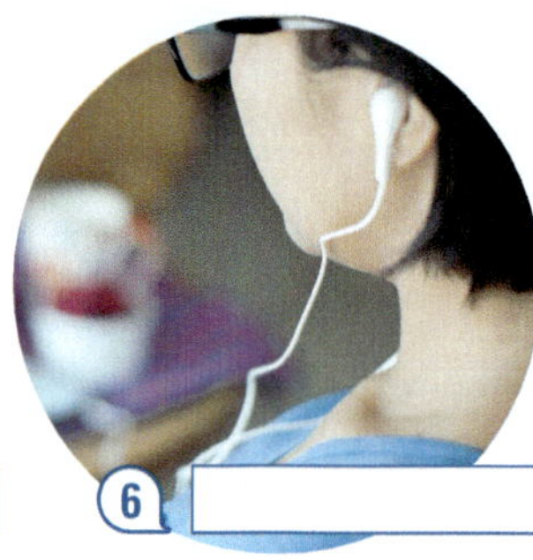

6 ______

RAE

LÉXICO

En España se utiliza el término telediario mientras que en la mayoría de países hispanoamericanos se prefiere noticiero:

*La cortinilla con el fin del **telediario** da paso a la publicidad y luego a una película.*

*Su carrera televisiva empezó como locutora del **noticiero** latino de la CNN a mediados de 1990.*

1.1 **En grupos pequeños** De las personas de la actividad anterior, ¿cuál crees que está mejor informada? ¿Por qué? Y tú, ¿cómo te informas? Comenta estas cuestiones con tus compañeros de grupo. Usa para ello las expresiones del siguiente cuadro.

Hablar de los medios de comunicación

- Estar bien/mal informado/a.
- Estar al día.
- Enterarse de una noticia por la prensa/radio/televisión...
- Enterarse por casualidad/casualmente.
- Informarse sobre la actualidad/lo que pasa en el mundo.

Redes sociales

- Seguir páginas en Facebook/Twitter/Instagram...
- Seguir a periodistas (especializados)/personas/*influencers* en Twitter/Instagram/Twitch...
- Estar suscrito-a a un canal de YouTube/Twitch...

Prensa escrita

- Leer la prensa escrita/digital/gratuita/especializada...
- Leer el periódico/una revista (especializada/de divulgación...).
- Leer el periódico/una revista en mis ratos libres/en el metro/en el autobús/en un bar/por la mañana...
- Estar suscrito-a a un periódico/un boletín/una revista...

Radio, televisión, pódcast

- Escuchar noticias de deporte/actualidad/cultura...
- Ver el telediario/las noticias/programas (de actualidad)/tertulias...
- Estar suscrito/a a un pódcast.

2 **Todo el grupo** Lee los siguientes titulares relacionados con los medios de comunicación e información y comenta con tus compañeros las cuestiones que se plantean.

Los boletines vuelven para competir con las redes sociales

Podríamos pensar que la inmediatez con la que operan actualmente los periódicos en línea y el auge de Facebook o Twitter habría acabado por completo con los boletines.

Pero hartos de una constante invasión en la privacidad y de la sobreabundancia de información propia del internet actual, cada vez más personas están dando la espalda a las redes sociales para abrazar otras formas de comunicación social más íntimas, como los boletines.

Verificar información de internet en tiempos de las noticias falsas: un problema que las redes no van a resolver

Las noticias falsas o *fake news* se han convertido en uno de los principales problemas de la era digital. Miles de ellas han circulado por la red en los últimos años con el objetivo de engañar al mayor número de usuarios posible.

No se trata de un fenómeno nuevo, pero la inmediatez y la facilidad para publicar contenido con apariencia veraz en internet le han dado una nueva magnitud, hasta el punto de que es difícil determinar si un suceso es real o no en las primeras horas de haber acontecido.

¿Twitch acabará con la televisión convencional?

La aplicación Twitch se ha convertido en una ventana para indagar en otros contenidos más allá del universo de los videojuegos. El poder de Twitch está en que el público siente que está conectando con sus referentes de una forma muy directa, sin edición y sin aparente filtro, como si fuera una videollamada en abierto en la que puedes interactuar y sentirte partícipe.

Los pódcast, la "nueva radio" que suena fuerte en todo el mundo

La radio sigue formando parte de nuestra vida cotidiana, pero su consumo a través de pódcast va poco a poco ganando terreno. Y es que hoy en día existen muchas aplicaciones que permiten a los usuarios escuchar sus programas favoritos cuando y donde quieran o descargarlos para poder escucharlos posteriormente sin necesidad de conexión.

- ¿Crees que las redes sociales como Twitch, YouTube o TikTok acabarán sustituyendo a la televisión? ¿Has dejado de ver la televisión y te has pasado a alguna de estas redes sociales? ¿Por qué?
- Para muchas personas, los pódcast vienen a ser lo mismo que la radio. ¿Estás de acuerdo con esta afirmación? ¿Crees que los pódcast harán desaparecer a la radio tal y como la conocemos hoy en día? ¿Por qué?
- Algunos estudios advierten de que la mayoría de las noticias que leamos en el futuro estarán falseadas y que podremos hacer muy poco para diferenciarlas de las verdaderas. ¿Te parece una exageración o también lo ves posible? ¿Por qué? Cuenta la noticia falseada más escandalosa que hayas leído u oído hasta ahora.

RAE

LÉXICO

Como ya sabes, en el mundo de nuevas tecnologías, la información y las redes sociales, abundan los anglicismos. En la FundéuRAE (Fundación del Español Urgente) se ofrecen alternativas para evitar estos términos en inglés cuando tienen un equivalente en español.

Eso ocurre con el término *fake news*, que la FundéuRAE propone sustituir por noticia falsa o noticia falseada. Según se indica, una noticia falsa puede serlo de manera voluntaria o involuntaria, mientras que la noticia falseada sugiere que se ha faltado a la verdad de manera intencionada.

Fuente: https://www.fundeu.es/recomendacion/noticia-falsa-falseada-fake-news/

Palabras

1 **En grupos pequeños** Escribe diez palabras o expresiones relacionadas con los medios de comunicación y el periodismo que conozcas en español. Luego compártelas con tus compañeros de grupo y añade las que no hayas escrito en tu lista.

1. .... 6. ....
2. .... 7. ....
3. .... 8. ....
4. .... 9. ....
5. .... 10. ....

1.1 **En parejas** Combina las siguientes palabras para formar expresiones relacionadas con los medios de comunicación y el periodismo. ¿Cuántas palabras de la lista anterior están aquí? ¿Hay alguna que no conocías aún?

1. primera
2. suscribirse a
3. carta al
4. noticias de
5. boletín
6. seguir un
7. enviado/a
8. redactor/a
9. programación de
10. parte
11. libertad de
12. artículo
13. emplazamiento
14. periodismo

a. de investigación
b. calidad
c. meteorológico
d. un periódico/una revista
e. prensa/expresión
f. director
g. página
h. publicitario
i. actualidad
j. jefe/a
k. especial
l. informativo
m. de opinión
n. programa

1.2 **En parejas** Clasifica las palabras de la actividad anterior según se refieran a la prensa escrita o digital, a la televisión y la radio o a ambas categorías.

Prensa escrita o digital	Televisión y radio	Ambas categorías

1.3 **En grupos pequeños** Comenta con tus compañeros las siguientes cuestiones.

1. Cuando escuchas la radio, ¿qué tipo de programas escuchas?
2. ¿Sueles leer las cartas al director? ¿Por qué?
3. ¿Sigues algún programa de periodismo de investigación? Descríbelo brevemente.
4. ¿Crees que la televisión y la radio de tu país ofrecen una programación de calidad?
5. ¿Conoces algún medio de comunicación en español? ¿Cuál? ¿Qué te parece?
6. Elige un periódico en español y consulta la información relativa a las suscripciones. ¿Qué tipo de suscripciones hay? ¿Qué incluyen? ¿Cuánto cuesta suscribirse?

2 [19] Escucha la entrevista realizada a un profesor de Periodismo de la Universidad de Navarra que habla sobre las diferencias entre los medios de comunicación tradicionales y los nuevos medios de comunicación. Toma notas en tu cuaderno.

2.1 [19] **En parejas** Completa con tu compañero/a la tabla que resume esas diferencias con las palabras del recuadro. Luego escucha de nuevo y comprueba tus respuestas.

abundancia | formato | audiencia | interactividad | democratización
periodicidad | contenido | estructura lineal

Medios de comunicación tradicionales		Nuevos medios de comunicación
1. de	›	a usuario
2. del medio	›	al ....
3. de	›	a soporte multimedia
4. de	›	a tiempo real
5. de escasez	›	a ....
6. de intermediación	›	a ....
7. de unidireccionalidad	›	a ....
8. de	›	a hipertexto

2.2 De todos los cambios que describe el experto, ¿cuáles son, en tu opinión, los dos fundamentales? Resúmelos brevemente a continuación y justifica tu respuesta.

1. ....
....
....
....

2. ....
....
....
....

2.3 **En grupos pequeños** Comparte tus opiniones con tus compañeros de grupo, ¿coincidís?

2.4 **Todo el grupo** ¿Crees que los nuevos medios de comunicación sustituirán a los medios tradicionales o se complementarán entre ellos? ¿Qué medios utilizas tú para estar informado/a, los tradicionales o los nuevos? ¿Por qué?

Gramática

RAE

GRAMÁTICA

- La perífrasis *deber* + infinitivo indica obligación. No obstante, tal como indica el *Diccionario Panhispánico de Dudas*, es frecuente su uso para expresar probabilidad y se considera correcto:

  *Supongo que sí, en algún lugar **debe andar**.*

- Sin embargo, el uso de la perífrasis *deber de* + infinitivo como obligación se considera incorrecto, aunque en la lengua coloquial pueden encontrarse bastantes ejemplos:

  De nuevo te hago saber cómo **debes de dirigirme tu correspondencia.*

Fíjate:

- En frases negativas, ***no llegar a* + infinitivo** expresa una acción que no se realiza por completo o que se hace de manera insatisfactoria:

  *Vi a Iván en la fiesta, pero **no llegué a hablar** con él.*

  ***Nunca llegaré a** dominar el inglés.*

- La perífrasis ***no acabar/terminar de* + infinitivo** tiene también este significado:

  ***No acabo de entender** este problema.*

1 Perífrasis de infinitivo

- La perífrasis ***deber de* + infinitivo/infinitivo compuesto** (*haber* + participo del verbo principal: *haber comido, haber visto*, etc.) expresa **probabilidad**:

  ***Debes de haber escrito** mal la contraseña, porque yo acabo de acceder a la cuenta sin problemas.*

- La perífrasis ***ponerse a* + infinitivo** expresa el **inicio de una acción** en un punto o momento concreto, sin importar la continuación de dicha acción:

  *Como estaba aburrido, **se puso a leer** una revista.*

> Fíjate:
> Las perífrasis *echar a + andar/correr/volar, echarse a + reír/llorar/temblar* y *romper a + llorar/reír/llover/gritar* expresan el **inicio repentino** de la acción con diferentes grados de intensidad:
>
> *Cuando le contó la triste noticia, **rompió a llorar**.*

- La perífrasis ***venir a* + infinitivo** expresa **aproximación**. Puede sustituirse por un verbo acompañado de expresiones como ***más o menos, aproximadamente, en resumen***…:

  *El jefe **vino a decir** que nos van a despedir./El jefe **dijo, en resumen**, que nos van a despedir.*

  *El piso nos **vino a costar** 150 000 €./El piso nos **costó** unos 150 000 € **aproximadamente**.*

- Las perífrasis ***acabar/terminar por* + infinitivo** expresan la **culminación de un proceso**. Son equivalentes a las perífrasis ***acabar/terminar* + gerundio**:

  *Lleva años pensando en cambiar de trabajo… Al final **terminará por dejarlo** y **buscar** otro./**terminará dejándolo** y **buscando** otro.*

- La perífrasis ***llegar a* + infinitivo** expresa un **logro** o la **culminación de un proceso** (con la idea de *finalmente, al fin, incluso*, según el contexto):

  *Gracias al esfuerzo de mi equipo, **he llegado a competir** en un torneo mundial.*

  *Estaba tan enfadado que **llegó a insultar** a su jefe.*

1.1 **En parejas** Completa las frases con la perífrasis de infinitivo que se adapte mejor a la situación utilizando el tiempo adecuado.

1. Estoy segura de que he aparcado aquí… .... (Llevarse) el coche la grúa.
2. Íbamos a tomar un café en una terraza, pero no pudimos porque de repente .... (llover).
3. Tuvimos al pájaro en casa hasta que se curó y, cuando abrimos la jaula, ... (volar).
4. Tuvieron una discusión muy fuerte, pero, afortunadamente, no .... (insultarse).
5. Al final .... (comprarse) una tele inteligente porque la que tengo ahora no creo que dure mucho más…
6. En cuanto trajeron la cama nueva, la niña .... (saltar) como loca.
7. No puedo decirle el precio exacto, pero poner un motor nuevo .... (costar) unos 1200 €.
8. Sabía que se tomaría mal lo del despido, pero no esperaba que .... (gritar) de ese modo.
9. Gracias a su talento y a su esfuerzo, ... (ser) uno de los actores más reconocidos del mundo.

1.2 **En grupos pequeños** Formula preguntas a tus compañeros de grupo sobre las siguientes situaciones. Utiliza las perífrasis de infinitivo que acabas de estudiar y sigue el ejemplo.

- Marcharte de un lugar (un piso, una fiesta, una reunión, una película...).
- Bailar, cantar o saltar como un/a loco/a.
- Llorar de repente.
- Perder la paciencia con algo o con alguien.
- No hacer algo bien del todo.
- Tirar la toalla o rendirte ante una situación.
- Estar en un lugar donde no conoces a nadie.

▶ *¿Cuándo fue la última vez que te pusiste a saltar como un loco?*
▷ *Pues cuando le pedí a mi mujer que se casara conmigo y me dijo que sí. Estaba tan contento que me puse a bailar y a saltar como un loco.*

2 Perífrasis de gerundio y participio

- La perífrasis *venir/llevar* + **gerundio** expresan el **desarrollo gradual** de una acción que comenzó en el pasado y que llega hasta el momento al que nos referimos. Indican **insistencia** o **repetición** y van acompañadas de expresiones temporales como *hace*, *desde hace*, *últimamente*...:
  Lo de los despidos ***vengo/llevo diciéndolo*** *yo* ***desde hace*** *tiempo.*
- Las perífrasis *acabar/terminar* + **gerundio** presentan la acción como la **culminación** de un proceso o acción anterior. Hacen referencia a acciones **inesperadas** o **difíciles de realizar** y, a veces, indican **impaciencia**. Son equivalentes a *acabar/terminar por* + **infinitivo**:
  No quería decir la verdad, pero al final ***terminó confesándolo*** *todo.*
  Mi hijo se puso tan pesado con el juguete que al final ***acabé comprándoselo.***
- Las perífrasis *llevar/tener* + **participio** tienen un valor **acumulativo**. Describen una acción que empezó en algún momento del pasado y que llega hasta el momento al que nos referimos:
  Estoy agotada ¡y solo ***llevo/tengo montadas*** *dos estanterías!*
- La perífrasis *dejar* + **participio** destaca el **efecto** producido por una **acción anterior**:
  He dejado puestas *las llaves en el coche.*
- La perífrasis *tener* + **participio** se enfoca en el **resultado** derivado de un proceso. A veces expresa **intención**, con verbos como *pensar* o *prever*:
  Tenemos reservada *una mesa a mi nombre.*
  Tenía pensado *comer fuera, pero podemos comer aquí.*
  Tienen prevista *la llegada a las 22:00 h.*

Fíjate:
En las perífrasis de participio, este tiene que concordar en género y número con el sustantivo al que se refiere.

Fíjate:
La perífrasis *tener* + **participio** tiene un sentido de **repetición** o **insistencia** cuando se construye con verbos como *decir* y *ver*:
Te lo ***tengo dicho****: no andes descalza por la casa.*

2.1 Relaciona las columnas para formar frases con sentido.

1. Los sindicatos llevan reclamando...
2. El sospechoso negaba su implicación en los hechos, pero...
3. Se puso tan pesado con lo de que lo acompañara a la fiesta que...
4. Hace ya unos días que mi madre...
5. Hace tiempo que te vengo diciendo que...

a. se viene quejando de un fuerte dolor en la pierna. Mañana mismo le pido cita con el médico.
b. terminé diciéndole que sí.
c. una mejora salarial desde hace un año, pero no han conseguido nada aún.
d. acabó confesando ante la evidencia de las pruebas.
e. pongas al día las facturas, y tú, ni caso... ¡Vamos a tener un problema con Hacienda!

2.2 Escribe las frases de la actividad anterior sustituyendo la perífrasis de gerundio como en el ejemplo.

1. *Hace un año que los sindicatos reclaman una mejora salarial, pero no han conseguido nada aún.*
2. ....
3. ....
4. ....
5. ....

2.3 **En parejas** Reformula las oraciones utilizando una perífrasis de participio como en el ejemplo.

Ejemplo: *¿Puedes poner otra cosa? Ya he visto muchas películas de este tipo.* › *¿Puedes poner otra cosa? Ya tengo muy vistas este tipo de películas.*

1. Ya he hecho las tortillas para el pícnic de mañana.

   ....

2. ¿Has pensado en hacer algo especial para tu cumpleaños?

   ....

3. He encerrado al perro en la cocina mientras pintaban el salón.

   ....

4. Andrés, ¿podemos ir a otro sitio? Estoy harta de venir siempre a este restaurante.

   ....

5. Voy fatal con el examen. He estudiado cuatro temas y solo tengo un día para estudiar los otros cuatro.

   ....

3 Construcciones pasivas e impersonales

En español, existen diferentes mecanismos para resaltar **el objeto de una acción** o **la acción** en sí misma, restándole importancia al **sujeto** que la realiza, ya sea porque este no es relevante, porque se desconoce o se da por conocido, o para generalizar.

- La **voz pasiva** se forma con los verbos *ser* o *estar* + **participo**. Este participio concuerda en género y número con el sujeto al que hace referencia.
  - La pasiva con ***ser*** se refiere a la **acción en sí misma** o al **proceso**. Si se menciona el sujeto de la oración activa, va introducido con la preposición ***por***:

    La policía liberó a los rehenes. › ***Los rehenes fueron liberados** (por la policía).*
  - La pasiva con ***estar*** se refiere al **resultado de la acción**:

    ***Los centros comerciales** ya **están abiertos**.*

    ***Las obras estarán terminadas** a finales de este mes.*
- Las **construcciones impersonales** son el procedimiento más común para poner el foco en la acción y diluir la presencia del sujeto. Son tres fundamentalmente:
  - **3.ª persona del plural**:

    ***Han reformado** la sala de redacción del periódico.*
  - *Se* + verbo en **3.ª persona del singular o plural** + **sustantivo**, la llamada *pasiva refleja*, que equivale a la pasiva con ***ser*** y que se usa con verbos transitivos, es decir, verbos que se construyen con objeto directo:

    *Ayer **se cometieron** varios **atracos** (=Ayer **fueron cometidos** varios **atracos**).*
  - *Se* + **3.ª persona del singular**:

    *Conoce los cinco países de Europa donde **se vive** mejor.*

RAE

GRAMÁTICA

Las oraciones pasivas de proceso (con el verbo *ser*) se utilizan menos en español que en otros idiomas. En la lengua oral solo aparecen en contextos formales o académicos. En la lengua escrita también tienen un carácter formal y se pueden encontrar en textos jurídicos, académicos y periodísticos:

*Una sanción de dicha naturaleza tendría que **ser fijada** en la Constitución, la cual tendría que **ser modificada**.*

*La lista de extranjeros, todos hombres jóvenes, **fue preparada** conjuntamente por el Departamento de Estado y el Servicio de Inmigración.*

3.1 **En parejas** Transforma en tu cuaderno las siguientes frases como en el ejemplo.

Ejemplo: *La compañía indemnizará a los agricultores afectados por el vertido.* › *Los agricultores afectados por el vertido serán indemnizados por la compañía.*

1. El huracán arrasó la ciudad.
2. A pesar de la polémica, el periódico publicará el artículo.
3. Este año Dani Rovira no presentará los Premios Goya.
4. Las Comunidades Autónomas abonarán las ayudas por la pandemia a partir de enero.
5. Los supermercados ya han retirado los helados contaminados con óxido de etileno.

3.2 **En parejas** Hay dos frases de las anteriores que no se pueden transformar usando una construcción impersonal, ¿cuáles son? Justifica tu respuesta.

3.3 **En parejas** Elimina el sujeto de los titulares de este boletín y reescríbelos en tu cuaderno utilizando alguno de los procedimientos que has visto en el cuadro de la página anterior. Puede haber más de una opción posible. Fíjate en el ejemplo.

BOLETÍN DIARIO

Buenos días. Estas son las noticias de hoy

La Aemet anuncia fuertes lluvias en el sur del país para este fin de semana

La oposición eleva el tono en el Parlamento por la reforma de las pensiones

A partir del próximo lunes, el Ayuntamiento multará a los usuarios de los patinetes que se salten las normas

BREVES

- El ministro de Economía prevé un aumento del PIB en los próximos meses
- La policía detiene en Ibiza al máximo responsable de la mafia calabresa en España

LO MÁS LEÍDO

Una filtración destapa el uso del *software* de espionaje Pegasus contra activistas y periodistas en todo el mundo

Lectura Un investigador descubre tres libros envenenados en una biblioteca de Dinamarca

Ejemplo: *~~La Aemet~~ anuncia fuertes lluvias en el sur del país para este fin de semana.* › *Se anuncian/ Anuncian fuertes lluvias en el sur del país para este fin de semana.*

Practica en contexto

1 **Todo el grupo** Fíjate en la imagen, ¿qué te sugiere? Para describirla, y como pista, utiliza estas palabras y expresiones: *bots, aplicación informática, inteligencia artificial, noticias falsas, verificación* y *difusión masiva*.

1.1 [20] Escucha este pódcast de Isabel Flores, profesora e investigadora del Departamento de Periodismo y Nuevos Medios de la Universidad Complutense de Madrid, y comprueba tu respuesta anterior.

1.2 [20] Vuelve a escuchar y decide si las siguientes afirmaciones son verdaderas o falsas.

1. Donald Trump, el expresidente de Estados Unidos, utilizó por primera vez el término *fake news* para declarar que todas las noticias que se publicaban eran falsas. .... V F
2. Isabel Flores afirma que el resultado del Brexit fue producto de una manipulación política a través de noticias falsas y bulos. .... V F
3. Las noticias falsas son exclusivas del ámbito político. .... V F
4. Los bulos se popularizaron en la Segunda Guerra Mundial y se han perfeccionado con la llegada de las nuevas tecnologías. .... V F
5. El uso de la inteligencia artificial es imprescindible para que los profesionales de la información puedan contrastar esta última. .... V F
6. The Trust Project comprueba que toda la información que sale publicada es cierta. .... V F

1.3 Lee lo que dicen estas personas sobre las noticias falsas. ¿Qué formas utilizan para evitar el uso de la primera persona? Subráyalas.

El problema de la información hoy en día es que uno no tiene tiempo suficiente para verificar o contrastar todo lo que le llega. De esta manera, cuando lees una noticia que te manda una persona que consideras fiable, te la crees y la compartes sin pararte a pensar si es falsa o no.

Para mí, el problema de las noticias falsas es que crees que eres capaz de detectarlas porque piensas que estás bien informado, pero en realidad no es así, y al final acabas compartiendo una noticia que resulta ser mentira y caes en la misma trampa que todos.

Cuando leemos noticias a través de las redes sociales, tendemos a pensar que son noticias poco fiables. El problema llega cuando nos encontramos con noticias que emplean datos o declaraciones reales y que imitan con precisión las noticias periodísticas. Es ahí cuando nos resulta más difícil determinar si la noticia es real o no.

1.4 **Todo el grupo** Lee la información del cuadro y comprueba tu respuesta anterior.

1.5 **Todo el grupo** ¿Qué mecanismos se usan en tu lengua para atenuar el papel del hablante? ¿Se parecen a los que se usan en español? Pon un ejemplo.

1.6 **Todo el grupo** ¿Qué piensas tú sobre las noticias falsas? ¿Crees que actualmente se puede ver alguna imagen en los medios que no esté retocada? ¿En qué campos informativos opinas que son más peligrosas las noticias falsas? Da tu opinión usando alguno de los procedimientos que has visto.

Recursos para atenuar el papel del hablante

- Uso de la 2.ª persona del singular con el fin de generalizar la experiencia incluyendo en ella al oyente y para salvaguardar la imagen del yo:
  Hay días en que lees una noticia alarmante y te preocupas, luego lees otra y otra más, y así hasta que un día te hartas de tanta información alarmista y dejas de informarte.
- Uso de la 3.ª persona del singular para despersonificar al hablante con formas como *uno/a, la gente, todo el mundo...*:
  ¿Cómo se diferencia lo que una quiere de lo que una cree que quiere?
- Uso de la 1.ª persona del plural para dar un valor universal a lo que se afirma:
  Cuando leemos noticias falsas, pensamos que son verdad porque nos las ha mandado una persona de confianza.

2 [21] ¿Sabes qué es VerificaRTVE? Escucha esta entrevista y contesta a las preguntas para conocer más sobre este servicio de Radio Televisión Española. ¿Existe algún servicio similar en tu país?

1. ¿Cuál es el objetivo de VerificaRTVE?
2. ¿Qué son los *titulares anzuelo*?
3. ¿Qué tipo de lenguaje se suele utilizar en los titulares de los bulos?
4. ¿VerificaRTVE desmiente solo los bulos?
5. ¿Cómo se debe desmentir la información falsa según el "sándwich de la verdad" de Lakoff?

2.1 [21] **En parejas** Vuelve a escuchar la entrevista y escribe los dos titulares que se mencionan. ¿Crees que son verdaderos o falsos? Habla con tu compañero/a y justifica tu respuesta.

1

2

2.2 [22] Escucha el final de la entrevista y comprueba tu respuesta anterior.

Pedir confirmación de una información

- ¿Es verdad/cierto que...?
- ¿Es verdad/cierto eso de/lo de...?
- ..., ¿no es cierto/así?
  ¿Es cierto lo de que Iñaki no ha venido porque le ha surgido un problema familiar grave?

Pedir confirmación indirectamente

- He oído que...
- Dicen/Se dice que...
- Me han dicho/contado/comentado que...
  Me han dicho que Sergio y Marta discutieron y ya no se hablan.

Dar información corrigiendo otra información previa

- **En respuesta a una pregunta**
  - No solo no..., sino que...
  - No, no es eso (exactamente/ precisamente), es que...
  - No es que..., lo que pasa es que...
    ▶ *¿Tú no crees que con la pandemia bajaron los precios? Yo hasta conseguí ahorrar...*
    ▷ *No es que bajaran los precios, lo que pasa es que gastamos menos.*
- **En respuesta a una pregunta o a un enunciado afirmativo**
  - *Creo que te equivocas/confundes* + nuevo enunciado
  - *¡En absoluto!* + nuevo enunciado
    ¡En absoluto! Iñaki está de vacaciones, por eso no ha venido hoy.
  - *No, no/ni* + enunciado previo, negado e intensificado con entonación enfática
    ¡No, ni discutieron ni se dejaron de hablar!
- **En respuesta a una pregunta o a un enunciado negativo**
  - *Claro que* + enunciado previo sin la negación:
    ▶ *No se va a seguir vacunando a más gente este año.*
    ▷ *¡Claro que se va a seguir vacunando a la gente!*

2.3 **En parejas** Lee los titulares que te damos y pregúntale a tu compañero/a por la veracidad de los mismos. Él/Ella te dará la información correcta. Sigue el ejemplo.

Ejemplo: ▶ *¿Es verdad que una mujer ha sido hospitalizada por una paliza que un chico le dio en el metro?*
▷ *No, no... Es cierto que discutieron, ¡pero ni le dio ninguna paliza ni está hospitalizada!*

Estudiante A

TITULAR 1
Una gran tormenta solar impactará sobre los sistemas de telecomunicaciones globales, lo que provocará un apagón general que afectará a todo el planeta

TITULAR 2

Una dermatóloga advierte: "Una excesiva exposición al sol puede reducir la eficacia de la vacuna de la COVID-19"

TITULAR 3

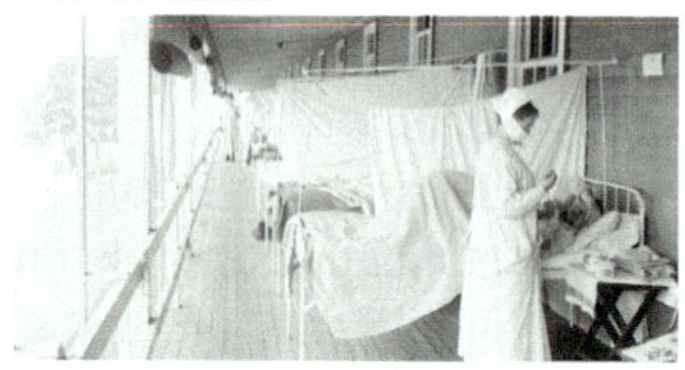

Los fallecidos que dejó la pandemia de gripe de 1918 se dieron solo entre las personas que habían sido vacunadas

Explicación titular 4: La fotografía no fue tomada en España, sino en Polonia, y ha sido difundida también fuera de contexto en otros países.

Explicación titular 5: Es una falsedad basada en un supuesto proyecto de 2014 que fue desmentido por el entonces alcalde de Barcelona y los propietarios de la plaza.

Explicación titular 6: 90 personas (entre ellas, algunos empleados de Marta Modes) pasaron la noche en el Centro Comercial Gran Plaza 2 de Madrid debido a la imposibilidad de volver a sus casas durante la tormenta Filomena.

Estudiante B

TITULAR 4

Una foto publicada en redes sociales demuestra que en los hospitales y centros de salud españoles dejaban los teléfonos descolgados para simular un colapso en la atención a los pacientes de la COVID-19

TITULAR 5

La alcaldesa de Barcelona promueve la transformación de la antigua Plaza de Toros Monumental de Barcelona en una mezquita

TITULAR 6

Trabajadores de Marta Modas duermen entre cartones en una tienda de Madrid porque no les permitieron cerrar antes pese al temporal

Explicación titular 1: El 3 de julio una tormenta solar sí impactó en el planeta y provocó un apagón momentáneo de ondas de radio, pero solo sobre el Atlántico.

Explicación titular 2: Una especialista recomienda evitar la radiación, pero no existen ni estudios ni ensayos clínicos que demuestren que la exposición al sol reduzca la eficacia de las vacunas contra la COVID-19.

Explicación titular 3: La vacuna contra el virus de la denominada *gripe española* no fue descubierta hasta los años cuarenta. Durante la pandemia de 1918 se administraron algunas vacunas frente a bacterias, pero no hay base científica para atribuirles efectos negativos.

3 **En grupos pequeños** Escribe un titular falso y otro verdadero. Después léelos en voz alta. Tus compañeros tienen que decir cuál es el falso y justificar su respuesta.

4 **Todo el grupo** Lee el texto sobre el papel de los boletines de noticias en el futuro del periodismo digital. ¿Pueden ser una herramienta eficaz para estar mejor informados?

El futuro de la información y los boletines de noticias o *newsletters*

Muchos medios y profesionales de diferentes sectores de la información se han adaptado rápidamente a las nuevas formas de comunicación a través de las redes sociales; pero los boletines informativos también son una de las tendencias que más atención están recibiendo como pieza clave en el desarrollo del futuro del periodismo digital.

El caos derivado de la situación sociopolítica mundial ha hecho que los usuarios estén más dispuestos que nunca a buscar y pagar por contenido de calidad, seleccionado y revisado por expertos y profesionales. Y es que, desde la pandemia, el número de lectores de boletines se ha duplicado. Con la industria de los medios tradicionales en crisis, los escritores independientes y las marcas están recurriendo a la creación de boletines para fidelizar a sus seguidores y atraer a otros nuevos.

Por otro lado, nuestro ritmo de vida actual hace que busquemos contenidos rápidos, fáciles de digerir e informativos. Los boletines llevan directamente a nuestra bandeja de entrada contenido seleccionado y concentrado en un mismo espacio. Encontrar a un equipo que seleccione los enlaces y las noticias que el usuario busca se ha convertido en una necesidad.

Los periodistas, a su vez, pueden hacer uso de su creatividad y elaborar piezas que destaquen por su singularidad. Los diferentes enfoques y maneras de tratar la información permiten la proliferación de una amplia cartera de boletines que atraen a públicos con distintos intereses y pasiones.

Adaptado de http://gaeapeople.com/marketing-estrategia/el-futuro-de-la-informacion-y-las-newsletters/

4.1 **En grupos pequeños** Elegid un periódico de un país de habla hispana y seleccionad las noticias que creáis que deberían formar parte de su boletín informativo diario. Después presentádselo al resto de la clase justificando vuestra selección de noticias.

LOS PÓDCAST en español de Estados Unidos

1 **Todo el grupo** Comenta con tus compañeros las siguientes cuestiones sobre los pódcast en español que se pueden escuchar en Estados Unidos.

- ¿Crees que el número de pódcast en español tiene posibilidades de crecer en Estados Unidos? ¿Por qué?
- ¿Cuáles crees que son los motivos por los que la comunidad hispana de Estados Unidos podría escuchar un pódcast en español?
- ¿Crees que el interés por los pódcast en español se limita a la comunidad hispana nacida fuera de Estados Unidos o también podría ser interesante para otras generaciones?
- ¿Piensas que los pódcast en español lograrán la misma audiencia que los pódcast en inglés?

1.1 **Todo el grupo** Los últimos estudios realizados por el *Latino Podcast Listener Report* demuestran que el número de oyentes latinos de pódcast en español en Estados Unidos está aumentando. Observa los gráficos que te va a mostrar tu profesor/a y comprueba tus hipótesis anteriores. ¿Te sorprende algún dato? ¿Por qué?

Para seguir investigando:

- https://radioambulante.org/
- https://cnnespanol.cnn.com/
- https://www.washingtonpost.com/es/el-washington-post-podcast/
- https://elhilo.audio
- https://lasraraspodcast.com
- https://relatonacional.com

2 Lee el siguiente texto sobre *Radio Ambulante* para saber más acerca de este pódcast y sus fundadores.

Radio Ambulante: un pódcast narrativo que cuenta las historias de Latinoamérica en español

Más de 40 millones de personas hablan castellano en Estados Unidos y muchas de ellas han recuperado el contacto con su cultura de origen, la latina, a través de los pódcast. "El perfil de nuestros oyentes es muy diverso, intentamos reflejarlo contando historias desde muchos lugares. Nos contacta gente emocionada porque les hemos recordado su tierra", explica Jorge Carballo, editor de audiencias en *Radio ambulante*, el primer pódcast en español de NPR[1], la red de radio pública estadounidense.

En su archivo hay relatos que registran la realidad de todos los países de América Latina. Son historias dramáticas, esperanzadoras o de denuncia, todas con dos puntos en común: la sorpresa del guion y la calidad literaria del relato. Sus episodios sobre los cuerpos de personas sin identificar que aparecen en los ríos de Colombia tras ser asesinadas y el drama del exilio contado por una familia de Chile les han reportado premios como el Third Coast Award, el más prestigioso en la industria de la radio.

El proyecto nació en 2011 y desde entonces ha lanzado más de 80 capítulos. El proceso de edición es tan riguroso que a veces se prolonga hasta un año para la publicación de una sola historia.

En 2016 *Radio ambulante* registró dos millones de descargas y este año prevé duplicar esa cifra. Buscan historias personales que reflejen un problema universal, "rompiendo estigmas y pervirtiendo las narrativas oficiales", cree Hinojosa, productora ejecutiva del pódcast *Latino USA* de NPR, otro de los programas más populares entre la comunidad latina en Estados Unidos, en este caso en inglés. Comparten este objetivo otros pódcast pioneros en español como *Las Raras*, *Mejor vete, Cristina* y *Relato nacional*.

Las audiencias de estos pódcast van más allá de Estados Unidos; este formato ya es popular en México, Colombia, Perú o Argentina, y empieza a abrirse paso en España, donde los migrantes latinoamericanos han conectado con estas historias que les cuentan (con su acento de origen) qué está pasando en su país.

[1] La National Public Radio12 (NPR) es el servicio de radiodifusión pública de Estados Unidos, una organización nacional sin fines de lucro que produce programas para una red nacional de más de mil estaciones de radio en los cincuenta estados y el distrito de Columbia.

Adaptado de https://www.elmundo.es/television/2017/12/24/5a3e51e4468aeba4508b459e.html

2.1 **Todo el grupo** ¿Te parece una iniciativa interesante? ¿Por qué? ¿Existe en tu lengua algún pódcast dirigido a la población que vive en el extranjero?

3 **Todo el grupo** ¿Y tú? ¿Escuchas algún pódcast en una lengua diferente a la tuya? ¿En cuál? ¿Por qué lo haces? ¿Qué temas te interesan más?

Vídeo

REPORTAJES La política y las redes sociales

Antes del vídeo

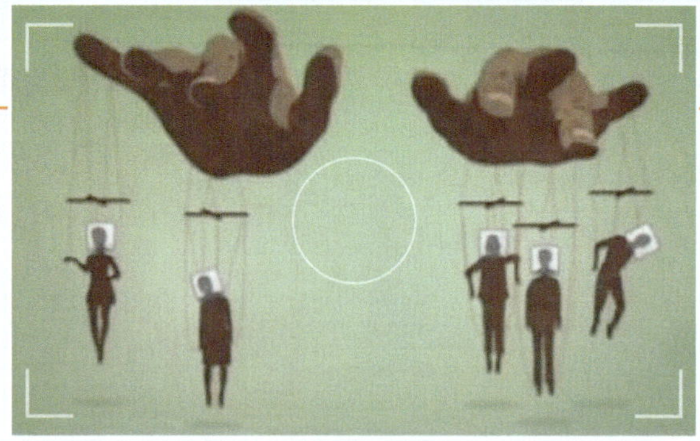

1 **Todo el grupo** ¿Qué te sugiere esta imagen extraída del reportaje que vas a ver? ¿Y si la relacionas con el título? ¿Es positiva o negativa?

Durante el vídeo

2 Visiona la introducción que hacen los presentadores de UniRíoTv (fragmento 00:00 ▶ 01:06). ¿Cuál es el tema de la entrevista? ¿Cuál es la especialidad de los invitados?

Tema:			
Gerardo Gastaldi:		Manuela Barberá:	

2.1 En la presentación, la periodista utiliza la palabra *rubro*. ¿Qué crees que significa en este contexto? Vuelve a ver el fragmento y selecciona la opción correcta.

1. ☐ rótulo
2. ☐ tema
3. ☐ cargo

3 **En parejas** Visiona el fragmento 01:06 ▶ 02:23 y contesta a las preguntas. Luego compara con tu compañero/a.

1. Según la especialista en *Marketing* Político, ¿cómo utiliza la política las redes sociales?
2. En la entrevista, Manuela Barberá menciona a dos políticos cuyo éxito en sus respectivas campañas electorales se debió al uso de las redes sociales. ¿Quiénes son?
3. ¿Cuándo se empezó a utilizar el término *fake news*?

3.1 En la entrevista, Manuela Barberá utiliza la palabra *bronca*. ¿Qué crees que significa en este contexto? Vuelve a ver el fragmento y selecciona la opción correcta.

1. ☐ disputa
2. ☐ dificultad
3. ☐ enojo, enfado

4 Lee las siguientes afirmaciones y después visiona el fragmento 02:23 ▶ 05:01 para relacionarlas con quien las dice.

MANUELA

GERARDO

	MANUELA	GERARDO
1. La política combina el uso de los medios tradicionales con el uso de las redes sociales, ya que estas últimas permiten transmitir la información más rápido y con mayor efectividad.	☐	☐
2. Los usuarios contribuyen a viralizar contenidos políticos.	☐	☐
3. Las noticias falsas han existido siempre, pero las redes sociales hacen que lleguen a más gente en menos tiempo.	☐	☐
4. Las noticias falsas no se comprueban con la misma velocidad a la que se difunden.	☐	☐
5. La mayoría de los jóvenes se informan sobre la política a través de las redes sociales.	☐	☐
6. La mayoría de las personas se informan a través de los teléfonos celulares.	☐	☐
7. Es erróneo pensar que la política no llega a los usuarios a través de las redes sociales.	☐	☐

5 Ahora visiona el fragmento 05:01 ▶ 05:31. Según Manuela Barberá, ¿a quién debemos culpar de la difusión de noticias falsas?

....

....

5.1 Visiona el fragmento 05:31 ▶ 06:05 y completa las recomendaciones que da la especialista para evitar difundir noticias falsas.

1. Buscar .... y leer más allá del ....
2. Verificar que el medio de comunicación es ....
3. Revisar que el autor .... y buscar .... de esa nota.

5.2 Visiona el fragmento 06:06 ▶ 06:29 y completa la información que da Manuela Barberá sobre Chequeado, el medio de verificación de noticias falsas argentino.

"En Argentina está el medio Chequeado, que chequea, sobre todo en cuestiones políticas, chequea .... Los más importantes son en vivo y los más secundarios tardan .... y chequean ...., ... que se dan".

6 Visiona el fragmento 06:29 ▶ final y di si las afirmaciones son verdaderas o falsas.

1. La libertad de expresión en internet dificulta la regulación de contenidos falsos en la red. .... V F
2. Muchos Estados de derecho cuentan ya con entes reguladores que impiden la creación de noticias y perfiles falsos. .... V F
3. Regular la difusión de contenidos falsos es difícil porque cuesta identificar al culpable. .... V F

Después del vídeo

7 **En grupos pequeños** Entra en la web de Chequeado (https://chequeado.com/) y mira la sección *#FalsoEnLasRedes*. ¿Cuáles son los temas que contienen más noticias falsas o engañosas en las redes argentinas? Coméntalo con tus compañeros.

8 **Todo el grupo** Comenta con tus compañeros las siguientes cuestiones.

1. Cuando hay elecciones en tu país, ¿te informas a través de las redes sociales? ¿Por qué?
2. ¿Crees que las noticias falsas pueden influir en el resultado de unas elecciones? ¿Conoces algún ejemplo?
3. ¿Utilizan los políticos de tu país las redes sociales para llegar a sus votantes? En caso afirmativo, ¿qué redes sociales suelen utilizar?

Evaluación

1

Completa las frases con las siguientes palabras. Haz los cambios que sean necesarios.

libertad de prensa | pódcast | enviado/a especial | emplazamiento publicitario | artículo de opinión | boletín informativo

1. Yo estoy suscrita a varios ...., así no pierdo tiempo buscando noticias.
2. A mí lo que más me gusta de los periódicos son .... Las noticias me aburren.
3. Me encantan los libros de Ryszard Kapuściński... ¿Sabías que fue él quien cubrió el conflicto de Luanda como .... de la Agencia Polaca de Prensa?
4. El Instituto Internacional de Prensa analizará en su próxima asamblea el estado de .... en algunos países del mundo.
5. Odio .... durante las películas, siempre cortan en el momento más interesante y se pierde el hilo...
6. Antes escuchaba la radio todo el día, pero desde que me han cambiado los horarios, escucho .... de mis programas favoritos cuando tengo tiempo.

2

Sustituye en tu cuaderno las partes resaltadas de las frases por alguna de las perífrasis de infinitivo que has estudiado en la unidad.

1. ▶ ¿Qué te han dicho los de la compañía de seguros del accidente?
   ▷ Al final no di ningún parte porque **no chocamos**.
2. ▶ ¿Sigue la gatita abandonada en tu casa?
   ▷ Sí. Parece que nadie la quiere adoptar. **Al final me la quedaré** yo, ya verás.
3. ▶ Ya me han contado lo del carterista en el metro... ¡Menos mal que te diste cuenta!
   ▷ Sí... Pero no lo cogieron porque, en cuanto paró el tren, **salió corriendo**.
4. ▶ ¡Hombre, Julia, cuánto tiempo!
   ▷ Perdona, **creo que me has confundido** con otra persona.
5. ▶ ¿Qué te han dicho de las vacaciones?
   ▷ Pues **me han dicho más o menos** que en agosto no podré irme. Tendrá que ser en septiembre...

3

Completa con las perífrasis de participio que has visto en la unidad.

1. ▶ ¿Apago la tele o la .... (encender)?
   ▷ Apágala, apágala. No voy a ver nada.
2. ▶ ¡Qué frío hace en esta casa!
   ▷ Sí, es que .... (abrir) las ventanas toda la mañana porque han venido a pintar.
3. ▶ Tu hermana y su marido vienen de visita este fin de semana, ¿no?
   ▷ Sí, y todavía no .... (pensar) ningún plan para hacer con ellos. ¿Se te ocurre alguno?
4. ▶ ¿Has elegido ya el artículo para la portada de mañana?
   ▷ .... (Leer) tres, pero no me convence ninguno... Voy a leer un par más, a ver por cuál me decido.
5. Cuando te vayas, ... (cerrar) las puertas para que el perro no entre en los dormitorios.

4 Completa libremente las siguientes frases.

1. En su último viaje, Paloma e Inés acabaron durmiendo en un parque porque ....
....
2. Después de haber estado criticando su proyecto durante semanas, Juan Carlos terminó disculpándose porque ....
3. Eché a correr porque ....
4. .... y me puse a llorar.
5. Hace tiempo que vengo pensando en ....
6. Mis padres han venido a decirme que este año ....

5 Transforma las siguientes noticias utilizando la voz pasiva.

1. La Guardia Civil detiene a cuatro personas por la agresión a un joven de Caspe.
....
2. Los servicios de Protección Civil evacuaron a los vecinos de Azuébar (Castellón) durante la madrugada.
....
3. Los equipos sanitarios atendieron la noche del martes a siete personas que trabajaban en las labores de extinción del incendio.
....
4. Un grupo de vecinos de Aranjuez descubre varios restos arqueológicos de gran importancia.
....

6 Resume cada diálogo transformándolo en un titular de noticia. Utiliza para ello las construcciones pasivas e impersonales que has visto en la unidad.

1. ▶ ¿Has leído lo del músico callejero de Granada?
   ▷ No. ¿Qué ha pasado?
   ▶ Pues parece ser que lo detuvieron porque no tenía una autorización del Ayuntamiento para tocar en la calle.
2. ▶ ¿Es cierto lo del señor que compraba caramelos y los metía en cajas para venderlos como medicamentos milagrosos?
   ▷ Sí, lo he oído esta mañana. Al parecer lo han detenido.
3. ▶ Oye, ¿es verdad eso de que han descubierto un castillo enterrado en Turquía?
   ▷ Sí, sí, es verdad. Dicen que tiene 2800 años de antigüedad.

Titular 1: ....
Titular 2: ....
Titular 3: ....

7 Expresa tu opinión sobre los contenidos de esta unidad atenuando tu papel como hablante con alguno de los recursos que has aprendido.

Ejemplo: *Si quieres expresarte con total corrección, te resultará muy útil saber cuáles son las alternativas en español a ciertos anglicismos.*

....
....
....
....

Unidad

7

¿Piensas que la idea que representa la imagen principal es ya una utopía? Justifica tu respuesta.

Indica qué elementos relacionados con el medioambiente y la sostenibilidad representan los símbolos que aparecen en la imagen.

Fíjate en el resto de las imágenes; ¿te parecen acciones respetuosas con el medioambiente? ¿Qué se debería hacer en cada caso?

Planeta (in)sostenible

En esta unidad vas a…

- Hablar de problemas medioambientales y de sostenibilidad
- Expresar condiciones en presente, pasado y futuro
- Invitar a formular una hipótesis
- Hacer una presentación sobre un tema relacionado con la ecología
- Conocer el ecoturismo en Perú

¿Qué sabes?

1 **En parejas** ¿Sabes qué es un *ecocidio*? Escribe una definición con tu compañero/a.

1.1 **Todo el grupo** Relaciona los siguientes daños al medioambiente con las actividades que los provocan.

1. La **degradación de los océanos**
2. La **contaminación del agua y del suelo**
3. La **deforestación**
4. La **polución del aire**

provocada por...

a. las emisiones de las grandes industrias, los desastres nucleares, los escapes radiactivos o las pruebas nucleares.
b. los vertidos químicos, las actividades relacionadas con la minería o la fractura hidráulica *(fracking)*.
c. la sobrepesca industrial, la pesca de arrastre, los vertidos de petróleo, la contaminación con plásticos o la minería en el fondo del mar.
d. la ganadería y la agricultura intensivas, los incendios intencionados o la extracción minera.

2 **En parejas** Estos son algunos ecocidios tristemente famosos. ¿Con qué tipo de daño de la actividad anterior relacionarías cada uno de ellos? Justifica tu respuesta.

La desaparición del mar de Aral

Ubicado en Asia Central, el mar de Aral era en 1960 el cuarto lago más grande del mundo, pero en la actualidad apenas conserva el 20 % de su agua. Cuando pertenecía a la antigua Unión Soviética, los ingenieros desviaron los ríos que lo alimentaban para regar las estepas y crear enormes campos de cultivo. Su desecación ha provocado no solo una catástrofe medioambiental, sino también una crisis social, al acabar con la industria pesquera de las ciudades que lo circundaban.

Un continente de plástico en el Pacífico

Una enorme isla de plástico del tamaño de Irán flota en el Pacífico norte. Descrita por primera vez en 1987, cada año aumenta debido al mal uso que hacemos de los plásticos que empleamos en la industria, la agricultura y en nuestros hogares. El plástico, además de afectar a la flora y a la fauna (miles de animales como tortugas, ballenas y peces mueren por su ingesta o porque quedan atrapados en él), llega al ser humano a través de la cadena alimentaria, con las consecuencias que esto puede causar en la salud.

Explotación de arenas bituminosas en Canadá

Las arenas bituminosas de Athabasca, en la provincia de Alberta (Canadá), son el depósito de bitumen más grande del mundo. Para extraer este tipo de petróleo es necesario excavar extensas minas a cielo abierto y también se requieren grandes cantidades de agua y de energía para separar el crudo de la arena. Su explotación comenzó en 1967, por lo que ha generado cuantiosos ingresos a Canadá, pero también ha ocasionado muchos daños medioambientales como la destrucción del bosque boreal (hábitat natural de alces, caribús, corzos, bisontes, osos o lobos), la contaminación de las aguas de los ríos con metales pesados y la liberación a la atmósfera de grandes cantidades de CO_2.

El accidente nuclear en Chernóbil

Una parte de la central nuclear de Chernóbil (Ucrania) se incendió en 1986. Un cúmulo de errores provocó la expulsión a la atmósfera de una cantidad de material radiactivo muy superior al que generaron las bombas de Hiroshima y Nagasaki. Esa nube radioactiva se expandió por todo el noroeste de Europa, principalmente sobre la región del Báltico y Bielorrusia. Actualmente toda la zona en 30 kilómetros a la redonda está contaminada y se prevé que no podrá volver a ser habitada en 10 000 años.

Aunque hoy en día sigue habiendo controversia en cuanto al número de víctimas, se calcula que más de 4000 personas murieron de cáncer a causa de la radiación sufrida.

La contaminación del delta del Níger

El delta del río Níger, de 70 000 km^2 y situado al sur de Nigeria, es la región productora de petróleo más extensa de África.

Hoy en día es una de las zonas más contaminadas del mundo debido a los vertidos de fuel que se producen. Cincuenta años de extracción de petróleo sin apenas supervisión medioambiental han provocado un desastre ecológico mayúsculo, con aproximadamente 7000 derrames de petróleo registrados que han afectado a la fauna y flora de pantanos, estuarios y manglares; además de a los más de 40 grupos étnicos que habitan el lugar.

Se calcula que limpiar y recuperar esta zona podría llevar más de 30 años de trabajo ininterrumpido.

La destrucción de la Amazonia

La mayor región tropical del mundo ha perdido casi un 20 % de su bosque en las últimas décadas. Las principales causas son la instalación sin control de explotaciones ganaderas o mineras, la creación de campos de cultivo y la obtención indiscriminada de madera. La degradación de la Amazonia afecta directamente a su biodiversidad (la mayor del planeta, ya que alberga una de cada diez especies de las que lo habitan), hace desaparecer pueblos indígenas y repercute en el aumento de la temperatura de la Tierra.

RAE

ORTOGRAFÍA

Tanto la forma Amazonia como Amazonía son correctas, aunque la primera es la más usada. La segunda se utiliza más frecuentemente en zonas como Perú, Colombia, Ecuador o Venezuela:

*La **Amazonía** y las zonas selváticas del mundo son los reservorios de la mayor diversidad biológica del planeta.*

Adaptado de https://uploads.knightlab.com/storymapjs/d6ab6964307108e39973c8cec15fea37/ecocidios/index.html

2.1 **Todo el grupo** ¿Qué otros desastres medioambientales conoces que, según tu opinión, podrían considerarse ecocidios?

2.2 **Todo el grupo** ¿Qué piensas sobre los crímenes cometidos contra el planeta? ¿Estás de acuerdo con la idea de tratarlos como si fueran crímenes contra la humanidad? ¿Qué penas crees que se deberían aplicar?

Palabras

1 **Todo el grupo** ¿Has oído hablar de la Agenda 2030 para el Desarrollo Sostenible? Investiga con tu compañero/a sobre este tema y, con la información obtenida, haced una puesta en común con toda la clase.

1.1 **En parejas** Observa los 17 Objetivos de Desarrollo Sostenible (ODS) incluidos en la Agenda 2030 y relaciónalos con las categorías que están debajo. Justifica tu respuesta.

RAE **ORTOGRAFÍA**

Tanto *medioambiente* como *medio ambiente* son dos opciones válidas a la hora de escribir este término. La *Ortografía de la lengua española*, sin embargo, recomienda el uso de la grafía simple, ya que las palabras que se unen a otras y pierden su acento tienden a escribirse unidas. No obstante, el CORPES XXI arroja las siguiente cifras de uso (n.º de casos/n.º de documentos):

medioambiente › 1106/748
medio ambiente › 10 596/5621

Sostenibilidad ambiental	Sostenibilidad social	Sostenibilidad económica
Asumir que la naturaleza no es una fuente inagotable de recursos, siendo necesarios su uso racional y su protección.	Promover el desarrollo social a través de la cohesión entre comunidades y culturas para alcanzar niveles satisfactorios en la calidad de vida, la sanidad y la educación.	Propiciar un crecimiento económico que genere riqueza equitativa para todos sin dañar el medioambiente.
		1,

1.2 **En parejas** Estos son algunos datos relacionados con los ODS. Léelos y complétalos con las palabras del recuadro.

carbón | contenedores | consumo de energía | efecto invernadero | de bajo consumo
fertilidad | madera | recursos naturales | aumento de la temperatura | cosecha | sobrepesca
degradación | saneamiento | emisiones de carbono | infraestructuras básicas

1. Si todas las personas utilizaran bombillas ...., se ahorrarían 120 000 millones de dólares al año.
2. Si se adoptan medidas tecnológicas y cambios en el comportamiento, aún es posible limitar el .... media mundial a 1.5 grados centígrados.

3. La energía es el factor que más contribuye al cambio climático y representa un 60 % de todas las emisiones mundiales de gases de ....
4. Cada año, un tercio de los alimentos termina pudriéndose en los .... o se estropea debido a las malas prácticas del transporte y la ....
5. Si la población mundial alcanzara los 9600 millones en 2050, se necesitarían tres planetas para proporcionar los .... necesarios para mantener el estilo de vida actual.
6. 3000 millones de personas dependen de la ...., del .... mineral o vegetal, así como de los desechos de origen animal para cocinar y calentar la comida.
7. La degradación de la tierra, la disminución de la .... del suelo, el uso insostenible del agua, la .... y la .... del medio marino están disminuyendo los recursos naturales para suministrar alimentos.
8. Las ...., como las carreteras, las tecnologías de la información y la comunicación, el ...., la energía eléctrica y el agua, siguen siendo escasos en muchos países en desarrollo.
9. Las ciudades ocupan solo el 3 % de la superficie de la Tierra, pero representan entre el 60 % y el 80 % del .... y el 75 % de las ....

1.3 **En grupos pequeños** ¿Con cuáles de estos objetivos de la Agenda 2030 relacionas los datos de la actividad anterior?

Objetivo 7: .... Objetivo 11: .... Objetivo 13: ....

Objetivo 9: .... Objetivo 12: ....

2 [23] **En parejas** Escucha las prácticas adoptadas por dos cadenas de supermercados para cumplir con los ODS y marca cuál de estas cadenas, 1, 2 o ambas (A), cumple con los siguientes compromisos del comercio con la Agenda 2030. Luego compara con tu compañero/a y justifica tu respuesta.

1. Apoyar a los proveedores locales mediante la venta de productos de proximidad. ... 1 2 A
2. Promover la investigación y el desarrollo (I+D) en su actividad comercial. ... 1 2 A
3. Reducir el impacto medioambiental derivado de la distribución de mercancías en entornos urbanos. ... 1 2 A
4. Reducir el consumo de recipientes y embalajes de plástico. ... 1 2 A
5. Luchar contra el desperdicio alimentario. ... 1 2 A
6. Promover entre los consumidores la economía circular. ... 1 2 A
7. Reducir las emisiones de carbono. ... 1 2 A

2.1 **En grupos pequeños** ¿Qué otras prácticas podrían adoptar estas empresas para cumplir con estos otros compromisos del sector del comercio con la Agenda 2030?

Dar apoyo a iniciativas sociales.

Luchar contra el desempleo juvenil y fomentar la formación profesional.

Fomentar la igualdad salarial y adoptar medidas para conciliar la vida laboral y la familiar.

Gramática

1 Oraciones condicionales reales en presente y en futuro (repaso)

- Recuerda que las **oraciones condicionales** establecen una relación de dependencia entre dos acciones: el cumplimiento de una depende del cumplimiento de la otra. El **nexo condicional** más usado es la conjunción *si*. Estas oraciones adquieren diferentes valores según los tiempos verbales que empleen.
- Las oraciones condicionales **reales** expresan condiciones **posibles** en el presente o futuro y tienen la siguiente estructura:

  Si **+ presente de indicativo + futuro simple/presente de indicativo/imperativo**

  Si *me* ***dan*** *la beca, el año que viene* ***me iré*** *de Erasmus a Italia.*

  Si salgo *pronto del trabajo,* ***te ayudo*** *con la mudanza.*

  Si necesitas *dinero para el viaje,* ***dímelo****.*

  – La construcción con futuro simple es **neutra** y muy frecuente en español. La construcción con presente añade un matiz de **inmediatez** que no tiene con el futuro. Por último, el imperativo presupone la **implicación** del oyente en la condición.

Fíjate:

- En estas oraciones, la acción de la condición (en presente de indicativo) es futura y la acción de la consecuencia (en futuro, presente de indicativo o imperativo), si se produce, es posterior a la primera.
- Algunas veces, las oraciones con presente de indicativo añaden un sentido habitual a la acción. En este caso, ***si*** es equivalente a ***cuando***:

  Si *termino pronto de hacer los deberes,* ***salgo*** *un rato con mis amigos.*
- *Si* es incompatible con el presente de subjuntivo, el futuro y el condicional:

  *Si hace mal tiempo, no iremos de excursión./*Si ~~haga/hará/haría~~ mal tiempo, no iremos de excursión.*

RAE

GRAMÁTICA

La estructura *como* + presente de subjuntivo expresa una condición que implica una amenaza, advertencia o temor:

Como cierre *tan solo por tus ideas disparatadas, me vas a pagar un mes entero de sueldo.*

*¡****Como sigamos*** *con estas meriendas, no voy a poder entrar en el coche!*

Nos lleva mucha ventaja, Ramiro, y ***como echemos a correr*** *monte abajo, igual nos matamos.*

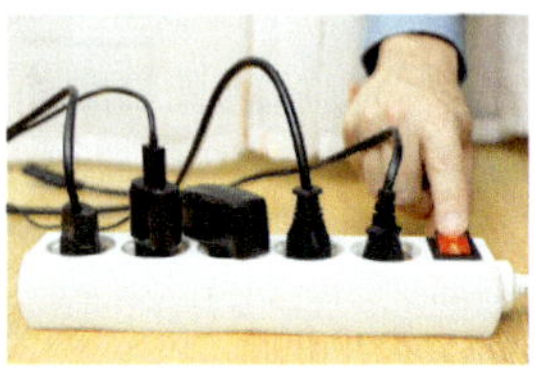

1.1 **En parejas** Lee estos consejos para salvar el planeta y completa las frases con el verbo adecuado en el tiempo correcto. ¿Cuáles de estos hábitos tienes? ¿Cuáles no? ¿Cuáles crees que podrás cambiar si...? Coméntalo con tu compañero/a.

1. Si desconectas por completo los electrodomésticos de tu casa cuando no los estés utilizando, ... muchísima electricidad.
2. Si .... una publicación en las redes sociales sobre el cambio climático, compártela para que otras personas también la vean.
3. Para llenar la bañera se necesitan más litros de agua que para darse una ducha de cinco o diez minutos. Si la ducha es corta, ... menos agua.
4. Si no .... agua caliente para lavar y .... que la ropa se seque de forma natural, ahorrarás energía.
5. Si compras productos locales, ... a los negocios de la zona y .... a que los camiones no recorran largas distancias y gasten mucho combustible.
6. Si bajas el termostato y .... alfombras en casa, ... mucho mejor el calor en el interior y .... menos energía.
7. Si .... lavavajillas, no enjuagues los platos antes de meterlos en la máquina, así evitarás un consumo innecesario de agua.
8. Si vas a cocinar algo en el horno, no lo .... antes. Mete la comida al mismo tiempo que lo enciendes.

2 Oraciones condicionales irreales en presente y en futuro

- Las oraciones condicionales **irreales** expresan condiciones en el presente o en el futuro que el hablante ve **difíciles de cumplir**, que tienen **pocas posibilidades de suceder** o que son **imposibles** por ser situaciones imaginarias. Tienen la siguiente estructura:

  Si + **pretérito imperfecto de subjuntivo** + **condicional simple**

  Si *todos los vehículos* ***fueran*** *eléctricos, habría menos emisiones de* CO_2.

  Si *me* ***tocara*** *la lotería,* ***daría*** *la vuelta al mundo.*

  Si pudiéramos *cambiar el pasado,* ***trataríamos*** *de evitar los ecocidios cometidos.*

  – Que una condición sea difícil de cumplir, con pocas posibilidades de suceder o imposible solo es interpretable por el contexto de la oración; no se puede deducir de su estructura.

> Fíjate:
> En el lenguaje coloquial, es frecuente utilizar el **pretérito imperfecto de indicativo** en lugar del condicional. Es un uso muy expresivo de este tiempo verbal que nos coloca mentalmente en esa situación hipotética o imaginaria:
> *Si fuera posible,* ***me iba*** *de vacaciones un mes entero, ¡estoy supercansada!*

- Otra estructura que expresa este tipo de condición irreal es *de* + **infinitivo** + **condicional simple**:

  De salir *pronto,* ***iría*** *a la manifestación contra el cambio climático.*

2.1 Completa libremente las siguientes oraciones condicionales.

1. Si no se desperdiciara la comida, ...
2. ...., utilizaríamos más los coches eléctricos.
3. Si consumiéramos solo productos de proximidad, ...
4. ...., generaríamos menos basura.
5. Si consumiéramos menos carne, ...
6. De pagar más impuestos por usar combustibles fósiles, ...
7. ...., habría menos microplásticos en los océanos.

2.2 **En grupos pequeños** Piensa en las situaciones que te proponemos y haz hipótesis sobre las consecuencias que tendrían en el planeta.

¿Qué pasaría si todo el hielo del planeta se derritiera?	¿Qué pasaría si empezara a agotarse el agua de la Tierra?

2.3 [24] Escucha y toma notas. ¿Coinciden tus predicciones con las del audio?

Si todo el hielo del planeta se derritiera,...	Si empezara a agotarse el agua de la Tierra,...

2.4 **Todo el grupo** ¿Qué harías tú si se produjese una situación semejante a las descritas en el audio?

RAE

GRAMÁTICA

Según indica la *Nueva gramática de la lengua española* (§ 47.8o), en la lengua hablada y coloquial es frecuente usar la estructura *si* + presente de indicativo + presente de indicativo con carácter **irreal**:

*¡Devuelvan la plata!, truena un vozarrón delante de la entrada, **si lo sé**, no **vengo**.* (= si lo hubiera sabido, no habría venido)

3 Oraciones condicionales irreales en pasado

- Para hablar de condiciones **irreales**, que son imposibles porque **no se cumplieron en el pasado**, y cuyas consecuencias se refieren también al **pasado**, se usa esta estructura:

  Si + **pretérito pluscuamperfecto de subjuntivo** + **condicional compuesto/pretérito pluscuamperfecto de subjuntivo**

  ***Si se hubieran tomado** todas las medidas de precaución en la central nuclear, no **se habría/hubiera producido** ninguna fuga.* (No se tomaron las medidas y se produjo la fuga).

Fíjate:

- Como otros tiempos compuestos que ya conoces, el **pretérito pluscuamperfecto de subjuntivo** se forma con el verbo *haber* en **pretérito imperfecto de subjuntivo** y el **participio** del verbo principal: *hubiera/hubiese salido, hubieras/hubieses venido, hubiera/hubiese hecho, hubiéramos/hubiésemos dicho, hubierais/hubieseis escrito, hubieran/hubiesen abierto.*
- El **condicional compuesto**, a su vez, se forma con el verbo *haber* en **condicional simple** y el **participio** del verbo principal: *habría cubierto, habrías estado, habría puesto, habríamos trabajado, habríais vuelto, habrían roto.*

- Para hablar de condiciones **irreales**, que son imposibles porque **no se cumplieron en el pasado**, y cuyas consecuencias se refieren al **presente** o al **futuro**, se usa:

  Si + **pretérito pluscuamperfecto de subjuntivo** + **condicional simple**

  ***Si se hubieran talado** menos árboles, ahora no **estaría** en peligro la Amazonia.*

- La estructura *de* + **infinitivo compuesto** (formado por el verbo *haber* en **infinitivo** y el **participio** del verbo principal) expresa siempre una condición **irreal**:

  ***De haber sabido** que secando la ropa al aire se contribuye a la mejora del medioambiente, nunca habría usado la secadora.*

3.1 **En parejas** Completa las frases utilizando el condicional simple o el condicional compuesto/pluscuamperfecto de subjuntivo según convenga.

Imagen satélite del mar de Aral

Si el mar de Aral no se hubiera secado,...

1. hoy .... (seguir) siendo uno de los cuatro lagos más grandes del mundo.
2. no .... (desaparecer) casi en su totalidad.
3. ahora .... (tener) más de un 20 % de agua.
4. no .... (producirse) una catástrofe medioambiental.
5. las ciudades que lo circundan todavía .... (vivir) de la pesca.
6. no .... (producirse) una crisis social.

Imagen satélite del delta del Níger

Si no se hubiera extraído petróleo sin supervisión durante 50 años en el delta del Níger,...

7. hoy no .... (ser) una de las zonas más contaminadas del mundo debido a los vertidos de fuel.
8. no .... (registrarse) miles de derrames de petróleo en la zona.
9. los vertidos no .... (afectar) a la fauna y flora de los pantanos, los estuarios y los manglares.
10. ahora no .... (necesitar) invertir más de 30 años en limpiarlo y recuperarlo.

3.2 **En grupos pequeños** Vuelve a leer los textos de la actividad 2 del apartado "¿Qué sabes?" y comenta con tus compañeros las siguientes cuestiones.

1. ¿Cómo sería ahora la situación medioambiental mundial si no se hubiera deforestado la Amazonia?
2. De no haber ocurrido el accidente en la central nuclear de Chernóbil, ¿cómo estaría ahora la zona?
3. ¿Qué habría pasado si no se hubieran descubierto nunca las minas de bitumen de Athabasca?

3.3 Piensa en tu pasado y en las decisiones que tomaste con respecto a algunos aspectos cruciales de tu vida. Escribe en tu cuaderno un texto de entre 100-150 palabras en el que expreses qué crees que habría pasado si no hubieras tomado algunas de esas decisiones.

4 Locuciones conjuntivas para expresar condición

- Cuando expresamos una condición que presentamos como **imprescindible** para que se produzca un determinado hecho, se usan las locuciones conjuntivas ***siempre que/siempre y cuando/con tal de que/a condición de que*** + **subjuntivo**:

  *Te dejo el coche **siempre que** me lo **devuelvas** antes de las nueve de la noche.*

  – Las locuciones ***con tal de*** y ***a condición de*** se construyen con **infinitivo** si el sujeto de la oración principal es el mismo que el de la oración subordinada:

  *Ese partido hará cualquier cosa **con tal de seguir** en el poder.*

  *El testigo accedió a testificar **a condición de** no **revelar** su identidad.*

- Cuando expresamos una condición que presentamos como la **única eventualidad** que puede impedir que se produzca un determinado hecho, se usan las locuciones ***a no ser que/a menos que/salvo que/excepto que*** + **subjuntivo**:

  *La agricultura intensiva seguirá deforestando el planeta, **a no ser que cambie** este modelo de explotación.*

  – Las locuciones ***salvo si*** y ***excepto si*** tienen las mismas restricciones verbales que el resto de condicionales con ***si***, es decir, no pueden construirse con presente de subjuntivo, futuro o condicional:

  *No utilizaré el coche en la ciudad, **excepto si** lo **necesito** para algo muy urgente.*

  *Nunca haría daño a un animal, **salvo si** mi vida **corriera** peligro.*

4.1 Lee las frases y selecciona la locución conjuntiva adecuada.

1. Utilizaré la bicicleta **siempre y cuando/salvo si** el Ayuntamiento haga más carriles bici.
2. Evite utilizar el coche **excepto si/salvo que** se ocupen todas las plazas.
3. Dejaré de comer carne **salvo si/con tal de que** dejes de criticarme por hacerlo.
4. Evite precalentar el horno, **a menos que/siempre que** el plato que va a preparar necesite una determinada temperatura de cocción.
5. Yo no instalaría paneles solares en mi casa, **a no ser que/a condición de que** el Estado me diera una ayuda económica para hacerlo.
6. Utilice el tren como medio de transporte para viajar, **a no ser que/excepto si** tiene que realizar un desplazamiento que le obligue a utilizar el avión.

Practica en contexto

1 **Todo el grupo** Piensa en la basura que generas en tu casa. ¿Qué parte son envases? ¿Qué tipo de envases son (botes de plástico, paquetes de cartón, bandejas de poliestireno…)? ¿Cuántos de esos envases reutilizas? ¿Cuántas veces a la semana reciclas el plástico? ¿Crees que lo haces de manera adecuada?

1.1 **Todo el grupo** Lee la siguiente información sobre el impacto del plástico en la degradación del medioambiente. ¿Te sorprende algún dato? ¿Crees que la forma en que utilizas el plástico en tu vida diaria se refleja en las cifras?

¿SABÍAS QUE...

cada año se producen **500 000 millones** de botellas de plástico en el mundo?

actualmente se generan más de **500 millones** de toneladas de plástico (un 900 % más que en 1980)?

en 2050 los océanos podrían contener más plásticos que peces?

los residuos de plástico en los océanos suponen ya más de **150 millones** de toneladas?

cada año acaban en los mares y océanos unos **8 millones** de toneladas de plástico?

Datos extraídos de https://www.iberdrola.com/sostenibilidad/como-reducir-consumo-plastico

2 **En parejas** ¿Te imaginas un mundo sin envases de plástico? Piensa en las siguientes situaciones y contesta a las preguntas.

- ¿Cómo llevarías la compra a casa si se dejaran de utilizar las bolsas de plástico?
- ¿En qué tipo de envases se venderían productos como el café, la pasta, el arroz o el aceite si no existiera este material? ¿Y los huevos?
- ¿Cómo se comercializarían productos como la leche, los yogures o la mantequilla?
- ¿Cuántos kilos de basura se generarían por persona al día si se eliminaran los plásticos de un solo uso definitivamente? ¿Qué tipo de residuos habría en las bolsas de basura?

Invitar a formular una hipótesis

¿Oración interrogativa (con el verbo en condicional simple) + *si* + pretérito imperfecto/pluscuamperfecto de subjuntivo?

¿Qué materiales utilizaríamos si no se hubiera inventado el plástico?

2.1 Lee el texto de la página siguiente sobre la vida antes del plástico, inserta estos párrafos en su lugar correspondiente y compara la información con tus hipótesis anteriores. ¿En qué coinciden?

a. El objetivo está claro: un mundo sin plásticos desechables en el que los peces no acaben con partículas de plástico en su interior

b. En general, la función que ahora hacen el plástico o los briks la hacían entonces los envases de vidrio

c. la gente llevaba botellas y tarros vacíos a la tienda para que se los llenaran de leche, vino u otros líquidos

d. cada vez que hacemos la compra reunimos una montaña de envases, bolsas y bandejas de plástico desechables

e. Para empezar, se recurría mucho al papel, principalmente al de periódico o al de estraza, con el que se hacían cucuruchos que cumplían la función de las actuales bolsas de plástico

f. En un mundo así, cada persona producía al día entre un cuarto y medio kilo de basura

¿Cómo se las ingeniaban antes de la era del plástico?

La Unión Europea se ha propuesto erradicar o, al menos, limitar el uso del plástico desechable, lo que va a afectar a nuestras vidas y a la manera en que llevamos los alimentos y otros artículos a casa. Ahora mismo, [1] □ que después tiramos al contenedor amarillo. Es evidente que eso va a cambiar. Pero ¿cómo nos las vamos a arreglar? Retrocedamos al año 1958 para ver cómo hacía la gente para llevar la compra a casa.

[2] □. Para alimentos húmedos o grasientos, se usaba papel encerado (que todavía hoy se usa en muchos supermercados). Los huevos tenían su solución especial: como no era posible echarlos a la bolsa sin que se rompieran, se utilizaba la huevera plegable, una cesta de alambres que apenas ocupaba espacio. También se usaba mucho el embudo: [3] □. Los yogures, el queso fresco y otros lácteos se vendían en botellas y tarros de cristal, y la mantequilla se envasaba en simples cajas de cartón.

[4] □, la mayoría retornables o rellenables, una gran variedad de papeles fuertes, saquitos de tela, cajas de madera y, por supuesto, latas y cajas de hojalata que, si no eran retornables, solían ser coleccionables.

[5] □, compuesta en su mayoría por materia orgánica (huesos, raspas, restos de verduras…), ceniza de las llamadas *cocinas económicas*, trapos, botellas y latas vacías.

Ahora, la alarma por la contaminación por plásticos está obligando a los Gobiernos a cambiar de rumbo. [6] □. La tecnología está trabajando intensamente en este cometido, pero a nosotros, como consumidores, no nos vendría mal retomar algunas de las costumbres de 1958.

Adaptado de https://www.vidasostenible.org/como-se-las-apanaban-antes-de-la-era-del-plastico-2

2.2 **En grupos pequeños** ¿Qué ventajas e inconvenientes tendría la eliminación total del plástico en nuestras vidas? ¿Cómo se podrían resolver esos inconvenientes?

3 **En parejas** Piensa en estas otras situaciones y contesta a las preguntas.

- ¿Qué pasaría si desapareciera la agricultura intensiva?
- ¿Cómo sería nuestra dieta si todos dejáramos de comer carne?
- ¿Qué medios de transporte utilizaríamos para hacer viajes largos si no se hubieran inventado los aviones?
- ¿Qué tipo de combustibles se utilizarían si se agotaran las reservas de petróleo del mundo?

3.1 **En grupos pequeños** Ahora piensa con tus compañeros de grupo en otras situaciones hipotéticas y formula tres preguntas siguiendo el modelo de los ejemplos anteriores.

3.2 **En grupos pequeños** Reorganizad los grupos y contestad a las preguntas de vuestros compañeros.

4 **Todo el grupo** ¿Alguna vez has hecho una presentación en público? ¿Dónde? ¿Qué materiales de apoyo utilizaste? ¿Crees que conseguiste captar la atención de los asistentes? ¿Cómo?

4.1 [25] Escucha los fragmentos de diferentes presentaciones sobre el medioambiente ante una audiencia. ¿Qué hace en cada caso el/la ponente? Márcalo en la tabla.

Saludar	1	2	3	4	5
Presentarse o presentar a alguien	1	2	3	4	5
Controlar la comunicación	1	2	3	4	5
Hacer comentarios sobre la presentación	1	2	3	4	5
Aludir a los recursos utilizados en la presentación	1	2	3	4	5
Contextualizar el tema	1	2	3	4	5
Dar las gracias	1	2	3	4	5
Despedirse	1	2	3	4	5

4.2 [25] **En parejas** Vuelve a escuchar el audio y completa el cuadro con las palabras que faltan. Luego compara el resultado con tu compañero/a.

Hacer una ponencia o presentación

Antes de la presentación

- **Saludos**
  Buenos días/Buenas tardes [1] ....
  Señoras y señores, bienvenidos y bienvenidas a...
- **Presentaciones**
  - Me llamo X, soy... y...
  - Tenemos [2] .... a..., especialista en...
- **Agradecimientos**
  - [3] .... a X por la oportunidad que me ha dado de.../por sus palabras de presentación.
  - En primer lugar, [4] .... su presencia aquí/en...
- **Control de la comunicación**
  - Parece que hay un problema con el sonido/micrófono...
  - ¿Se me oye bien?
  - ¿Me [5] ..../escucháis bien?
  - ¿Al fondo también?
  - Pues si les/os parece, podemos empezar a...
  - Bueno, les decía que...
- **Comentarios generales sobre la presentación**
  - Esta presentación durará X minutos aproximadamente.
  - Si tienen/tenéis [6] ...., pueden/podéis interrumpirme en cualquier momento.
  - Al final habrá un turno de preguntas.
  - Tienen (ustedes)/Tenéis [7] .... en el dosier/informe.
  - Al final se entregará un resumen/dosier/informe de la ponencia/presentación.

Introducción o contextualización del tema

- Como ya saben ustedes/sabéis, [8] ....
- Muchos de ustedes/vosotros seguramente conocen/conoceréis... Sin embargo, quisiera presentar...

Desarrollo

- **Presentación de contenidos**
  Exposición o narración de los contenidos, descripciones, enumeraciones, ejemplos, argumentos a favor o en contra...
- **Aludir a los recursos de apoyo utilizados**
  - Como pueden/podéis ver en la pantalla/este gráfico/ [9] ....
  - A la derecha/izquierda tienen/pueden ver...
- **Control de la comunicación**
  - [10] ...., ¿no?
  - ¿Está claro por el momento?, ¿sí?
  - ¿Continuamos?
  - Pues si les/os [11] ...., podemos pasar a...

Conclusión

- **Síntesis de la presentación**
  - En resumen/Resumiendo/En definitiva/En suma...
- **Planteamiento de un turno de preguntas**
  - Abrimos un turno de preguntas...
  - ¿Tienen ustedes/Tenéis alguna pregunta (sobre...)?
- **Agradecimientos y despedida**
  - Pues, nada más.
  - [12] ..../tenéis más [13] ...., vamos a terminar/concluir.
  - Muchas gracias [14] ....

Fíjate:
Desde hace ya algún tiempo, en español se viene produciendo un **desdoblamiento del género** en los saludos de presentaciones, ponencias o discursos con el fin de hacer el lenguaje más inclusivo:

Hola, buenos días a ***todos*** *y a* ***todas****. Antes de nada quisiera presentarme...*
Bienvenidos *y* ***bienvenidas*** *al III Congreso Internacional...*

¿En tu lengua existe la marca de género? Y si es así, ¿se está intentando que el lenguaje sea inclusivo? ¿Cómo?

5 **En parejas** Cuando hacemos una presentación en público, uno de los objetivos es acercarnos a la audiencia mediante diferentes recursos. Lee estos fragmentos tomados de algunas presentaciones y relaciónalos con los recursos que aparecen debajo.

a. ¿Y si los problemas ambientales no fueran un fenómeno moderno?
b. No sé si han leído la noticia publicada en la prensa recientemente sobre el combustible de aviación sostenible.
c. La ecología no es solo una responsabilidad ciudadana. Todos sabemos que el ecologismo es una cuestión que los partidos políticos tienen que contemplar en sus programas hoy en día.
d. Aquí tengo un cepillo de dientes hecho con materiales totalmente biodegradables. Este cepillo de pelo es de material sostenible, así como la botella de agua de acero inoxidable que estoy utilizando. Como ven, nada tiene plástico.
e. Empezaré con un dato interesante: la ciudad de Mohenjo-Daro (en Pakistán), fundada en el año 2600 a. C., tuvo que ser abandonada por la sobrexplotación de la tierra y las crecidas del río.
f. La ecología y el ecologismo existen desde la antigüedad... En el Imperio romano, por ejemplo, la polución del aire en Roma era un problema. De hecho, existían palabras como *gravioris caeli* (cielo pesado) o *infamis aer* (aire infame) para definir la contaminación.

1. ☐ Despertar la curiosidad.
2. ☐ Relatar un hecho de interés.
3. ☐ Poner un ejemplo.
4. ☐ Enseñar un objeto.
5. ☐ Mostrar que el tema afecta a los intereses de los asistentes.
6. ☐ Hacer referencia a hechos de actualidad.

5.1 [26] **Todo el grupo** Escucha la siguiente ponencia sobre los beneficios del bambú como material sostenible y toma notas en tu cuaderno sobre lo que dice la especialista. ¿Qué beneficios te parecen más interesantes de cara al futuro? ¿Hay algún uso del bambú que no conocías y que te haya sorprendido?

5.2 **En grupos pequeños** Ahora vas a trabajar con la transcripción del audio. Según lo que has visto en la actividad 5, identifica los recursos para acercarse a la audiencia que usa la ponente en su presentación.

6 **En parejas** Busca información sobre algún tema relacionado con la sostenibilidad y prepara con tu compañero/a una presentación. Escribidla juntos, adjuntad materiales de apoyo y, luego, ensayadla para corregir errores.

6.1 **Todo el grupo** Escuchad las diferentes presentaciones y votad aquella que os ha parecido más interesante en cuanto al tema y la que ha utilizado más expresiones y recursos de los aprendidos en las actividades anteriores.

ECOTURISMO EN PERÚ

1 **Todo el grupo** Lee estas propuestas sobre turismo sostenible en Perú. ¿Cuál de ellas elegirías? ¿Por qué?

1. Vicos

La comunidad de Vicos, situada en la cordillera Blanca, es un ejemplo de turismo comunitario autorregulado, donde todo lo que se experimenta es auténtico y donde todos los productos que consumirás provienen de su campo. Este programa te permitirá participar en diferentes acciones comunitarias. También podrás participar en el ritual de preparación de la pachamanca, un plato típico que se prepara bajo tierra cubriéndolo de piedras muy calientes y que está compuesto por diferentes carnes, tubérculos y vegetales.

Pachamanca: comida tradicional peruana

2. La Ruta del Café en Cuzco

El café orgánico que se siembra en la provincia de La Convención lidera la lista de cultivos en esta región. En esta provincia hay tres organizaciones cafetaleras que desarrollan un tipo de turismo rural comunitario: la Asociación de Productores Flor del Café de Lucmabamba, Quellomayo y Huadquiña. Durante tu convivencia con los caficultores, podrás aprender a cultivar, cosechar y procesar el café, además de degustar todos los productos derivados de este.

Secaderos de café en Huadquiña (Cuzco)

3. Coporaque (Colca)

Coporaque es un bello pueblo situado en el valle del Colca, apacible y lleno de atractivos. Podrás alojarte en casa de una familia del lugar que será, además, tu guía por ruinas preincaicas, verdes campiñas y baños termales. Muchos visitantes disfrutan especialmente de los hermosos paseos a caballo, que, sin duda, son el atractivo principal de este destino, más aún cuando se puede ver el buen trato y los cuidados que reciben estos animales.

Tumbas preincaicas de Coporaque

Selva amazónica en el norte de Perú

4. La Ruta Asháninka (Selva central)

Las poblaciones de la selva han sido siempre conocidas por su hospitalidad, pero los asháninkas resultan, además, auténticos y carismáticos. Son ellos quienes te llevarán desde las alturas de la selva, al pie de los Andes, hasta las regiones más bajas, lo que te permitirá ver lo variada y adaptable al medio que es su cultura. Aprenderás, además, algo de la lengua asháninka mientras visitas diferentes localidades, en donde todos los albergues son administrados y atendidos por miembros de la comunidad. Vivir esta experiencia y contemplar esta maravilla de la naturaleza durante tu viaje te hará comprender lo importante que es apoyar los esfuerzos locales para preservarla.

Nativo asháninka con dos guacamayos en Chanchamayo (Junín)

5. Tambopata (Selva sur)

La Posada Amazonas es un concepto de alojamiento ecológico que surge de la inquietud que despertó en la comunidad nativa ese eja de Infierno el éxito del Refugio Amazonas, un ejemplo próspero de sostenibilidad de la empresa privada. Ambos alojamientos están ubicados en el área de amortiguamiento de la Reserva Nacional Tambopata.

Habitación estándar en el Refugio Amazonas Lodge de Tambopata

Mientras que el Refugio Amazonas es propiedad de la empresa privada que facilitó el desarrollo en esta comunidad, la Posada Amazonas es copropiedad de la empresa privada y de la comunidad ese eja, y revaloriza costumbres autóctonas, como el uso de la medicina tradicional a base de plantas.

Otra iniciativa es la de la ONG Amazon Shelter, un centro que se dedica a rescatar animales provenientes de decomisos a comerciantes ilegales o a particulares que los han adquirido como mascotas o para colecciones privadas. Aquí tendrás la oportunidad de participar activamente en el cuidado y la recuperación de estos animales o de colaborar en el mantenimiento de las instalaciones, al tiempo que aprovechas para hacer fantásticas excursiones por la selva.

Guacamayo rojo en el Centro de Investigación de Tambopata

1.1 **En parejas** En los textos se mencionan dos comunidades nativas de Perú. ¿Cuáles son? Busca con tu compañero/a más información sobre ellas.

1.2 **En grupos pequeños** Busca otro lugar de América Latina donde se podría practicar un turismo responsable y sostenible y comparte la información con tus compañeros de grupo. Elegid un destino y haced una breve presentación en la que describáis el lugar, qué se puede hacer allí, por qué se considera una opción de turismo sostenible y responsable y, finalmente, las razones por las que lo habéis elegido.

Adaptado de https://viajala.com.pe/blog/turismo-responsable-en-peru-5-experiencias y de https://www.ytuqueplanes.com/blog-viajero/nacional/se-parte-de-la-ruta-del-cafe-y-conoce-la-importancia-de-este-producto-peruano

Vídeo

REPORTAJES

Carne y crisis climática

Antes del vídeo

1 **En grupos pequeños** ¿Qué tiene que ver la producción mundial de carne con la crisis climática? Junto a tus compañeros de grupo, escribe tres efectos negativos de la producción industrial de carne en el medioambiente según lo que tú sabes.

1. ....
2. ....
3. ....

Durante el vídeo

2 **En parejas** Visiona el fragmento 00:00 ▶ 01:15 de este vídeo producido por GRAIN.org y Alianza Biodiversidad y completa las siguientes frases. Si es necesario, puedes ver el fragmento dos veces. Después compara tus resultados con tu compañero/a.

(1) La sociedad de consumo produce símbolos. Un buen plato de carne es símbolo de ...., mejor .... y .... son la promesa de una dieta rica en carnes.

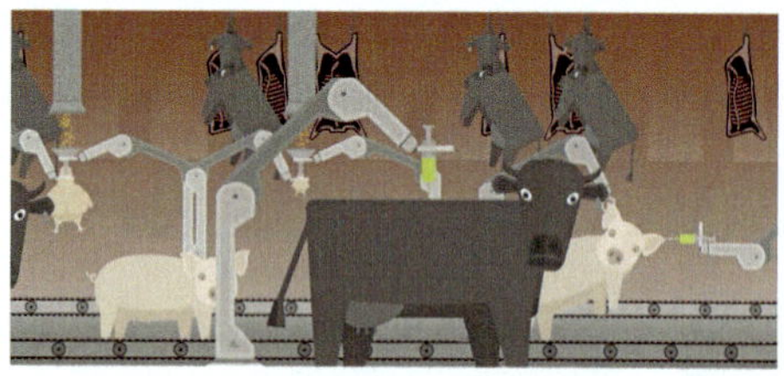

(2) Desde hace miles de años, el campesinado del mundo cría animales para consumo. Con ellos, ..., ... y .... donde se cultivan otros alimentos.

(4) Las vacas, los cerdos, las aves, ..., ..., ... y .... de pie, hacinadas, con ...., mangueras, embudos que las ....

(3) Las millones de .... que alimentan el mundo ....

(5) De esas fábricas de carne, salen el 74 % de .... y ...., el 68 % de .... y el 40 % de .... del mundo.

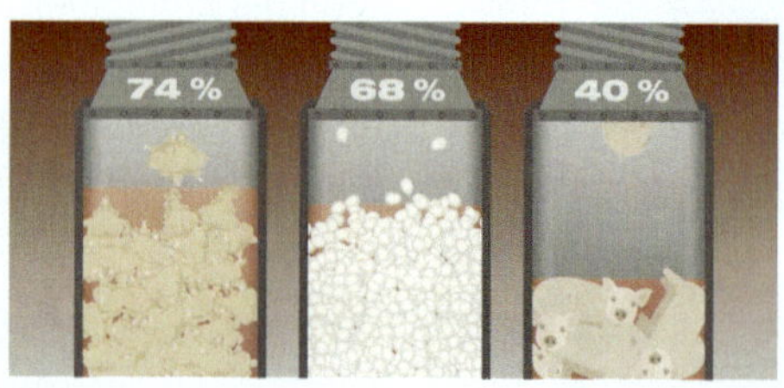

3 Ahora visiona el fragmento 01:15 ▶ 03:37 y responde en tu cuaderno a estas preguntas.

1. ¿Qué productos se utilizan para engordar al ganado en las fábricas?
2. ¿Qué porcentaje de la producción mundial de soja y maíz transgénicos se prevé que alimentará al ganado en 2050?
3. ¿Qué consecuencias tiene la producción industrial del grano para alimentar al ganado?
4. ¿Qué produce más gases de efecto invernadero, el gas metano o el dióxido de carbono?
5. ¿Qué porcentaje de las emisiones de gases que provocan efecto invernadero proviene de los desechos de la carne?
6. ¿Qué tipo de combustibles se utilizan en los procesos productivos de las fábricas de carne y productos lácteos?
7. ¿Cuál es la actitud de las principales corporaciones respecto al daño de las industrias cárnicas al medioambiente?

RAE

LÉXICO

El anglicismo *lobby* es innecesario según el *Diccionario panhispánico de dudas*, ya que en su lugar se puede usar la expresión grupo de presión o, en algunas zonas de América, grupo de cabildeo:

*Recordemos que las grandes unidades de producción controlaban íntegramente el comercio exterior de azúcar. Sus propietarios constituían el **grupo de presión** más importante a nivel económico y político de la colonia.*

*Sanders se defendió recordando que su apoyo a los controles le ha valido una calificación de "D-menos" de parte de la Asociación Nacional del Rifle, el poderoso **grupo de cabildeo** que defiende a los dueños de armas.*

4 Visiona el fragmento 03:37 ▶ 04:27 y anota las recomendaciones que se dan para reducir el impacto de las industrias cárnicas en el medioambiente.

En tu casa	En tu comunidad	En tu país
....	....	....
....	....	....
....	....	....

En todo el mundo	A todos los niveles
....	....
....	....

4.1 **En parejas** Vuelve a ver el fragmento hasta el final y completa la frase. ¿Estás de acuerdo con esta afirmación? ¿Por qué?

"No es una batalla contra el consumo de carne. La lucha es contra... ....
....".

Después del vídeo

5 **En parejas** ¿Cuáles de las recomendaciones que se dan en el vídeo podrías seguir para reducir el impacto de las industrias cárnicas en el medioambiente? ¿Cómo lo harías?

6 **En grupos pequeños** En el vídeo se habla de las principales corporaciones de la industria agroalimentaria. Elabora una ficha con información sobre ellas (de dónde son, qué productos exportan y a qué países, etc.) y compártela con tus compañeros de grupo.

Evaluación

1 **Combina las siguientes palabras relacionadas con los desastres medioambientales.**

1. emisiones
2. desastre
3. pruebas
4. vertidos
5. sobrepesca
6. ganadería y agricultura
7. incendios

a. industrial
b. intensivas
c. nuclear/medioambiental
d. de las grandes industrias
e. intencionados
f. químicos/de petróleo
g. nucleares

2 **Completa las frases con las palabras que faltan. Te damos la primera letra como pista.**

1. Muchas empresas del sector del consumo están empezando a colaborar más con proveedores l.......................... para evitar la contaminación y el gasto de e.......................... que produce el transporte.
2. Si quieres reducir tu huella de carbono, compra productos de p.......................... Asegúrate de que en el etiquetado figura el sello de kilómetro cero.
3. Uno de los grandes retos en la sociedad de consumo es luchar contra el desperdicio a.......................... ¡Tenemos que dejar de tirar comida ya!
4. Tanto las empresas como los consumidores tenemos que promover la economía c...........................
5. Cuando vayas al supermercado, evita comprar la fruta y la verdura en e.......................... de p.......................... Son de un solo uso y generan muchos residuos innecesarios.

3 **Completa las frases con los verbos en el tiempo y el modo adecuados.**

1. Si .... (comprar, nosotros) más productos de comercio justo, contribuiríamos a respaldar el sistema de comercio sostenible y proporcionaríamos a los trabajadores una retribución más justa.
2. Si creas tu propio compost, ... (favorecer, tú) la biodiversidad, ... (enriquecer, tú) el suelo y .... (reducir, tú) el uso de fertilizantes químicos.
3. Si compráramos solo lo que necesitamos, el 20-50 % de los alimentos que tenemos en casa no .... (terminar) en el vertedero.
4. Si quieres reducir tu consumo energético en casa, ... (sustituir, tú) los electrodomésticos viejos por modelos ecoeficientes.
5. Si las escuelas .... (organizar) grupos escolares para recoger la basura de las playas, lagos o parques, sensibilizaríamos más a los jóvenes sobre los problemas de la contaminación del agua.

4 **Clasifica las frases condicionales de la actividad anterior en reales o irreales.**

Condicionales reales	Condicionales irreales

5 Completa las frases libremente en tu cuaderno. Utiliza el tiempo y el modo adecuados de los verbos.

1. Si el hombre no se hubiera hecho agricultor,...
2. Si algunas industrias hubieran sido más respetuosas con el medioambiente,...
3. Si no se hubiera desarrollado la ganadería intensiva,...
4. Si hubiéramos cuidado más el planeta en los últimos años,...

6 Completa las frases con los verbos en el tiempo y el modo adecuados.

1. Los Objetivos de Desarrollo Sostenible se cumplirán siempre y cuando .... (participar, nosotros) todos.
2. Los osos polares morirán, a no ser que .... (reducir, nosotros) las emisiones de CO_2.
3. La descarbonización del planeta será una realidad siempre que los Gobiernos y las empresas .... (colaborar).
4. Las emisiones de CO_2 seguirán destruyendo el planeta, a menos que .... (tomar, nosotros) medidas urgentes para evitarlo.
5. Los campos de agricultura intensiva seguirán contribuyendo a la deforestación salvo que los Gobiernos .... (apostar) por un modelo de agricultura extensiva.
6. Los consumidores cambiarían sus hábitos de consumo a condición de que las empresas y los Gobiernos .... (favorecer) la economía circular.

7 Estas son algunas propuestas que hace la ONU para promover los Objetivos de Desarrollo Sostenible. Léelas y completa las frases de manera que tengan sentido.

Instaura un sistema para compartir coche en la oficina.

1. ¿Compartirías tu coche para ir al trabajo si te lo propusieran tus compañeros?
   - ▶ Sí, ... siempre y cuando ....
   - ▷ No, no .... excepto si ....

Convierte los tejados de los edificios en azoteas verdes. Mejoran la calidad del aire y el aislamiento hasta en un 25 %, absorben el sonido y promueven la integración social.

2. ¿Votarías a favor de plantar un jardín o un huerto en la azotea de tu edificio si lo propusiera tu comunidad de vecinos?
   - ▶ Sí, ... a cambio de que ....
   - ▷ No, no .... salvo que ....

Compra fruta "fea" o que esté pasada, y úsala para hacer batidos.

3. ¿Comprarías fruta que tuviera una forma rara o que estuviera un poco pasada?
   - ▶ Sí, ... con tal de que ....
   - ▷ No, no .... salvo si ....

8 ¿Crees que puedes expresar condiciones reales e irreales en presente, pasado y futuro con fluidez? ¿Has aprendido algo nuevo sobre la sostenibilidad del planeta? ¿Qué crees que has aportado tú a la clase sobre este tema?

Unidad 8

¿Qué crees que están desarrollando en el laboratorio de la imagen principal?
¿Conoces algunas investigaciones científicas recientes?

¿Cómo se llama el aparato que aparece en la segunda imagen?
¿Qué avances ha supuesto este dispositivo?

¿A qué tecnología hace referencia la última imagen?
¿Qué se puede controlar con ella?

A ciencia cierta

En esta unidad vas a...

- Hablar de ciencia y tecnología
- Establecer relaciones temporales entre dos o más acciones
- Expresar una dificultad u obstáculo para la realización de una acción
- Manifestar la causa, la consecuencia y la finalidad de una acción
- Conocer a científicas hispanas de fama internacional
- Descubrir la labor de Gino Tubaro y su ONG Atomic Lab

¿Qué sabes?

1 **En grupos pequeños** ¿Cuánto sabes de ciencia? Juega con tus compañeros de grupo. El/La que más respuestas acierte gana.

Jane Goodall

1. **Psicología** › El complejo de Otelo se asocia con el sentimiento de...
   a. celos exagerados.
   b. inferioridad respecto a los demás.
   c. preferencia por la madre, dejando de lado al padre.
2. **Biología** › Jane Goodall es conocida por su estudio sobre los...
   a. koalas en Australia.
   b. osos polares en el Ártico.
   c. primates en Tanzania.
3. **Geografía** › ¿Cuál es el país más grande del mundo?
   a. Canadá.
   b. Rusia.
   c. Estados Unidos.
4. **Medicina** › ¿Qué animal usó el nobel de medicina Ivan Pavlov en sus experimentos?
   a. Roedores.
   b. Gatos.
   c. Perros.

2 **Todo el grupo** Contesta a las siguientes preguntas. Justifica tus respuestas.

1. ¿Qué temas científicos y tecnológicos estudiaste en la escuela? ¿Cuál de ellos te parecía más útil?
2. ¿Te interesa algún experimento científico que se esté llevando a cabo actualmente? ¿Por qué?
3. ¿Qué te gustaría que se descubriera en un futuro próximo?
4. ¿Has leído alguna noticia científica últimamente? ¿Cuál?
5. ¿Qué descubrimiento científico desearías que nunca se hubiera producido?
6. Si estuvieras enfermo/a, ¿te someterías a un tratamiento experimental?
7. ¿Crees que los alimentos transgénicos son saludables?
8. ¿Consideras ético que se experimente con animales? ¿En qué tipo de experimentos lo justificas?
9. ¿Cuál crees que ha sido el mayor descubrimiento científico de los últimos años?

3 **En parejas** La domótica es un avance tecnológico que nos ha hecho la vida más cómoda y segura. Observa la imagen y responde a las preguntas. ¿Coincides con tu compañero/a?

- ¿Qué es la domótica?
- ¿Cómo funciona?
- ¿Qué tipo de dispositivos puede controlar?
- ¿Qué beneficios aporta?
- ¿Qué seguridad puede proporcionar un sistema domótico?
- ¿A quién crees que le puede interesar un sistema domótico?

5. **Matemáticas** › ¿Quién creó el número 0?
   a. Los árabes.
   b. Los indios.
   c. Los romanos.

6. **Física** › Un *protón* es una partícula subatómica de carga positiva.
   a. Verdadero. b. Falso.

7. **Química** › ¿Cuál es el elemento químico más denso?
   a. Iridio. b. Wolframio. c. Osmio.

8. **Geología** › ¿De dónde procede la famosa *piedra pómez*?
   a. Del fondo marino.
   b. Del magma de los volcanes.
   c. De las minas.

9. **Zoología** › La gacela jirafa es el único mamífero que no tiene cuerdas vocales.
   a. Verdadero.
   b. Falso.

10. **Astronomía** › ¿Por qué es famoso el cometa Halley?
   a. Por ser el primer cometa descubierto por el hombre.
   b. Por ser el primer cometa reconocido con órbita cíclica.
   c. Por su gran cola de 100 millones de kilómetros.

1.1 **Todo el grupo** Tu profesor/a va a dar las respuestas de cada pregunta. ¿Hay algo que te sorprenda o que no sabías? Cuéntaselo a tus compañeros.

3.1 **En parejas** Vas a escuchar a dos personas que apuestan por la domotización de sus viviendas. Antes relaciona estos términos que aparecen en el audio.

1. vivienda	a. cálido, acogedor
2. hacer	b. una reforma
3. estar bien/mal	c. de comunidad
4. tener una buena/mala	d. la luz/el agua/el gas
5. ambiente	e. la calle/un jardín/un patio
6. firmar	f. orientada
7. dar de alta/baja	g. en propiedad/en alquiler
8. dar a	h. un electrodoméstico
9. gastos	i. una hipoteca/un contrato de alquiler
10. (des)enchufar/programar	j. distribución

RAE

LÉXICO

- Recuerda que en el español de América se usa rentar/renta en lugar de alquilar/alquiler:
  *Le avisé de que pronto conseguiría trabajo y **rentaría** un departamento para quitarle la molestia de ocupar un cuarto de su casa.*
- Estas son otras palabras relacionadas con la casa que también cambian entre España e Hispanoamérica:
  encender › prender
  apartamento › departamento
  habitación › cuarto
  salón › sala
  lavadora › lavarropas
  frigorífico › refrigerador, heladera

3.2 [27] Escucha el audio y comprueba tus respuestas anteriores. Después decide si las siguientes afirmaciones corresponden a Marta (M), a Adrián (A) o a ambos.

	M	A	Ambos
1. En su casa todas las habitaciones son exteriores.	☐	☐	☐
2. Valora positivamente la domotización de la vivienda.	☐	☐	☐
3. Puede programar todos los electrodomésticos de su casa.	☐	☐	☐
4. Todas las luces se apagan automáticamente cuando sale de casa.	☐	☐	☐
5. Puede controlar el horno y las luces solo con la voz.	☐	☐	☐
6. Cuando se va a dormir, todas las luces de su casa se apagan y se bajan las persianas.	☐	☐	☐
7. La climatización se regula en algunas ocasiones para ahorrar energía.	☐	☐	☐

Marta

Adrián

3.3 **Todo el grupo** ¿Consideras que es importante la domotización de las viviendas? En el ámbito de la clase, ¿qué se podría domotizar? Justifica tus respuestas.

Palabras

1 **En parejas** Con tu compañero/a, lee tus dos textos sobre algunas de las mejores científicas de América Latina y encuentra, entre las palabras destacadas, las que corresponden a las definiciones que hay a continuación.

Pareja A

Diana Bolaños

Mayly Sánchez

Diana Bolaños es una científica colombiana cuyas investigaciones en el campo de la biología sobre gusanos marinos podrían ayudar al desarrollo de técnicas para reemplazar o renovar tejidos en los seres humanos. En 2012 fue escogida como bióloga del año en Colombia por su labor investigadora. "Entender los mecanismos de regeneración de los gusanos marinos nos permite aplicar esta área de conocimiento a organismos superiores como los seres humanos".

Mayly Sánchez, venezolana, es doctora en física y fue galardonada en 2012 con el PECASE, un premio que otorga la Casa Blanca a jóvenes científicos. "Me dedico al estudio de los neutrinos, unas partículas sin carga y con una masa mínima. El objetivo es entender la composición del Universo, así como desarrollar tecnologías para diagnósticos médicos. Soy una apasionada de la ciencia y de las fórmulas matemáticas, y me encanta resolver incógnitas; cualquier problema científico me atrae y siento una gran curiosidad por entender cuáles son sus principios fundamentales".

1. ....: Ciencia que se ocupa de estudiar la vida y las distintas formas con que esta se manifiesta en los organismos.
2. ....: Realización de actividades intelectuales y experimentales de modo sistemático con el propósito de aumentar los conocimientos sobre una determinada materia.
3. ....: Ciencia cuyo fin es estudiar las características de la materia y de la energía, así como establecer leyes y principios de los fenómenos naturales.
4. ....: Agrupación de células de la misma naturaleza que, actuando en conjunto y de forma coordinada, desarrollan una misma función en el organismo.

Pareja B

Alicia Dickenstein

Susana López

Alicia Dickenstein es una matemática argentina que estudia geometría algebraica y sus aplicaciones, entre otras líneas de investigación. Dedica parte de su tiempo a la docencia. Piensa que las matemáticas, su ámbito científico, son universales y siempre responden a las mismas leyes, por lo que permiten la comunicación entre diversas culturas y edades de forma natural. Para ella, este aspecto es uno de los más satisfactorios de su profesión.

Susana López es una viróloga y biomédica mexicana. Desde 2006, ha encabezado la batalla científica contra un tipo de rotavirus que causa gastroenteritis muy severas en niños de entre seis meses y dos años de edad, con resultado de muerte en muchos casos. "Nuestro objeto de estudio es analizar cómo actúa el virus para infectar las células, cuáles son las moléculas celulares y virales que interaccionan y reduplican el virus".

1. ....: Enfoque que abarca conocimientos y prácticas que permiten el desarrollo de proyectos alrededor de un tema de estudio.
2. ....: Conjunto de átomos que están organizados e interrelacionados mediante enlaces químicos. Es la porción más pequeña de una sustancia pura y conserva todas sus propiedades.
3. ....: Parte de las matemáticas que estudia las propiedades y medidas de figuras en el plano y en el espacio. Se ocupa de la forma de un cuerpo independientemente de las demás propiedades del mismo.
4. ....: Unidad más pequeña de los organismos vivos capaz de reproducirse de manera independiente. Absorbe los nutrientes de los alimentos y los convierte en energía.

Adaptado de https://www.bbc.com/mundo/noticias/2013/10/130930_ciencia_mujeres_cientificas_mr

1.1 **En parejas** Cambiad de pareja. Explícale a tu nuevo/a compañero/a quiénes son las científicas sobre las que has leído. Luego responded juntos a las preguntas.

1. ¿Quién tiene numerosos trabajos de investigación y es, además, profesora?
2. ¿Qué científica desarrolla una labor investigadora con animales con el objetivo de aplicar los resultados a los seres humanos?
3. ¿A quién le encanta dar solución a problemas matemáticos?
4. ¿Cuál de ellas investiga las causas de una enfermedad infantil?
5. ¿Quiénes tienen como objeto de estudio mejorar la condición de vida del ser humano?

1.2 **En parejas** Vuelve a leer los textos y clasifica las palabras destacadas en la tabla, teniendo en cuenta que algunas de ellas pueden pertenecer a más de una categoría. Después añade dos palabras más de los textos o de las definiciones en cada apartado.

Ciencia en general	Biología	Matemáticas	Física y Química

2 **En grupos pequeños** Lee estas otras palabras relacionadas con la ciencia y escribe, junto a tus compañeros de grupo, su definición. Sigue el modelo de las definiciones de la actividad 1. Luego clasifica estas palabras en la tabla anterior.

operaciones aritméticas | genética | fórmula química | cálculo | clonación | hipótesis
método de análisis | especie humana | avance científico | teoría

2.1 Completa las siguientes frases con las palabras anteriores.

1. Copérnico planteó la .... heliocéntrica, según la cual la Tierra gira alrededor del Sol.
2. Se trata de un .... enorme, que permitirá a las personas con paraplejia andar y hacer deporte tras un implante.
3. Un equipo de investigación de la Universidad de Málaga ha validado el uso de un .... rápido para encontrar compuestos orgánicos en las rocas de Marte.
4. Los descubrimientos científicos del siglo pasado relacionados con la .... están permitiendo actualmente el desarrollo de técnicas aplicadas, como la producción de transgénicos o la ....
5. La ...., desde su aparición en la Tierra, ha puesto de manifiesto la capacidad de adaptación que posee.
6. El ábaco es la primera herramienta de .... conocida y permite realizar las .... básicas.
7. La .... del agua es H_2O.
8. La lógica del pensamiento científico se basa en demostrar una .... mediante la experimentación.

3 **Todo el grupo** ¿Hay alguna persona que se dedique a la ciencia a la que admires? ¿En qué campo desarrolla su labor? ¿Por qué la admiras tanto?

Gramática

1 Oraciones temporales (repaso)

- Las **oraciones temporales** establecen relaciones de **simultaneidad**, **anterioridad** o **posterioridad** entre dos o más acciones mediante nexos como *mientras, cuando, siempre que, cada vez que, antes de (que), en cuanto, después de (que)...* También indican el **comienzo** o el **límite** de una acción con *desde que* y *hasta (que)*.
- La mayoría de estos nexos se construyen con **indicativo** cuando las acciones están en **presente** o **pasado**. Con presente o imperfecto de indicativo, adquieren, además, un valor **habitual**:

  Me llamó en cuanto supo *que había terminado.* ***Cuando estoy*** *aburrido,* ***veo*** *alguna serie.*

  No paraba de hablar ***desde que llegaba hasta que se iba****.*
- Sin embargo, se construyen con **subjuntivo** si expresan acciones **futuras**. Fíjate en cómo cambian los ejemplos anteriores:

  Me llamará en cuanto sepa *que he terminado.* ***Cuando esté*** *aburrido,* ***veré*** *alguna serie.*

  No parará de hablar ***desde que llegue hasta que se vaya****.*
- Con *antes de* y *después de* se utiliza el **infinitivo** cuando el sujeto de las oraciones es el mismo y el **subjuntivo** si son diferentes, independientemente de si las acciones están en pasado, presente o futuro:

  Tenía que arreglar la casa ***antes de que vinieran*** *los invitados.*

  Cierra la puerta ***después de salir****, por favor.*
- Para expresar que una acción es **inmediatamente posterior** a otra, además de *en cuanto*, se pueden usar estas otras estructuras: *al/nada más* + **infinitivo** y *tan pronto como/apenas* + **verbo conjugado**:

  Salió de clase ***nada más terminar*** *el examen.*

  Eso debía llevarse a cabo ***tan pronto como fuera*** *posible.*

RAE

GRAMÁTICA

- Los nexos siempre que y mientras adquieren valor **condicional** si se construyen con **subjuntivo**:

  Se podrán importar vacunas sin registro sanitario ***siempre que sean*** *adquiridas por el Instituto Nacional de Salud.*

  Mientras existan *los mares, la humanidad contará con energía.*
- El nexo antes que indica **anterioridad**, pero también puede denotar **preferencia**, con el significado de en vez de :

  Este es mi sitio. Llegué ***antes que*** *tú. Me pertenece.*

  Él siempre tenía alguna obligación que cumplir. Pero lo prefería ***antes que*** *afrontar de nuevo un futuro incierto.*
- El nexo después de que puede alternar el uso de **indicativo** y **subjuntivo** (especialmente en pasado) sin que haya diferencias de significado, según indica la *Nueva gramática de la lengua española* (§ 25.14h). Esta alternancia se da más en Hispanoamérica que en España, donde se prefiere el uso del subjuntivo:

  El plan lo supimos ***después de que*** *Lázaro y sus secuaces lo* ***llevaron*** *a cabo.* (México)

  Clara llamó varias veces anoche, un par de horas ***después de que te fueras****.* (España)

1.1 Completa las frases con el verbo entre paréntesis en el tiempo y el modo adecuados.

1. Cuando .... (viajar) a Italia, lo primero que visitaré será el Coliseo romano.
2. Era muy extrovertida hasta que una depresión le .... (cambiar) el carácter.
3. Tan pronto como .... (podar, yo) las ramas, empezaremos a plantar las flores.
4. Hemos terminado el examen antes de que .... (sonar) el timbre.
5. Apenas .... (terminar) la película, me fui a dormir.
6. Cada vez que te .... (preguntar) sobre tus padres, me respondes lo mismo.

1.2 Escribe frases en tu cuaderno con los verbos en infinitivo conjugados y los nexos que aparecen entre paréntesis.

1. Meditarlo (yo), decidir no comprar ese coche. (después de)
2. Leer (tú) este mensaje, estar (yo) en un avión hacia Argentina. (cuando)
3. Llamarme (ellos), salir (yo) de casa. (después de que)
4. Mi hermana empezar a hacer deporte, estar más en forma que nunca. (desde que)
5. Ir (yo) a mi pueblo, recordar lo feliz que ser allí. (siempre que)
6. Intentar pagar (yo), decirme (ellos) que la tarjeta estar caducada. (cuando)

2 Oraciones concesivas

- Las **oraciones concesivas** expresan una **dificultad u obstáculo** que no impide la realización de la acción de la oración principal. El conector más habitual es ***aunque***.
- Se usa *aunque* + **indicativo** para hablar de un **hecho objetivo** o de una **información** que es **nueva** para el interlocutor:

  Aunque hace *un poco de viento, se está bien aquí.*

  Aunque es *un trabajo bien pagado, no va a aceptarlo.*
- Se usa *aunque* + **presente de subjuntivo** cuando se introduce una información de la que se **desconoce** su **veracidad** o **cumplimiento**, cuando se le quiere **restar importancia** a una información compartida por los interlocutores o cuando se retoma para **polemizar**:

  Aunque empiece *a llover, saldremos como cada tarde.*

  Bueno, pues ***aunque sea*** *muy inteligente, repito, no sabe comportarse en público.*
- Se usa *aunque* + **imperfecto de subjuntivo** cuando la **información** que se introduce no es real sino **hipotética** o bien cuando el hablante considera el hecho **poco probable**:

  Aunque dijera *la verdad, nadie la creería.* (Sé que no dice la verdad, estoy planteando un supuesto./Es muy poco probable que esté diciendo la verdad).
- Con *aunque* + **pluscuamperfecto de subjuntivo** nos situamos en un plano **irreal**, porque hablamos de un hecho que no se produjo en el pasado y que solo planteamos como un supuesto:

  Aunque *te la* ***hubieras encontrado****, no te habría saludado.* (No te la encontraste).
- En contextos más formales se usa *a pesar de/pese a* + **sustantivo/infinitivo** o *a pesar de/pese a* + *que* + **indicativo/subjuntivo**:

  Pese a haber publicado/que haya publicado *tantas novelas, es una autora desconocida.*
- Los siguientes conectores indican **intensidad** o **insistencia** en algo sin obtener los resultados deseados:
  - *Por más/mucho-a-os-as* + **sustantivo** + *que* + **indicativo/subjuntivo**:
    Por más/mucha agua que bebo*, sigo teniendo sed.*
  - *Por más/mucho* + *que* + **indicativo/subjuntivo**:
    Por más/mucho que lo regañes*, no vas a conseguir que estudie más.*
  - *Por muy* + **adjetivo/adverbio** + *que* + **subjuntivo**:
    Por muy mala/mal que estuviera*, no tenía más remedio que ir a trabajar.*

2.1 **En parejas** Relaciona las dos columnas para formar frases con sentido.

1. Pese a que el alcalde fue sustituido,...
2. Por muy organizada que hubiera estado la Feria de Ciencias,...
3. Aunque sea solo un poco,...
4. Por más carantoñas que me hagas,...
5. A pesar de que ha habido protestas,...
6. Aunque podamos perder el dinero,...

a. siempre habría podido producirse un imprevisto.
b. yo querría seguir adelante con la inversión.
c. continuaron las irregularidades en el Ayuntamiento.
d. no cederé; estoy harta de tus caprichos, hija.
e. necesitamos dinero para montar el negocio.
f. la ley no ha sido revocada.

2.2 **En parejas** Completa las frases con el tiempo y el modo adecuados de los verbos entre paréntesis. En los casos en los que haya más de una solución posible, comenta con tu compañero/a si hay diferencias de significado.

1. Podría haberlo hecho Teresa, aunque .... (ser) por una vez, ¿no?
2. Voy a decir lo que pienso, pese a que mis opiniones no .... (ser) muy populares en este departamento y que .... (poder) jugarme el trabajo.
3. Ya sabes que en esta profesión, por mucho que .... (esforzarse, tú) y .... (trabajar, tú), no podrías ver los resultados a corto plazo. Los avances científicos son lentos y necesitan muchos años de duro trabajo.
4. ▶ ¿Abristeis el negocio que queríais?
   ▷ Sí, a pesar de que los expertos .... (decir) que era muy arriesgado.
   ▶ Yo pienso que tendréis mucho éxito por muy arriesgado que .... (resultar). No siempre hay que hacer caso de los expertos, por más que .... (saber) o .... (creer) saber.

2.3 **En grupos pequeños** Explica las diferencias de significado entre las siguientes oraciones. Luego escribe una combinación más y explica qué significa.

1. Aunque me han invitado, no voy a ir. ¡Qué aburrimiento!
2. Aunque me inviten, no iré. ¡Qué aburrimiento!
3. Aunque me hubieran invitado, no iría. ¡Qué aburrimiento!
4. ....

3 Oraciones causales y finales

- Las **oraciones causales** expresan el **motivo** o la **razón** por los que se produce una acción. También se usan cuando el hablante quiere **justificar** lo expresado en la oración principal. El conector más habitual es ***porque*** y se construye con **indicativo**:

  *Isabel no bebe leche **porque es** intolerante a la lactosa.*

  – Cuando la causa o justificación se considera **evidente** o es **compartida** explícita o implícitamente por el interlocutor, se introduce con las locuciones causales ***ya que, dado que*** o ***puesto que***. Suelen usarse para **argumentar** una proposición o petición o bien **dan lugar a la acción** de la oración principal:

  ***Ya que** estamos aquí, podemos visitar el museo, ¿no?*

  *No puede ir a la maratón, **puesto que** se ha roto una pierna.*

  – Para expresar que una afirmación **no es la causa verdadera** o **real** de una acción, se usa ***no porque*** + **subjuntivo** + ***sino porque*** + **indicativo**:

  *Me voy, **no porque** no me **guste** la exposición, **sino porque** estoy cansadísima.*

- Las **oraciones finales** expresan el **propósito** o **finalidad** de una acción. El nexo más común es ***para*** + **infinitivo** (mismo sujeto)/***que*** + **subjuntivo** (sujetos diferentes):

  *Estudié **para aprobar**./Me convenció **para que aceptara** su propuesta.*

  – Con ***por*** + **infinitivo** se puede expresar finalidad cuando significa 'con la intención de'. En este caso ***por*** y ***para*** son intercambiables:

  *Hizo el curso **por/para aprender** algo de informática.*

  – Después de verbos en **imperativo** o estructuras de **mandato** se puede usar ***que*** + **subjuntivo** para expresar finalidad:

  ***Di** la verdad, **que** todos **vean** que no le temes a nada.*

  – Con verbos de **movimiento** se puede usar ***a*** + **infinitivo**/***a que*** + **subjuntivo**:

  *Hemos venido **a ayudar**/**a que** nos **ayudes**.*

> Fíjate:
> Otros conectores son ***pues, como*** (antepuesto a la oración principal); ***por culpa de, gracias a (que), a causa de*** y ***por***:
> *Lo expulsaron de clase **por su mal comportamiento**.*

> Fíjate:
> Las locuciones prepositivas ***a fin de, con la intención/la esperanza/el fin/el propósito de*** expresan finalidad y se construyen como ***para***:
> *Convocó la reunión **a fin de presentar** su renuncia/**a fin de que presentases** tu renuncia.*

3.1 Completa las frases causales con los conectores del recuadro. En algún caso hay más de una opción posible.

porque | puesto que | a causa de | por | como | gracias a que

1. Suspendieron la maratón .... la lluvia.
2. .... llegaste tarde, no viste el comienzo del partido.
3. .... nadie más desea intervenir, pasamos a la votación.
4. Mi hermana estaba muy contenta .... haber conseguido el trabajo.
5. Al final pudimos ir al concierto .... hubo reventa de entradas.
6. No estoy enfadada .... haya suspendido, sino .... no estudié lo suficiente.

3.2 Completa las frases finales con el verbo entre paréntesis en la forma adecuada.

1. Te ayudaré para que la feria tecnológica .... (resultar) un éxito.
2. Salimos al balcón por .... (tomar) un poco el aire.
3. Carlos trabaja mucho para que su hija .... (ir) a la universidad.
4. Planificó todo con el fin de que el viaje .... (salir) a la perfección.
5. Lucía se detuvo a .... (llamar) por teléfono.
6. Hagámoslo, que .... (saber) todo el mundo que somos valientes.

4 Oraciones consecutivas

- Las **oraciones consecutivas** expresan la **consecuencia o efecto** de una acción.
  - Cuando presentamos una consecuencia como la **lógica** derivada de la acción, solemos usar ***por (lo) tanto, en consecuencia, por consiguiente, entonces***:
    *Lo llevaron donde quería, **por tanto**, se lo pasó muy bien.*
  - Cuando presentamos una consecuencia derivada de un **razonamiento** es frecuente usar ***de manera/modo/forma que, o sea que, así (es) que, por/con lo que*** seguidos de **indicativo** o **imperativo**, y *de ahí que* + **subjuntivo**:
    *Había demasiada gente, **por lo que** no nos **dejaron** entrar.*
    *No quiero hablar con nadie, **de manera que vete** de aquí.*
    *Tenía que ir al trabajo, **de ahí que se fuera** tan pronto.*
  - ***De manera/modo/forma que*** se construyen con **subjuntivo** si tienen **valor final**:
    *El Gobierno de ese país invirtió en educación **de modo que** todos los colegios **dispusieran** de pizarras digitales.*
- Para presentar una consecuencia **intensificando la cualidad o la cantidad** que la produce, se usa *tan* + **adjetivo**/*tanto-a-os-as* + **sustantivo/verbo** + *tanto* seguidos de *que*:
  ***Hablaba tanto que** acabamos todos mareados.*

4.1 Transforma en tu cuaderno las siguientes oraciones. Sigue el ejemplo.

Ejemplo: *Tuve que llamar a un cerrajero porque perdí las llaves de casa. (así que) › Perdí las llaves de casa, así que tuve que llamar a un cerrajero.*

1. En casa todos cocinamos bien porque mi abuela nos dejó sus recetas. (de ahí que)
2. Venga a recoger su paquete cuando quiera porque ya lo hemos recibido. (de modo que)
3. Debido a que ha habido un accidente en la A5, han desviado el tráfico. (por consiguiente)
4. Me tuve que ir a la cama porque estaba demasiado cansada. (tan ... que)
5. No he podido comprar pan porque el súper ya estaba cerrado. (o sea que)

Practica en contexto

1 [28] **En grupos pequeños** Observa estas fotografías. ¿Conoces este lugar? ¿Qué crees que es? ¿Para qué se usa? Luego escucha y comprueba tu respuesta.

1.1 **En parejas** Lee esta descripción objetiva del lugar y completa el cuadro con algunos ejemplos extraídos del texto.

La Ciudad de las Artes y las Ciencias (en valenciano y oficialmente, Ciutat de les Arts i les Ciències) es un enorme espacio cultural que se encuentra en la bella ciudad de Valencia, en España. Este formidable complejo ocupa una superficie de unos 350 000 m² y está formado por seis espectaculares edificios. Diseñado por el arquitecto valenciano Santiago Calatrava en 1996, este lugar nace con el objetivo de fomentar el conocimiento, la ciencia, la tecnología, el arte y el respeto por la naturaleza. Entre sus edificios, destaca el Museo de las Ciencias Príncipe Felipe, donde podemos ver exposiciones interactivas sobre ciencia y tecnología en salas amplias, diáfanas y acogedoras. También está el Hemisférico, un cine digital en 3D, con una enorme pantalla cóncava de 900 metros donde se proyectan, fundamentalmente, documentales educativos de no más de 45 minutos. Otra zona de este recinto es el Umbracle, un enorme jardín de más de 17 000 m² por el que puedes pasear mientras contemplas plantas típicas mediterráneas o esculturas contemporáneas. La Ciudad también incluye el Palacio de las Artes Reina Sofía, una sala destinada a la ópera y a las artes escénicas. El Oceanográfico es el espacio más conocido de todos: se trata de un parque marino al aire libre absolutamente recomendable; allí podrás ver cerca de 45 000 ejemplares de animales acuáticos, entre ellos, delfines, morsas y leones marinos. Finalmente, podemos visitar el Ágora, un recinto multifuncional para la celebración de eventos. Además, alrededor de todo este complejo hay refrescantes estanques, que lo convierten en un lugar ideal para relajarse y pasear, de día o de noche.

Fíjate:
Una descripción objetiva se puede convertir en subjetiva si habla de las sensaciones que un lugar produce a quien lo observa:
La casa estaba decorada con colores azules, blancos, cremas... esto permitía sumergirse en un estado de paz y tranquilidad.

Recursos para describir un lugar

- **Adjetivos**: *una ciudad abierta y alegre; calles empedradas;* [1] ....
  - Muchos de estos adjetivos aparecen a menudo modificados por adverbios cuantificadores de modo: *un jardín completamente vallado;* [2] ....
- **Enumeraciones**: *destacan sus torres, sus templos y sus palacios;* [3] ....
- **Comparaciones**: *hay tanta humedad como en una ciudad costera;* [4] ....
- **Aposiciones**: *Santiago, capital de Chile;* [5] ....
- Uso mayoritario del **presente** y del **imperfecto de indicativo** en oraciones **breves** con sintaxis **sencilla**: *El monte parecía tener su brisa propia;* [6] ....
- **Preposiciones** y **locuciones adverbiales** para **ubicar**: *debajo de, encima de, al fondo, al lado, en el centro,* [7] ....
- **Conectores de adición** o **suma**: *asimismo, y, además,* [8] ....
- **Organizadores textuales:** *en primer lugar, en segundo lugar, por último,* [9] ....

1.2 **En parejas** Elige uno de los recintos y descríbelo por escrito. Busca información en internet si es necesario. Trabaja con tu compañero/a.

Museo de las Ciencias Príncipe Felipe

Hemisférico

Jardín del Umbracle

Palacio de las Artes Reina Sofía

Oceanográfico

Ágora

- Cuando se realiza una descripción, es conveniente organizar los datos de lo general a lo particular, del primer plano al fondo, de dentro afuera, de izquierda a derecha, o viceversa.
- Para describir objetos o, en este caso, un edificio, se usan, entre otros, adjetivos referidos a la forma: *redondo/a, cuadrado/a, rectangular, triangular, circular, curvo/a, alargado, alto/a, bajo/a...*

1.3 **En parejas** Lee las siguientes opiniones sobre el Museo de las Ciencias Príncipe Felipe e inserta cada justificación del recuadro en la opinión correspondiente.

a. debido a que el museo está concebido para ir con niños | b. ya que todas las exposiciones son excelentes | c. pues aprendimos ciencia de forma interactiva | d. por visitar el museo | e. dado que es una exposición interesantísima | f. porque se permite tocar los objetos y las máquinas que están expuestos

1. Me ha parecido muy interesante la visita al museo, ☐: están muy elaboradas y cuidadas en sus detalles.
2. Es un museo interactivo ☐.
3. Mis hijos se lo pasaron en grande, ☐.
4. Nos apasionó el lugar, ☐, jugando y con actividades prácticas.
5. Estaba impaciente ☐ y no me defraudó. Lo que más me gustó fue la Academia del Espacio.
6. No te vayas sin visitar Gravedad Cero, ☐ que incluye réplicas a escala de algunos cohetes espaciales de la Agencia Espacial Europea.

1.4 **Todo el grupo** Habla de alguna exposición o museo que hayas visitado recientemente. Explica dónde estaba, cómo era el lugar, de qué trataba la exposición o cuál era la temática del museo, y si te gustó o no. Justifica tus afirmaciones.

2 **Todo el grupo** Fíjate en las siguientes imágenes. ¿De qué lugares se trata? ¿Qué se celebra en ellos?

ExpoInternet Latinoamérica (Buenos Aires)

South Summit (Madrid)

Informática (La Habana)

Bionovo (Bogotá)

Expo Perú Technology Innovation (Lima)

Mobile World Congress (Barcelona)

2.1 **En parejas** Elige una de las ferias anteriores y busca información para contestar a las siguientes preguntas.

1. ¿A qué sector o sectores está dedicada?
2. ¿Dónde y cada cuánto tiempo se celebra?
3. ¿Cuál es su objetivo?
4. ¿Por qué atrae a los profesionales?
5. ¿Qué tipo de eventos se celebran en ella?
6. ¿Puede visitarla el público en general? ¿Cuándo?

2.2 **Todo el grupo** ¿Te parecen interesantes estas ferias? ¿Por qué? ¿Qué consecuencias tiene para la sociedad actual la celebración de este tipo de eventos? ¿Piensas que es un buen espacio para conocer los últimos avances tecnológicos?

2.3 **En grupos pequeños** Vais a organizar una feria tecnológica en la escuela. Consultad en internet cuáles son las novedades de este año en los diferentes sectores, tomad nota de los que más os interesen y conseguid algunas imágenes. Después seguid los pasos que se indican a continuación.

- Planificar el evento (dónde va a instalarse, horario, duración, salas, medios técnicos...).
- Determinar el tipo de productos que se van a exponer.
- Decidir su estructura (exposición, conferencias, congreso...).
- Diseñar un plano del espacio para distribuir a los expositores, los diferentes puntos de información, las salas para la celebración de eventos y reuniones...
- Pensar en la promoción del evento (cómo se va a anunciar, con cuánta antelación, en qué soportes...).

2.4 **Todo el grupo** Presentad vuestra feria al resto de la clase y valorad la de vuestros compañeros. ¿A cuál de ellas asistiríais? ¿Por qué?

3 [29] Ordena los párrafos de este texto que habla sobre una ciencia aplicada relativamente reciente: la nanotecnología. Luego escucha el audio y comprueba tu respuesta.

Nanotecnología: una pequeña solución a grandes problemas

a. ☐ No obstante, el futuro de la nanotecnología vislumbra luces y algunas sombras en el horizonte. Por un lado, como acabamos de ver, los nanomateriales **cuentan con** propiedades específicas que dan lugar a numerosas aplicaciones.

b. ☐ Se puede concluir, que, dado que la ciencia va por delante de la prevención, corresponde ahora a los prevencionistas evitar los riesgos para la salud humana que representa la aplicación de esta disciplina.

c. 1 Partículas invisibles que combaten células cancerígenas, microprocesadores más rápidos o baterías que **tardan en** agotarse diez veces más son solo algunas de las muchas aplicaciones de la nanotecnología, una disciplina que nos **está llevando a** lo que muchos denominan una segunda revolución industrial. Pero ¿qué es la nanotecnología?

d. ☐ Estas aplicaciones abarcan todo tipo de sectores industriales. En el campo de la electrónica, por ejemplo, los nanotubos de carbono se utilizan como material para fabricar microchips y dispositivos más pequeños, veloces y eficientes. En relación con la energía, un nuevo semiconductor permite fabricar paneles solares que duplican la energía que producen. Si **nos referimos al** campo de la biomedicina, también se encuentran algunos nanomateriales que son idóneos para mejorar el diagnóstico precoz y el tratamiento de enfermedades neurodegenerativas o del cáncer.

e. ☐ Sin embargo, debido precisamente a estas características, los nanomateriales tienen también una amplia variedad de posibles efectos tóxicos, como la aparición de patologías pulmonares o cutáneas asociadas a la exposición a nanopartículas, ya sean estas liberadas de forma natural o en procesos industriales.

f. ☐ Pues es una ciencia aplicada que básicamente **consiste en** manipular la estructura molecular de los materiales a una escala increíblemente pequeña para cambiar sus propiedades intrínsecas y obtener nuevos materiales con aplicaciones revolucionarias.

g. ☐ Igualmente, en el sector de la alimentación, encontramos los nanobiosensores, que **se emplean en** la detección de patógenos en los alimentos. Y en la industria textil, la aplicación de esta disciplina **trata de** desarrollar materiales que no se manchen y que sean más resistentes, ligeros y duraderos.

Adaptado de https://otech.uaeh.edu.mx/noti/index.php/nanotecnologia/nanotecnologia-una-pequena-solucion-a-los-grandes-problemas

El texto expositivo

Un texto expositivo es aquel que expresa conceptos, ideas o hechos de forma objetiva. Se usa para la divulgación de ideas, conceptos o datos específicos referentes a diversos ámbitos. Puede ser deductivo, cuando parte de lo general para llegar a lo más específico, o inductivo, cuando de los datos particulares se llega a conclusiones generales.

Recursos principales del texto expositivo

- Uso del presente de indicativo y de la tercera persona.
- Organización en tres partes: introducción o presentación del tema, desarrollo o argumentación del mismo, y conclusión o síntesis de las ideas principales.
- Empleo de conectores argumentativos:
  - Empezar un texto › *para empezar, en principio, en primer lugar...*
  - Ordenar las ideas › *asimismo, además, por un lado... por otro, en otras palabras, igualmente...*
  - Añadir un ejemplo › *en concreto, por ejemplo, para ejemplificar...*
  - Contraponer ideas › *por el contrario, en cambio, sin embargo...*
  - Concluir el texto › *en definitiva, en suma, para finalizar, por último...*

3.1 **En parejas** ¿Crees que la nanociencia cambiará el mundo? ¿Piensas que sus beneficios valen la pena si se comparan con sus efectos negativos?

3.2 **En parejas** Fíjate en los verbos que aparecen destacados en el texto, ¿qué tienen todos ellos en común? Con tu compañero/a, piensa en otros diez verbos que funcionen del mismo modo y anótalos en tu cuaderno.

4 **En parejas** Escribe un texto expositivo sobre un tema científico de tu interés (calentamiento global y contaminación, ventajas e inconvenientes de la energía nuclear, los coches eléctricos, vacunación y prevención...). Incluye algunos de los verbos con preposición que has estudiado. Trabaja primero con tu compañero/a en la búsqueda de información, en la confección del borrador. Luego escribe el texto final de modo individual.

GINO TUBARO y ATOMIC LAB

1 **En parejas** Observa las imágenes. ¿Qué están haciendo estas personas? ¿Qué tienen en común? Coméntalo con tu compañero/a.

2 **En grupos pequeños** Vas a leer un texto sobre el joven Gino Tubaro y la asociación Atomic Lab. Antes observa la portada de su libro, ¿a qué crees que se dedica?

2.1 Lee el texto y comprueba tu respuesta anterior.

Gino Tubaro es un joven inventor nacido en 1995 en Buenos Aires, Argentina, que crea prótesis con una impresora 3D y las distribuye gratuitamente a través de su ONG Atomic Lab entre las personas que las necesitan y que no disponen de dinero para comprarlas. Se financia con los donativos que recibe a través de esta ONG.

Con solo 15 años consiguió una beca para estudiar Robótica y Electrónica en la prestigiosa escuela ORT. En 2012, él y un compañero armaron su primera impresora 3D y empezaron a gestar este proyecto. Por ese entonces, les llegó un mensaje de la mamá de Felipe, un niño de 11 años que, por haber perdido una mano, sufría acoso escolar. El modelo de mano que fabricaron para Feli era todavía muy rudimentario, pero a él le cambió la vida. A partir de ese momento, empezaron a mejorar el proyecto y, hoy en día, Gino Tubaro lidera la producción de prótesis ortopédicas impresas en 3D.

En 2015 fundó su ONG y empezó a repartir prótesis gratuitas a miles de personas con pocos recursos. Además, su red Embajadores Atómicos permite a voluntarios de distintos países descargar el archivo de las diferentes prótesis e imprimir manos y brazos para distribuirlas en su entorno.

"Soy inventor, prefiero hacer más que contar".

"Con muy poco podemos cambiar la vida de una persona: con su prótesis, puede escribir, volver a tocar la guitarra, pescar o andar en bicicleta por primera vez".

RAE LÉXICO
Hispanoamérica › andar en bicicleta, en moto, a caballo…
España › montar en bicicleta, en moto, a caballo…

Con un currículum brillante y ganador de prestigiosos premios, Gino decidió dejar su cómodo trabajo para el Estado y utilizar la tecnología de modo solidario. A través de Atomic Lab, y gracias a las donaciones que recibe, se dedica a inventar soluciones para las personas que más lo necesitan. Entre sus inventos encontramos un "braille dinámico" que permite leer libros sin digitalizarlos o la impresión de cierres para el cordón umbilical de los recién nacidos, lo que supone salvar muchas vidas en los lugares más pobres del planeta. Además, durante la pandemia de la COVID-19, Tubaro decidió fabricar mascarillas reciclando todo tipo de plásticos, como botellas o radiografías, y compartió esos archivos entre sus embajadores de todo el mundo. Las mascarillas diseñadas por Tubaro se hacen en menos tiempo que otros modelos: "Con un kilo de material se obtienen entre 60 y 80 unidades, mientras que con otros métodos se consiguen 10 o 15", asegura.

En definitiva, Tubaro utiliza la tecnología de la manera más económica posible para resolver necesidades especiales de las personas sin recursos.

Adaptado de https://redshift.autodesk.es/atomic-lab/ y de http://www.ginotubaro.com/

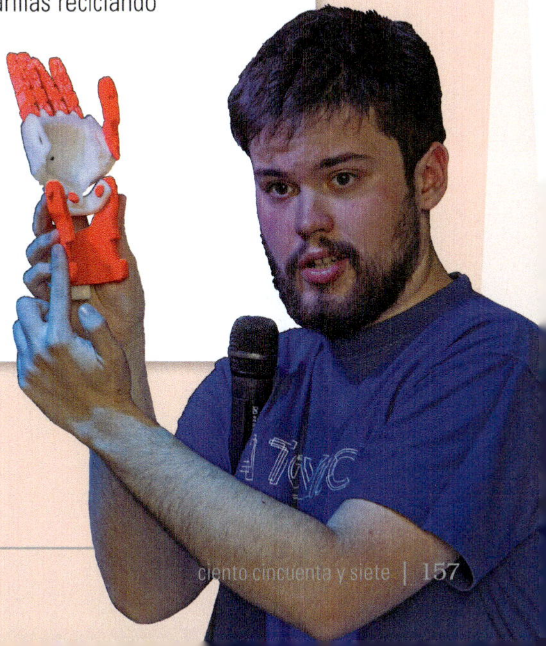

2.2 **En parejas** ¿Qué información sobre Gino Tubaro te parece más interesante? ¿Conoces alguna iniciativa parecida? ¿Qué imprimirías tú en 3D para facilitar la vida de las personas?

REPORTAJES Entrevista a Margarita Salas

Antes del vídeo

1 **En grupos pequeños** ¿Qué es el *Efecto Matilda*? Lee las siguientes definiciones y elige la opción correcta. Razona tu respuesta.

1. Se refiere a la completa incorporación de las mujeres a la labor científica y al auge de su aportación y participación en múltiples investigaciones.
2. Es la discriminación que se produce en contra de los logros de las mujeres científicas cuyas aportaciones suelen ignorarse, minimizarse o atribuirse a sus compañeros hombres.
3. Hace referencia al nivel de participación de las mujeres en la ciencia, que disminuye a medida que se avanza en la carrera profesional y también en cuanto a la ocupación de puestos jerárquicos en este ámbito.

2 **Todo el grupo** ¿Piensas que actualmente el papel de la mujer en la investigación científica es el que le corresponde? Justifica tu opinión.

3 **En parejas** Vas a ver el vídeo de una entrevista que le hicieron a Margarita Salas tres meses antes de su muerte, acaecida en noviembre de 2019, cuando estaba a punto de cumplir 81 años. Fíjate en la imagen y describe a esta mujer y lo que la rodea. ¿Quién crees que era? ¿Por qué piensas que es reconocida?

Durante el vídeo

4 **En parejas** Estas son las preguntas que se le han formulado a Margarita Salas durante la entrevista. Visiona el vídeo completo y numéralas según el orden de aparición de sus respuestas. Luego compara con tu compañero/a.

> Fíjate:
> El *ADN (ácido desoxirribonucleico)* es una sigla masculina (*el* ácido); sin embargo, y según el *Diccionario de términos médicos* de la Real Academia Nacional de Medicina, la *ADN-polimerasa* es un término femenino porque se refiere a una enzima.

a. ☐ Usted ha dicho en alguna ocasión que Severo Ochoa la trató como persona y no como mujer. ¿A qué se refería con esas palabras exactamente?

b. ☐ Ese trato que usted recibió al principio de su carrera, ¿ha desaparecido hoy en día?

c. ☐ ¿Qué piensa sobre el feminismo de cuotas? ¿Le parece justo?

d. ☐ ¿Quién la inspira?

e. ☐ ¿En qué está trabajando en este momento?

f. ☐ ¿Qué es la ADN-polimerasa y para qué sirve?

g. ☐ Imaginamos que las posibilidades con las que usted se encontró en Estados Unidos para investigar eran muchas más que en España, ¿en qué hemos mejorado respecto a entonces?

h. ☐ ¿Sus descubrimientos de la ADN-polimerasa han tenido alguna aplicación práctica?

i. ☐ ¿Cuándo cree que se producirá la igualdad total entre hombres y mujeres en el campo de la investigación científica?

j. ☐ Cuando se pone en marcha una investigación, ¿hay que pensar en términos de rentabilidad económica?

5 **En parejas** Visiona el fragmento 00:28 ▶ 02:28 donde Margarita Salas explica su contribución más destacable al campo de la ciencia y responde a las preguntas.

1. ¿Qué es la ADN-polimerasa?
2. ¿Qué virus lo induce?
3. ¿Quién tiene la licencia de explotación de la ADN-polimerasa?
4. ¿Para qué sirve?

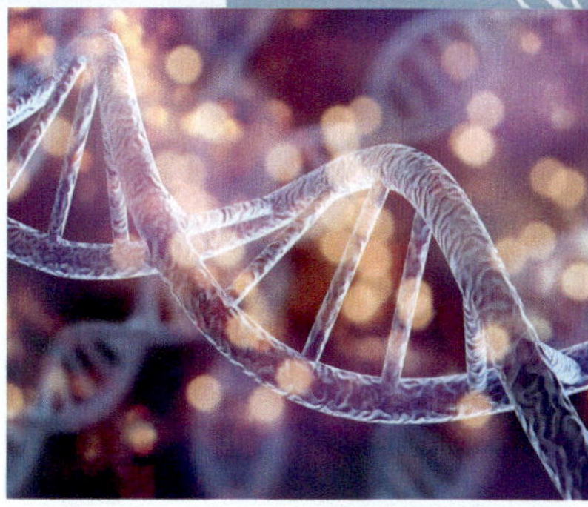

6 **En grupos pequeños** Visiona el fragmento 02:29 ▶ 03:57 y explica la afirmación de Margarita Salas de que "Severo Ochoa la trató como una persona". ¿Qué opina ella sobre la situación actual de las mujeres científicas? ¿Qué futuro les augura?

7 **En grupos pequeños** Visiona el fragmento 03:58 ▶ 04:49 y analiza el punto de vista de esta científica sobre el papel de la mujer como profesional en el mundo de la ciencia. ¿Estás de acuerdo con ella?

8 **En grupos pequeños** Una gran inspiración para Margarita Salas fue Rita Levi-Montalcini. Visiona el fragmento 04:50 ▶ 05:52 y explica quién fue esta mujer y por qué la admiraba tanto.

Después del vídeo

9 **En parejas** Completa la biografía de esta científica con la información extraída del vídeo.

Margarita Salas (1938-2019) fue una [1] **bioquímica/bióloga** española y discípula del premio nobel [2] **Ramón y Cajal/Severo Ochoa**, con quien trabajó en [3] **España/Estados Unidos**. Esta gran científica fue pionera, junto a su marido Eladio Viñuela, en el campo de la bioquímica y la [4] **biología/física** molecular en España. Entre los logros de su carrera, se encuentra el descubrimiento de la [5] **ADN-polimerasa/ARN-polimerasa** del virus bacteriófago Phi29, que tiene una aplicación crucial en biotecnología: permite [6] **reducir/amplificar** el ADN de manera sencilla, rápida y fiable.

En 1987 [7] **patentó/explotó** su sistema de amplificación de ADN en Estados Unidos, y posteriormente, en 1997, lo hizo en Europa a nombre del CSIC (Consejo Superior de Investigaciones Científicas). Esta patente ha sido una de las más rentables de este organismo. Trabajó como profesora en el Centro de Biología Molecular Severo Ochoa de Madrid, donde acudió a diario a su [8] **despacho/laboratorio** hasta pocos días antes de su muerte.

10 **Todo el grupo** ¿Qué os parecen las siguientes afirmaciones? ¿Estáis de acuerdo con Margarita Salas?

- "Lo importante no es no tener arrugas en la cara sino no tener arrugas en el cerebro".
- "Cuando yo empecé la tesis doctoral, en el año 1961, yo era discriminada, era invisible".
- "Creo que la sociedad tiene que mentalizarse de que existen mujeres y de que ellas tienen tanto derecho como los hombres a conseguir un puesto si valen".

11 **Todo el grupo** En la parte final del vídeo, Margarita Salas habla de la situación actual de la investigación en España. ¿Crees que es importante que los Gobiernos inviertan más dinero en investigación o piensas que lo que hay que hacer es buscar más patrocinios y aportaciones privadas? ¿Cómo es la situación de la ciencia en tu país?

Evaluación

1 Completa las siguientes frases con la palabra o expresión que falta.

1. Menos mal, ya tengo agua caliente. Ayer, por fin, pude .... el gas.
2. Tienes una casa preciosa, con piscina y jardines comunes, pero los gastos de .... son enormes. Yo no podría pagarlos.
3. Mis padres .... una hipoteca cuando se compraron el piso, y ahora, después de 30 años, lo tienen ya ....
4. Es una casa chiquitita, pero con un .... muy acogedor.
5. Esta casa .... un patio muy bonito, con muchas flores y una fuente. El problema es que hay humedad en las habitaciones, así que tengo que .... reforma.
6. El piso tiene 80 metros cuadrados muy bien aprovechados; es una vivienda con una buena ....

2 Completa las siguientes frases con algunas de las palabras del recuadro.

investigación | teoría | tejidos | leyes | molécula | fórmula matemática
genética | química | principios fundamentales | avances tecnológicos

1. Según esa ...., el agua antigua de Marte pudo quedar atrapada en minerales de la corteza marciana.
2. Mediante esta .... se obtiene la superficie de la figura.
3. El Gobierno debería destinar más dinero a la .... del cáncer.
4. La nanociencia ha permitido realizar .... de gran magnitud.
5. La .... nos ayuda a saber por qué los miembros de una misma familia tienen rasgos comunes, por ejemplo.

3 Elige la opción correcta.

1. **Cuando/Mientras/Siempre que** hablé con tu primo, estaba muy contento.
2. **Siempre que/En cuanto/Nada más** llegó, empezó a poner la mesa.
3. Te ayudaré **nada más/antes de/tan pronto como** termine estos ejercicios.
4. **Hasta que/Cuando/Desde que** no me digas la verdad, no saldrás de tu habitación.
5. **Antes de que/Después de que/Cuando** empezara la película, preparaba palomitas.
6. Llámame **cada vez que/cuando/hasta que** vaya el electricista a tu casa esta tarde.
7. **Cada vez que/Hasta que/Después de que** termine el partido te acompaño.
8. **Siempre que/Mientras/Antes de que** venía, pasaba a saludarnos.

4 Completa estas frases libremente en tu cuaderno para formar oraciones concesivas.

1. Aunque dijera la verdad...
2. A pesar del tiempo...
3. Por mucho que gritaba...
4. Te pongas como te pongas...
5. Condujo toda la noche a pesar de que...
6. Lorena recibió el premio, pese a que...
7. Aunque la busque por toda la casa...
8. No contratan a nadie, por mucha...

5 **Completa las siguientes frases con el verbo entre paréntesis en el tiempo y el modo adecuados.**

1. Habla más alto, que te .... (oír) todos.
2. Voy a pedir hora para .... (llevar) el coche al taller.
3. He venido a .... (felicitar) a Marta.
4. Te ayudé a fin de que la feria .... (ser) un éxito.
5. Te llamarán con el propósito de que .... (ser, tú) su nuevo socio.
6. Esta caja es para .... (llevar, la caja) al trastero.
7. Me marcho con la esperanza de que .... (hablar, vosotros) y .... (solucionar) las cosas.
8. Fui a que me .... (entregar, ellos) los resultados de la prueba.
9. Ponte las gafas, que te .... (proteger) del sol.

6 **Relaciona.**

1. Ese lugar es famoso...
2. No disfrutamos mucho el paseo...
3. Es muy tarde... Debería volver a casa...
4. Siempre sobresale...
5. No sigas esforzándote...
6. Lo escribo...
7. Nadie lo conocía bien...
8. Tendremos que arreglar un poco el vestido...

a. por su inteligencia.
b. por culpa de la lluvia.
c. puesto que era de tu madre.
d. porque, si no lo hago, me olvido.
e. por su gastronomía.
f. pues mis padres van a preocuparse.
g. dado que no hablaba demasiado.
h. ya que no tiene solución.

7 **Escribe un texto en tu cuaderno sobre los beneficios y riesgos de los avances científicos y tecnológicos en nuestra sociedad. Usa los recursos que has aprendido para expresar la consecuencia o efecto de una acción.**

8 **Completa las frases con las preposiciones que faltan.**

1. No te entrometas .... mis asuntos.
2. Tengo que acudir .... mi cita con el dentista.
3. Cuenta .... nuestra ayuda para lo que necesites.
4. No debemos abusar .... las grasas poliinsaturadas, ya que son perjudiciales para la salud.
5. No nos tienes que convencer .... nada. Te creemos.
6. Siempre disfruto .... cada puesta de sol en Málaga.
7. Al final del cuento, la rana se convierte .... príncipe.
8. Mi jefe siempre se fija .... los pequeños detalles, es muy observador.
9. No me acostumbro .... escribir con este nuevo teclado.

9 **En esta unidad, además de cuestiones lingüísticas, has tratado algunos temas relacionados con la ciencia y la tecnología. ¿Has aprendido algo nuevo en este campo? ¿Crees que puedes hablar en español sobre estos temas en un contexto no académico? Justifica tus respuestas.**

Unidad

9 ¡Qué historia!

¿Conoces el complejo arquitectónico de la foto principal? ¿De qué época es?

¿Qué sabes de ese periodo de la historia de España?

¿Quién es la persona de la imagen en blanco y negro?

¿Por qué es una de las figuras mexicanas más influyentes de su tiempo?

Fíjate en el cartel de la película. El título aparece entre paréntesis traducido al náhuatl.

¿Sabes de qué cultura prehispánica proviene este idioma? ¿Qué culturas prehispánicas conoc

En esta unidad vas a. . .

- Hablar sobre épocas y acontecimientos históricos
- Referir lo dicho por otras personas
- Conocer los verbos de comunicación, lengua o habla
- Utilizar algunas estrategias para mantener una conversación
- Conocer la historia de los países hispanos a través del cine

¿Qué sabes?

1 **Todo el grupo** Cuando oyes la palabra *historia*, ¿a qué te remite? Justifica tu respuesta.

Ejemplo: *Para mí este término es sinónimo de* civilización, *porque me remite a las diferentes culturas que han existido a lo largo de los siglos.*

RAE

LÉXICO

Estas son algunas expresiones idiomáticas formadas a partir de la palabra historia.

- Así se escribe la historia se dice de aquel hecho falso que se da por verdadero o como recriminación a la persona que está falseando la verdad de un hecho cuando lo cuenta:
  Así se escribe la historia. *Lo que en un momento parece sacrilegio, en otro momento es lo más normal.*
- Algo pasa a la historia cuando ya ha terminado, cuando pierde actualidad o interés: *La época en la que se veía a las tabletas como un lujo personal ya* ***pasó a la historia****. Hoy son un instrumento de trabajo necesario para poder progresar.*
- Para pedirle a alguien que deje de dar rodeos y que se centre en lo importante, se usa dejarse (alguien) de historias (coloquial): ***Déjate de historias****, Samuel, tenemos que hablar.*

¿Alguna de estas expresiones se dice igual en tu lengua?

Mapa de Ecuador, Colombia y Venezuela

Enfermera durante la gripe española

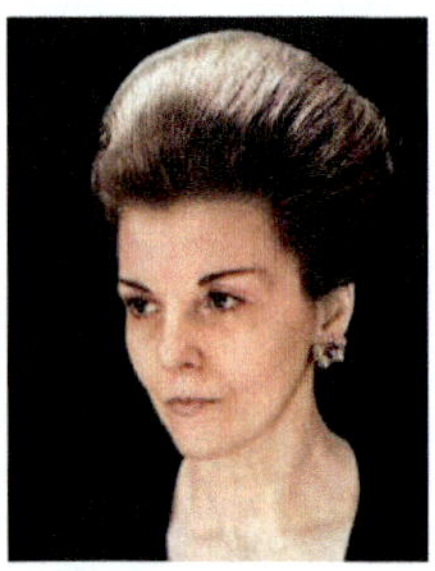
María Estela "Isabelita" Martínez de Perón

2 **En parejas** ¿Qué sabes de la historia de España e Hispanoamérica? Marca las afirmaciones que crees que son verdaderas y corrige las falsas.

1. ☐ Augusto Pinochet fue un dictador argentino que encabezó el golpe de Estado de 1973 contra Salvador Allende.
2. ☐ Madrid siempre ha sido la capital de España.
3. ☐ La primera mujer en el mundo que asumió la presidencia de un país fue María Estela Martínez de Perón (Argentina, entre 1974 y 1976).
4. ☐ Ecuador, Colombia y Venezuela fueron un único país durante un periodo de tiempo.
5. ☐ Costa Rica tiene el ejército profesional más antiguo de Hispanoamérica.
6. ☐ La gripe española no fue española.

3 **En parejas** Estos son algunos personajes históricos del mundo hispano. Relaciónalos con su descripción correspondiente. Luego compara los resultados con tu compañero/a.

1. Vasco Núñez de Balboa (1475-1519) | 2. Agustina de Aragón (1786-1857)
3. Adolfo Suárez (1932-2014) | 4. Rigoberta Menchú (1959) | 5. Óscar Arias Sánchez (1940)

a. ☐ Líder indígena y activista guatemalteca, defensora de los derechos humanos, embajadora de buena voluntad de la Unesco y ganadora del Premio Nobel de la Paz.

b. ☐ Primer presidente del Gobierno de España tras la dictadura de Franco, entre 1976 y 1981.

c. ☐ Expresidente de Costa Rica. Recibió el Premio Nobel de la Paz en 1987 por participar en los procesos de paz de los conflictos armados de América Central en la década de los 80.

d. ☐ Primer europeo en divisar el océano Pacífico después de atravesar el Atlántico y fundador de una ciudad en el Nuevo Mundo.

e. ☐ Heroína española, defensora de Zaragoza frente a los franceses durante la guerra de la Independencia.

3.1 **En grupos pequeños** Ahora busca información sobre uno de estos otros personajes relevantes de la historia de España y escribe una descripción similar a las de la actividad anterior. Tus compañeros tendrán que adivinar de quién se trata. ¿Cuál de estos personajes históricos merecería una película o una serie según tu opinión?

Séneca | Manuela Malasaña | Carlos I | Clara Campoamor | Goya | Lorca
Maruja Mallo | Averroes | Felipe II | Trajano | Isabel la Católica | Franco

Federico García Lorca

Manuela Malasaña

Clara Campoamor

Francisco de Goya

Séneca

4 **En parejas** Lee a tu compañero/a estas citas de personajes relevantes y pídele que explique su significado.

Estudiante A

"No hay que ir para atrás ni para darse impulso". (Lao Tsé)

"El futuro de los niños es siempre hoy. Mañana será tarde". (Gabriela Mistral)

"La inspiración existe, pero tiene que encontrarte trabajando". (Picasso)

Estudiante B

"Sería bueno sentir menos curiosidad por las personas y más por las ideas". (Marie Curie)

"No quiero que tengas esperanza, quiero que entres en pánico". (Greta Thunberg)

"El sabio no dice nunca todo lo que piensa, pero siempre piensa todo lo que dice". (Aristóteles)

Fíjate:
Para referirte a una **cita célebre** puedes usar *como dice/ha dicho/dijo/diría* + personaje célebre + cita:
Como dice Jacinto Benavente, una cosa es continuar la historia y otra repetirla.

5 **Todo el grupo** Contesta a estas preguntas y comenta tus respuestas con tus compañeros para ver en qué coincidís.

1. ¿Crees que es importante recordar la historia? ¿Por qué?
2. ¿Conoces bien la historia reciente de tu país? ¿Cuál ha sido, en tu opinión, el acontecimiento histórico más importante de tu país en los últimos diez años?
3. ¿Y los tres acontecimientos históricos más importantes de los últimos cien años?
4. Si pudieras cambiar un evento histórico, ¿cuál sería y por qué?
5. ¿A qué personaje histórico te hubiese gustado conocer en persona? ¿Por qué?

Palabras

1 **En grupos pequeños** Este es un esquema de las principales etapas de la historia. ¿Recuerdas algunos hechos ocurridos durante estos periodos? Completa los huecos con las palabras que faltan. Trabaja con tus compañeros de grupo.

Prehistoria[1]

Se inicia con la aparición de los homínidos y llega hasta la invención de la escritura.

Edad de Piedra

Paleolítico ▸ Mesolítico ▸ Neolítico

Edad de los Metales

Cobre ▸ Bronce ▸ Hierro

Edad Antigua

Desde la aparición de la escritura

2 500 000 a. C. — 6000 a. C. — 3500 a. C. — 476 d. C.

- Aparece el *Homo sapiens*.
- Surge el [1] .... oral.
- Se descubre el fuego.
- Se crean las primeras [2] .... de piedra.
- Se establecen las primeras aldeas.
- Se desarrollan la [3] .... y la ganadería.

[1] Desde el punto de vista cronológico, los límites de la Prehistoria no son claros, pues ni la llegada del ser humano ni la invención de la escritura tienen lugar al mismo tiempo en todas las zonas del planeta.

- Aparece la escritura.
- Surgen las grandes [4] ....: Egipto, Grecia, Roma…
- Se libran grandes [5] .... y guerras que serán el origen de la esclavitud.
- Se desarrollan las concepciones políticas de [6] .... y dictadura.

1.1 [30] Escucha a un historiador que explica cada una de estas etapas para comprobar tus respuestas anteriores.

A

B
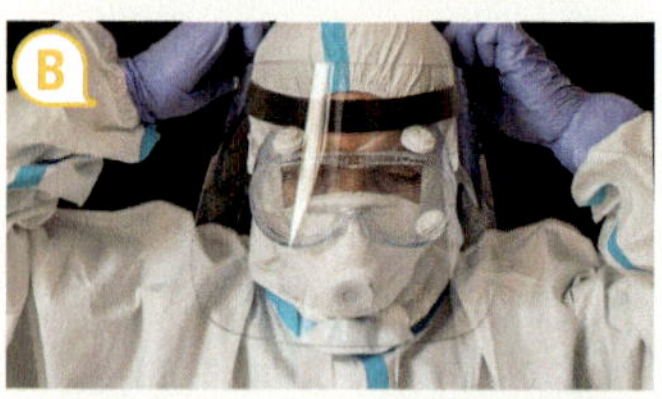

C

2 **En grupos pequeños** Estas imágenes muestran tres acontecimientos muy importantes de la historia mundial reciente. ¿Sabes cuáles son? Relaciónalas con las palabras que están debajo. ¿Qué palabras se pueden asociar a más de un acontecimiento?

1. ☐ mascarilla
2. ☐ destrucción
3. ☐ pandemia
4. ☐ guerra
5. ☐ secuestro
6. ☐ persecución
7. ☐ desaparecidos
8. ☐ dictadura militar
9. ☐ crímenes contra la humanidad
10. ☐ asociación argentina
11. ☐ ataque terrorista
12. ☐ lucha
13. ☐ derrumbarse
14. ☐ atentado
15. ☐ negacionista
16. ☐ estrellar
17. ☐ terrorismo
18. ☐ cuarentena
19. ☐ virus
20. ☐ pañuelo blanco
21. ☐ vacuna
22. ☐ manifestarse
23. ☐ confinamiento

Historia

Abarca desde la invención de la escritura hasta la actualidad.

Edad Media	Edad Moderna	Edad Contemporánea
Desde la caída del Imperio romano	Desde la llegada de Colón a América	Desde la Revolución francesa
476 d. C.	1492	1789 — Siglo XXI

Edad Media

- Surgen los reinos, gobernados por [7] ....
- Tiene lugar la expansión del [8] .... y nace el islam.
- Se inician las guerras religiosas y las [9] ....
- Aparece la [10] .... para perseguir la herejía.
- Se instaura el [11] .... como organización social.
- Surge la [12] .... como clase social.
- Sobreviene la [13] .... de la peste negra.

Edad Moderna

- Tiene lugar el proceso de la llegada y [14] .... de América.
- Se consigue la [15] .... de la esclavitud.
- Se producen grandes [16] .... científicos (máquina de vapor, vacunas…).
- Se pone fin al absolutismo gracias a la [17] .... francesa.

Edad Contemporánea

- Se inicia la Revolución [18] ....
- Tiene lugar la I Guerra Mundial y surge el [19] ...., que provocará la II Guerra Mundial.
- Aparecen el [20] .... y el comunismo.
- Se logran grandes avances en la [21] .... y la tecnología.
- El hombre llega a la [22] ....
- Se desarrollan la [23] .... e internet.
- Mejoran las libertades y los [24] .... humanos.

2.1 **En grupos pequeños** ¿Qué sabes de esos tres momentos históricos? ¿Dónde y cuándo tuvieron lugar? ¿Qué información conoces sobre sus causas y sus consecuencias?

3 Relaciona las columnas para formar combinaciones léxicas referentes a la historia.

1. Fundar
2. Asesinar
3. Proclamar
4. Conquistar/Invadir
5. Coronar
6. Ganar/Perder

a. una batalla/una guerra.
b. la república/la independencia/la victoria.
c. una ciudad/un organismo.
d. a un-a tirano-a/rey-reina/presidente-a/general…
e. a un-a emperador-emperatriz/rey-reina/monarca/soberano-a.
f. un país/un territorio.

4 **Todo el grupo** ¿En qué época histórica te hubiera gustado vivir? ¿Por qué? ¿Eres de los que piensan que cualquier tiempo pasado fue mejor?

Gramática

1 Estilo indirecto (1): transformaciones verbales

- Cuando se reproducen las palabras de otras personas o de uno/a mismo/a, se puede usar el **estilo directo**, es decir, hacerlo de manera **literal**, exactamente como se han dicho.
  - El estilo **directo** se usa principalmente en lengua **escrita**: en una entrevista, cita o declaración, o en los diálogos de una novela, por ejemplo.
  - En la lengua **oral** es menos habitual y, cuando se usa, se hace generalmente para **enfatizar** la narración de una anécdota. En estos casos, el mensaje original se suele introducir con expresiones coloquiales como ***(y va) y me dice/se pone/me suelta, (y voy) y le digo/le suelto...*** que en este contexto significan 'y dice/digo':
    Me llama ***y va y me suelta****: "¿Pero a qué hora piensas venir?".* ***Y le digo****: "¡¡Iván, que es domingo!!", ja, ja, ja...*

- Sin embargo, lo habitual es reproducir esas palabras en **estilo indirecto** mediante la conjunción *que*. En este caso, se producen varios cambios respecto al mensaje original, entre otros, en los **tiempos** y **modos verbales**.
  - Si el verbo que introduce el estilo indirecto, el verbo de lengua, está en **presente** (o en pretérito perfecto, cuando el marco temporal sigue siendo el mismo), no se producen cambios en los modos y tiempos verbales originales:
    Juan: "Ahora estoy leyendo". › *Juan* ***dice/ha dicho que*** *está leyendo.*
  - Si el verbo de lengua está en **pasado**, se producen estos cambios:

	Tiempo original	Estilo indirecto: *Dijo (Ha dicho) que...*
Indicativo	presente, pretérito imperfecto	pretérito imperfecto
	pretérito indefinido/perfecto/pluscuamperfecto	pretérito indefinido/pluscuamperfecto
	futuro, condicional	condicional
Subjuntivo	presente	pretérito imperfecto
	pretérito imperfecto	pretérito imperfecto/pluscuamperfecto
	pretérito perfecto	pretérito pluscuamperfecto

Juan: "Ahora estoy leyendo". › *Juan* ***dijo (ha dicho) que*** *estaba leyendo.*

  - Si el verbo original está en **imperativo**, en estilo indirecto pasa a **subjuntivo**, tanto si el verbo de lengua está en presente como si está en pasado:
    Marta: "Pon la serie". › *Marta me* ***dice que*** *ponga/****dijo que*** *pusiera la serie.*
  - En el estilo indirecto las oraciones **interrogativas** pierden los signos de interrogación. Las **interrogativas totales** (las que se responden con *sí* o *no*) se introducen con la conjunción *si*; las **parciales**, es decir, las que se formulan con una **partícula interrogativa**, se introducen con esa misma partícula. Ambos tipos de interrogativas pueden ir precedidas de ***que*** en el lenguaje coloquial:
    "¿Nos vamos a la playa?". › *Me dijo* ***(que) si*** *nos íbamos a la playa.*
    "¿De dónde vienes?". › *Ana me preguntó* ***(que) de dónde*** *venía.*

Fíjate:
Cuando el marco temporal no cambia o la información sigue vigente se puede utilizar el tiempo original:
Me dijo que ***tenía/tiene*** *seis años.*

Fíjate:
En el caso del imperativo, el verbo de lengua introduce un **subjuntivo** porque es sinónimo de 'ordenar', 'mandar' o 'sugerir':
Me ***dijo que*** *el tren ya se* ***había ido****.* ('me comunicó')
Me ***dijo que cerrara*** *la ventana porque hacía frío.* ('me sugirió')

1.1 Completa las frases en estilo indirecto.

1. "¿A qué universidad vas?". › Me preguntó que a qué universidad ....
2. "¡Me han admitido en el máster!". › Ella exclamó que la .... en el máster.
3. "Tranquilízate". › Le ha pedido que ....
4. "Te prometo que llegaré pronto". › Le prometió a su madre que .... pronto.
5. "Le aconsejé que lo visitara". › Me dijo que le .... que lo visitara.

1.2 Transforma las siguientes frases al estilo indirecto. Señala aquellos casos en los que haya más de una opción posible.

1. "¡Estoy muy cansada!". › Dice que ....
2. "¿Por qué no ha venido Alberto a la reunión?". › El jefe preguntó ....
3. "Un día iremos al parque de atracciones". › Mis padres me han dicho que ....
4. "¿Vas a salir pronto?". › Preguntó ....
5. "¿Por qué discutís?". › Les ha preguntado ....
6. "¡Ojalá consiga la beca!". › Exclamó que ....
7. "¿Cuándo murió Carlos V?". › La profesora preguntó ....
8. "¿Quieres tomar un café?". › Todos los días mi compañera me pregunta ....

2 Estilo indirecto (2): cambios deícticos

- Cuando se refieren las palabras de otra persona en estilo indirecto también se producen varios cambios **deícticos**. Estos son los más habituales:
  - La **deixis personal**, que afecta a los pronombres y a los posesivos:
    yo › tú, él/ella; me › te, le/lo; conmigo › contigo, con él/ella; mío › tuyo, suyo/a...
  - La **deixis espacial**, que afecta a los demostrativos y adverbios de lugar:
    este/a › ese/a, aquel/aquella; aquí/acá › ahí, allí/allá...
  - La **deixis temporal**, que afecta a los adverbios de tiempo:
    hoy › ese/aquel día; ayer › el día anterior; anteayer › dos días antes...
  - La **deixis verbal**, que afecta a los verbos *ir › venir* y *llevar › traer*.
    *"Ponte a trabajar". › Su padre le pidió que **se** pusiera a trabajar.*
    *"**Este** libro no es **mío**". › Marina me dijo que **aquel** libro no era **suyo**.*
    *"**Hoy** hemos visto una exposición muy interesante". › Nos dijo que **aquel día** habían visto una exposición muy interesante.*
    *"¿Quieres que **te lleve** algo?". › Juan me preguntó si quería que **me trajera** algo.*

La **deixis** es la función que cumplen algunos elementos lingüísticos al señalar el **punto de referencia extralingüístico** del que se habla. Ese punto de referencia solo puede conocerse en función de la posición **espacial** o **temporal** del hablante. Las palabras *derecha* e *izquierda*, *hoy* y *ayer* o *norte* y *sur*, por ejemplo, son **deícticas** porque el uso de una u otra depende de la ubicación espaciotemporal de la persona que habla.

2.1 [31] Escucha y reproduce lo que han dicho estas personas.

1. Antonio me dijo que ....
2. Susana dice que ....
3. Mi prima afirmó que ....
4. Mi padre me dijo que ....
5. Yo les comentaba que ....
6. Me aseguró que ....
7. Me prometió que ....
8. Mi amiga me pidió que ....

2.2 **En grupos pequeños** Dile una frase a tu compañero/a en voz baja. Él/ella tiene que transmitírsela al resto de tu grupo haciendo los cambios necesarios.

Ejemplo:

▶ *Por favor, tráeme mi carpeta, esa que está en la mochila.*
▷ *Dice que le lleve su carpeta, aquella que está en la mochila.*

2.3 **En parejas** Observa lo que dicen estas personas y reprodúcelo utilizando el estilo indirecto. Trabaja con tu compañero/a.

1. "Este mes hemos comprado una casa en la montaña. ¡Es maravillosa!".
   Ellos me han comentado que ....
2. "Esta semana ha llovido mucho. Ha sido la semana más lluviosa de este año".
   El mes pasado Carlos me escribió para decirme que .... y que ....
3. "¿Vas a salir mañana? Si estás libre, vámonos de compras, anda... Necesito que me ayudes a elegir un traje".
   La semana pasada Javier me envió un audio para preguntarme .... y me pidió .... porque ....
4. "¿A qué hora vais a venir a casa? No sé si podré esperaros; mañana tengo que levantarme muy temprano".
   Ayer hablamos con Luis por videoconferencia y nos preguntó .... Nos dijo que ....

3 Verbos de comunicación, lengua o habla

- Al transmitir las palabras de otra persona, no se suele reproducir el mensaje original al pie de la letra. Lo que interesa es **captar** la **intención comunicativa** del hablante y transmitirla de manera natural: *"Pero, bueno, ¿cómo estás? ¡¡Cuánto tiempo llevaba sin verte; pero mucho, mucho!!".* › *Me saludó muy contento y reiteró que llevaba mucho tiempo sin verme.*
- Los verbos de **comunicación**, **lengua** o **habla** son aquellos que **designan acciones comunicativas** *(decir, responder, contestar...)* o expresan **creencia**, **reflexión** o **emoción** *(suponer, pensar, lamentar...)* y, como hemos visto, sirven para matizar lo que otra persona ha dicho, ya sea en estilo directo o indirecto.
- El más común de estos verbos es el verbo ***decir***. No obstante, en muchas ocasiones, se suele recurrir a otros verbos más acordes con lo que se pretende transmitir:
  - **Añadir información** a lo dicho para interpretarlo, completarlo o aclararlo › *puntualizar, precisar, justificar, añadir, ahondar...*
  - **Hacer hincapié** en lo dicho › *recalcar, subrayar, enfatizar, reafirmar, destacar, reiterar...*
  - **Expresar convicción** › *asegurar, afirmar, aseverar, fundamentar...*
  - **Confirmar** una información › *confirmar, corroborar, ratificar...*
  - **Expresar acuerdo** con la opinión de otra persona › *apoyar, respaldar, avalar...*
  - **Dar por cierta** una información previa › *admitir, reconocer...*
  - **Mostrar desacuerdo** con lo que ha expresado otra persona › *contradecir, negar, rebatir, rechazar, rectificar...*
  - **Indicar el final** de lo que se dice › *acabar, completar, culminar, finalizar, rematar, terminar...*
    *Mis padres llegarán mañana –le **dijo** María a Santi– Mañana por la mañana, en el avión de las nueve –**puntualizó**.* › *María le **dijo** a Santi que sus padres llegarían al día siguiente por la mañana y luego **puntualizó** que lo harían en el avión de las nueve.*

3.1 **En parejas** Resume en tu cuaderno este diálogo. Debes utilizar el estilo indirecto dándole la intención comunicativa adecuada.

Alumno: Profesora, ¿entonces en el examen de la próxima semana entran los ríos de Hispanoamérica?

Profesora: ¡Claro que sí!

Alumno: ¡Ay! ¡No lo sabía!

Profesora: Lo dije la semana pasada, ¿eh? Incluso os hablé de que os daría un mapa mudo para completar los accidentes geográficos más importantes.

Alumno: ¡Es que no vine porque estuve enfermo!

Profesora: A ver... Puedes haber faltado por la razón que sea. Lo que pasa es que cuando uno falta a clase, debe preguntar a sus compañeros.

Alumno: Sí, ya lo sé, pero se me pasó...

Profesora: En fin, tú estudia mucho estos días y no te preocupes; seguro que lo harás bien.

Alumno: Sí, claro, eso es muy fácil de decir, pero...

3.2 **En parejas** Completa estos ejemplos extraídos del CORPES XXI con los verbos de comunicación del recuadro.

replicó | exclamó | susurré | concluyó | rectificó | añadí | insistí | afirmé

RAE

GRAMÁTICA

1. *Guardé el estuche en mi mochila, me incliné hacia Max, le di un beso en la mejilla y le* .... *"gracias" al oído. Cuando me levanté, Max sonreía.*
2. ▶ *Dígame, don Adolfo, –inquirió el padre– cuántos agentes eran.*
   ▷ *Tres –respondió aquel– Bueno –* .... *–, cuatro con el jefe.*
3. ▶ *Si usted no lo toma a mal, nuestra oficina de* marketing *querría sugerirle, con todo el respeto, un pequeño retoque al título. Si a usted no le molesta, claro está.*
   ▷ *Por favor, siempre estamos dispuestos a escuchar sugerencias –* .... *el autor, condescendiente.*
4. *¡Hijo! –* .... *su madre al verlo–, ¿cuándo volviste? ¡Gracias a Dios que estás bien!*
5. .... *que el mejor poeta de Chile, sin duda alguna, era Pablo Neruda. –Los demás –* .... *– son unos enanos–.*
6. *Mañana vuelvo al Pigalle. Así no puedo vivir –hizo un silencio y* .... *– No quiero que nos maten. No quiero que te maten. Mañana vuelvo al Royal Pigalle y aclaro todo.*
7. ▶ *Sí... –dijo la mujer, dudando sobre lo que debía agregar– ¿De parte de quién?*
   ▷ *De parte de Silvia.*
   ▶ *¿Silvia?... Bueno, pero el señor se encuentra indispuesto, no podrá recibirla. Pero si quiere tomo nota.*
   ▷ *No, –* .... *– tengo que verlo personalmente.*

3.3 Escucha lo que dice un estudiante de Historia sobre estos dos cuadros. Resume en tu cuaderno sus palabras.

[32]

Practica en contexto

1 **Todo el grupo** ¿Conoces este cuadro? ¿Quién es su autor? ¿Qué hecho histórico representa? ¿Qué figura del cuadro te llama la atención?

1.1 [33] Escucha lo que dice esta historiadora sobre la guerra civil española. Marca las afirmaciones verdaderas y corrige en tu cuaderno las falsas.

1. ☐ La guerra civil española puso fin a la dictadura de Manuel Azaña.
2. ☐ La Guerra Civil se inició con un alzamiento militar.
3. ☐ En la guerra se enfrentaron el bando nacional y el bando republicano.
4. ☐ El bando nacional fue apoyado por comunistas, anarquistas y campesinos.
5. ☐ Las clases más altas apoyaban al bando de la derecha.
6. ☐ Un ejemplo de la intervención de terceros países en la guerra fue el bombardeo de Guernica.
7. ☐ Países como Alemania e Italia mantuvieron su neutralidad en esta guerra.
8. ☐ Tras el fin de la guerra y la victoria de los republicanos, comenzó en España una dictadura.

2 **En parejas** ¿Sabes a qué se refiere el término *memoria histórica*? Trabaja con tu compañero/a para escribir una definición. Luego, lee este texto y comprueba tu respuesta.

En 2007, el Gobierno de España aprobó la Ley de Memoria Histórica ante la necesidad de reparación a las víctimas de la Guerra Civil y a los que lucharon contra la dictadura en defensa de los derechos y las libertades democráticas.

Esta ley, entre otras cosas, reconoce el carácter radicalmente injusto de todas las condenas y sanciones dictadas, así como la violencia personal infringida a las víctimas durante esos periodos históricos. También prevé la concesión de ayudas a las víctimas y a sus familias y, lo que es más importante, establece que el Estado debe colaborar en la localización, identificación y exhumación de aquellas víctimas cuyos cadáveres se encuentran aún desaparecidos, a menudo enterrados en fosas comunes.

Por último, se crea el Centro Documental de la Memoria Histórica (CDMH), que tiene como objetivo reunir, organizar y recuperar todos los fondos documentales relativos al periodo comprendido entre la Guerra Civil y la aprobación de la Constitución de 1978.

La ley, sin embargo, no parece contentar a nadie. Para las víctimas del franquismo es insuficiente, y para los más conservadores, innecesaria, porque consideran que no hay que remover el pasado. En la actualidad, apenas se han hecho progresos en la recuperación de los restos de los desaparecidos.

2.1 **En parejas** Lee el siguiente documento auténtico rescatado gracias a la Ley de Memoria Histórica. El nombre de su autor es Antonio Gargallo Mejía, ¿en qué bando piensas que tenía que luchar?

> *Jaca* *18 - agosto - 37*
>
> *Queridas madre y hermana:*
>
> *Hace días que no sabéis nada de mí, pero he aquí la causa. Hace dos o tres días dije en el cuartel que no podía coger las armas y me amenazaron, y entonces deserté. No me despedí de vosotras porque se dice que fusilan a las familias de los desertores. Me han detenido y, sin oírme siquiera, me han condenado a muerte. Madre, no te aflijas ni llores porque te he desobedecido, pero he obedecido a Dios. Después de todo, poco pierdo, porque si Dios quiere, pasaré a una nueva y mejor vida. Adiós, madre y hermana queridas, hasta siempre. Estoy tranquilo hasta que llegue mi hora. Recibid el último abrazo de este vuestro hijo y hermano que os quiere de verdad aunque no lo creáis.*

2.2 **En grupos pequeños** Piensa en las ventajas e inconvenientes de recuperar la memoria histórica y establece un debate con tus compañeros de grupo sobre este tema.

2.3 [34] Escucha estos testimonios de algunas víctimas de la Guerra Civil y responde a las preguntas.

1. ¿Quién delató a Concha para que fuera detenida?
2. ¿Para qué la llevaron a las tapias del cementerio de la Almudena?
3. ¿Cómo relata Carmen su experiencia en el campo de concentración?
4. ¿Cómo murió el padre de Fausto?

2.4 [34] **En parejas** Vuelve a escuchar y reproduce las palabras de uno de los testimonios usando el estilo indirecto.

2.5 **En parejas** Preparad una entrevista a un/a superviviente de la Guerra Civil. Uno/a asumirá el papel de entrevistador/a y otro/a relatará su experiencia y hablará de sus sentimientos y de las consecuencias que sufrió.

Estrategias conversacionales del hablante

- **Controlar la atención del interlocutor**
  - Mira/Oye/¿Eh?/¿No?/¿Sí?
  - ¿Entiendes?/¿Verdad?/¿Sabes?
  - Como tú comprenderás...
  - Te lo digo yo. (Coloquial)
- **Rellenar los vacíos del discurso**
  - O sea/Es decir/Pues/Vamos a ver...
  - El caso/Lo que pasa es que...

Estas expresiones permiten al hablante reorganizar el discurso y ganar tiempo para pensar.

- **Indicar que se desea continuar el discurso**
  - Ya termino./Déjame terminar.
  - Por favor, no me interrumpas.
  - Solo me queda por decir una cosa.
- **Introducir un nuevo tema**
  - Por lo que se refiere a.../Respecto a...
  - Pasamos a otro tema/otra cosa.
  - Oye, cambiando de tema/hablando de...
- **Concluir el turno de palabra**
  - Y nada.../Y bueno.../En fin.../Total que...
  - Por último.../En conclusión...
  - Para finalizar/acabar...
  - En suma... (Formal)

Estrategias conversacionales del interlocutor

- **Reaccionar**
  - ¡Vaya!/¡Anda!/¡No me digas!
  - ¡Es increíble/alucinante/una vergüenza...!
- **Interrumpir**
  - Espera un momento/momentito...
  - Perdona que te interrumpa, pero...
  - (Oye,) ¿Puedo decir algo/una cosa?
- **Conceder la palabra**
  - Adelante./Sigue./Te escucho.
  - Tú primero, por favor.
- **Rechazar un tema o abrir una digresión**
  - Cambiemos de tema.
  - No hablemos de eso, ¿vale?
- **Pedir que se repita una información**
  - ¿Que te parece qué?/¿Cómo? Repite... (Coloquial)
  - No te entiendo muy bien...

3 **Todo el grupo** Observa este monumento que se erige en Ciudad de México y que es conocido como *El Ángel*. ¿Qué crees que representa? Habla con tus compañeros.

3.1 **Todo el grupo** Fíjate ahora en el grupo escultórico de la base de la columna. ¿A quiénes crees que representan las figuras de los hombres? ¿Y las de las mujeres?

3.2 Ahora lee el texto y comprueba tus hipótesis anteriores.

Uno de los acontecimientos más importantes de la historia de América Latina fue el proceso de independencia que se llevó a cabo en cada uno de los países que la componen.

A finales del siglo XVIII, España aún mantenía, a través de sus colonias, el control de gran parte del territorio latinoamericano; un territorio que fue conquistado durante el siglo XVI y gobernado bajo la fórmula de los "virreinatos[1]".

Sin embargo, en 1808 Napoleón Bonaparte invadió la península ibérica y apresó al recién coronado rey de España, Fernando VII, lo que desencadenó la guerra de la Independencia española y cambió, en consecuencia, la situación en los territorios colonizados.

Los franceses intentaron imponer su autoridad sobre las posesiones coloniales de España en América. Los virreinatos inicialmente declararon su lealtad al depuesto rey español mediante la creación de las denominadas *Juntas de Gobierno*, aunque con el objetivo final de gobernar y, con el tiempo, sustituir al Estado español. Así pues, aquel periodo de fidelidad a la autoridad monárquica puede ser interpretado como la primera de las fases de la oleada independentista que había nacido ya en 1806 y como el inicio del proceso de descolonización.

Este proceso culminó con la aparición de los llamados *libertadores*, considerados hoy en día los padres de la patria en los países de Hispanoamérica.

La derrota de España en Ayacucho (Perú) en 1824 marcó el fin de la presencia española en la América continental. Los últimos estados americanos que se independizaron de España fueron Cuba y Puerto Rico en 1898, lo que supuso el fin del proceso de descolonización de América.

Son muchos los monumentos erigidos en todos estos países para conmemorar aquellos hechos. Uno de los más famosos es *El Ángel*, en Ciudad de México, con sus 45 metros de altura. En su base o pedestal se pueden ver tres enormes esculturas de mármol presididas por la del sacerdote Miguel Hidalgo, de pie, alzando la bandera mexicana, acompañado por la musa de la Historia, sentada, y la Patria, de pie, que ofrece al libertador una corona de laurel. En los extremos, otras cuatro estatuas de caudillos independentistas acompañan al gran prócer.

[1] Virreinato: estado gobernado por un virrey, que es la persona que representa al rey y que gobierna en su nombre.

4 **Todo el grupo** Estas son algunas mujeres destacadas en el proceso de independencia de los países latinoamericanos. ¿Qué papel crees que jugaron en ese proceso?

Antonia Santos

Manuela Sáenz

Manuela Beltrán

Policarpa Salavarrieta

4.1 [35] Escucha el audio para comprobar tus hipótesis y contesta a estas preguntas.

1. ¿Qué lugar se les concedió en la historia a las mujeres que apoyaron la independencia americana?
2. ¿Cuál es la visión actual que se tiene de estas mujeres según la historiadora Inés Quintero?
3. ¿Qué descripción da el cronista inglés sobre el rol de la mujer en la lucha por la independencia?
4. ¿A qué clase social pertenecían las mujeres que participaron en la lucha por la independencia?

4.2 **En grupos pequeños** Entra en el blog de Sandra Ferrer Valero (mujeresenlahistoria.com) y, junto a tus compañeros de grupo, elige a una de las mujeres que menciona. Después prepara una presentación en la que expliques qué hizo esa mujer y por qué es importante.

4.3 **En grupos pequeños** Durante siglos, los protagonistas de la historia han sido casi siempre hombres. En tu opinión, ¿cómo puede explicarse esta ausencia de personajes femeninos en el relato histórico?

Marcadores del discurso para reformular lo dicho

- **Explicativos**
  - en otras palabras
  - dicho de otra manera
- **Rectificativos**
  - mejor dicho
- **Digresores**
  - por cierto
  - a propósito
  - una cosa
- **De distanciamiento**
  - de todas maneras/formas
  - de todos modos
  - en cualquier caso
- **De refuerzo**
  - justamente
  - precisamente
- **Focalizadores**
  - respecto a
  - en relación con
  - desde luego
- **Recapitulativos**
  - resumiendo
  - para resumir
  - en conclusión
  - en fin
  - en definitiva
  - total

5 **Todo el grupo** ¿Qué ocurría en tu país en la época en la que los países de América Latina luchaban por la independencia? Busca información si lo necesitas y hazles un resumen a tus compañeros.

LA HISTORIA EN EL CINE

1 **Todo el grupo** ¿Estás de acuerdo con la siguiente afirmación? Coméntalo con tus compañeros.

02056952

El cine no solamente ha puesto en contacto al hombre con la historia, sino que, además, refleja las mentalidades de las personas de una determinada época. Igualmente, el cine ha sido, desde su nacimiento, el más poderoso vehículo de transmisión de conocimientos y de culturas, aportando a sus espectadores infinitas posibilidades de encuentro con otras personas, lugares y costumbres.

02056952

Adaptado de "El medioambiente y la defensa de la naturaleza en el cine", Enrique Martínez-Salanova Sánchez, *Páginas de información ambiental*, Gobierno de La Rioja, 2012, Págs. 24-29

2 Estas son algunas de las muchas películas hispanas que tratan temas históricos. Lee sus datos principales y sus sinopsis.

MIENTRAS DURE LA GUERRA

Director: Alejandro Amenábar
Año: 2019 **Nacionalidad:** España
Duración: 107 minutos

Este trabajo de Amenábar, ambientado en el comienzo de la guerra civil española, ofrece la perspectiva de esta época a través de los ojos del famoso escritor Miguel de Unamuno, quien, en un primer momento, decidió apoyar la sublevación militar y enfrentarse a los republicanos. Más tarde, se daría cuenta de que no fue una decisión acertada, al convertirse en testigo de los horrores y la violencia de la guerra.

LA JAULA DE ORO

Director: Diego Quemada-Díez
Año: 2013 **Nacionalidad:** México
Duración: 110 minutos

Sin duda, película fundamental para entender la migración de los latinoamericanos hacia los Estados Unidos. Los protagonistas de esta historia son tres adolescentes guatemaltecos y otro mexicano que emprenden un viaje en busca del "sueño americano". Mientras viven su aventura, serán víctimas del racismo y de la discriminación, pero también encontrarán por el camino buenas personas que los ayudarán.

LA CORONA PARTIDA

Director: Jordi Frades
Año: 2016 **Nacionalidad:** España
Duración: 113 minutos

Isabel la Católica fallece nada más comenzar el siglo XVI, lo que originará una lucha de poder entre Fernando el Católico y Felipe el Hermoso. Esta película narra la historia de la España imperial y muestra las personalidades de los protagonistas de la época, así como las costumbres y las formas de gobierno en el país. Su singular manera de narrar los hechos en primera persona y desde diferentes perspectivas permiten al espectador comprender mejor cómo funcionaban los distintos sistemas socioeconómicos y políticos de la época.

MACHUCA

Director: Andrés Wood
Año: 2004 **Nacionalidad:** Chile
Duración: 121 minutos

Esta historia transcurre en Santiago de Chile, en 1973, durante los días previos al golpe militar encabezado por Augusto Pinochet, y gira en torno a un experimento real que se llevó a cabo en la época del Gobierno socialista de Salvador Allende: un colegio de élite invita a algunos alumnos pobres de la ciudad a frecuentar sus clases. El pequeño Pedro Machuca, proveniente de una zona humilde, se hace amigo de Gonzalo Infante, hijo de una familia adinerada. Los dos se ven inmersos en estilos de vida opuestos a sus realidades sociales.

LA HISTORIA OFICIAL

Director: Luis Puenzo
Año: 1985 **Nacionalidad:** Argentina
Duración: 115 minutos

Alicia, una profesora de Historia, y su marido, Roberto, adoptan a una niña durante la dictadura militar argentina. Años después, Alicia empieza a cuestionarse lo ocurrido en aquella época y a dudar de los negocios entre su marido y los militares. A esta circunstancia se suma el hecho de que una representante de las Abuelas de Plaza de Mayo busca a su nieta, Ana, por lo que empiezan a crecer las sospechas de Alicia sobre la verdadera identidad de su hija.

3 Tu profesor/a te mostrará algunas escenas de estas películas, ¿cuál te gustaría ver completa? Justifica tu respuesta.

4 **Todo el grupo** Son muchos los acontecimientos históricos que han sido llevados al cine. ¿Qué otras películas basadas en la historia conoces? ¿A qué acontecimientos se refieren?

Vídeo

REPORTAJES La mujer durante el franquismo

Antes del vídeo

1 **Todo el grupo** ¿Cuál crees que era el papel de la mujer en España durante la dictadura de Franco? Justifica tu respuesta.

2 **En parejas** Según tu visión, piensa qué actividades estarían prohibidas para las mujeres en aquella época.

3 **En parejas** Lee las siguientes afirmaciones sobre la mujer durante el franquismo y señala aquellas que consideres verdaderas. Habla con tu compañero/a.

1. Desde el Régimen se divulgaba la idea de que las mujeres solo estaban preparadas para realizar las labores del hogar. ..... V F
2. Las mujeres solo podían comprar bienes destinados al hogar, como una lavadora a plazos. ..... V F
3. El hombre era considerado el dueño del hogar y la mujer debía cuidarlo cuando regresaba del trabajo. ..... V F
4. Las mujeres se emancipaban automáticamente cuando cumplían los 21 años. ..... V F
5. Independientemente de a quién pertenecieran los bienes o las propiedades de la familia, el hombre era el único que podía administrarlos. ..... V F
6. Estaba prohibido despedir a las mujeres del trabajo cuando se casaban. ..... V F
7. Una de las salidas profesionales de la mujer era el ejército, ya que España era una dictadura militar. ..... V F
8. El hombre podía dar en adopción a sus hijos sin el consentimiento de su mujer. ..... V F

Durante el vídeo

4 Visiona el vídeo sobre *8 cosas prohibidas para la mujer durante el franquismo* y corrige la actividad anterior.

5 **En parejas** Visiona de nuevo el vídeo y contesta a las preguntas.

1. ¿Hasta qué año se estuvo despidiendo en las empresas españolas a las mujeres casadas?
2. ¿Podía la mujer decidir sobre el futuro de sus hijos?
3. ¿Por qué las mujeres no solían dedicarse a la pintura o a la arquitectura?
4. ¿Cuándo se incorporó la mujer a la carrera militar?
5. ¿Bajo qué circunstancia podía una mujer irse a vivir fuera del hogar paterno sin haber cumplido la mayoría de edad?
6. ¿Qué decía el código penal sobre el adulterio?
7. ¿Podían las mujeres abrirse una cuenta corriente sin permiso del marido?

6 **En parejas** Observa las siguientes imágenes extraídas del vídeo y explica a tu compañero/a a qué temas hacen referencia.

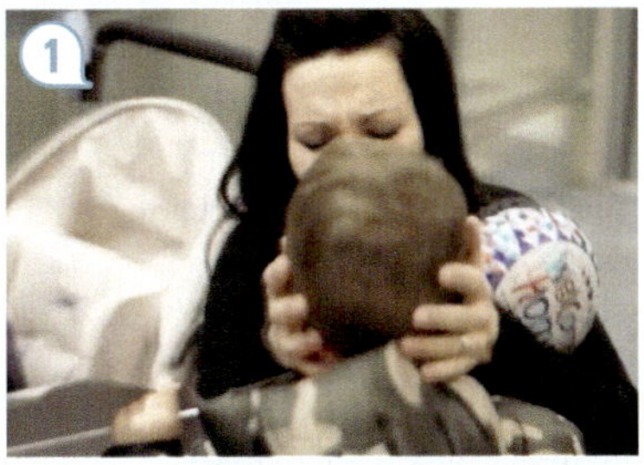

7 **Todo el grupo** Visiona el fragmento 00:18 ▶ 00:34 y explica qué pretendía el régimen franquista con los despidos masivos de las mujeres casadas. ¿Cuál crees que era realmente su objetivo ideológico?

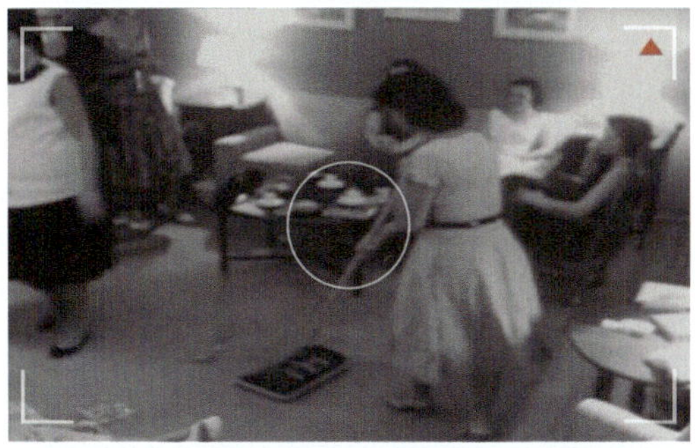

8 **Todo el grupo** Visiona el fragmento 01:19 ▶ 01:35 y explica las recomendaciones que daba el Gobierno a las mujeres casadas. En ese periodo de la historia, a mediados del siglo XX, ¿crees que la situación de las mujeres era mejor en otros países?

9 **En parejas** Visiona el fragmento 02:03 ▶ 02:18 y escribe en tu cuaderno lo que se dice en él. Después cuéntaselo a tu compañero/a en estilo indirecto. ¿Coindice vuestra información?

10 **Todo el grupo** Visiona el fragmento 02:19 ▶ 02:30 y establece un debate sobre el papel de la mujer en la actualidad. ¿Hay alguna cuestión en la que todavía no se haya evolucionado lo suficiente?

Después del vídeo

11 **En parejas** Estos son los temas que se han tratado en el vídeo. ¿Cómo son en tu país los derechos y las obligaciones de la mujer con relación a estas cuestiones?

- el mundo laboral y los despidos
- el cuidado del hogar y de los hijos
- decidir sobre el futuro de los hijos
- la emancipación
- las mujeres y sus capacidades
- el adulterio
- la carrera militar de la mujer
- la independencia económica

12 **En grupos pequeños** Investiga sobre un país donde las mujeres sigan oprimidas y carezcan de derechos. Presenta tus conclusiones a la clase.

Evaluación

1 Ordena las siguientes etapas de la historia.

1. ☐ Edad Contemporánea
2. ☐ Edad de Piedra
3. ☐ Edad Antigua
4. ☐ Edad Media
5. ☐ Edad Moderna
6. ☐ Edad de los Metales

2 Relaciona estas palabras pertenecientes al campo léxico de la historia con sus definiciones.

a. batalla | b. colonia | c. conquista | d. esclavitud | e. cruzada | f. invadir | g. proclamación

1. ☐ Dominación de un territorio mediante operaciones de guerra.
2. ☐ Guerra o enfrentamiento en que se defiende la religión cristiana.
3. ☐ Combate entre dos ejércitos, dos armadas navales o dos aviaciones.
4. ☐ Actos públicos y ceremonias con los que se celebra el comienzo de algo, especialmente de un reinado o una forma de gobierno.
5. ☐ Territorio sometido al dominio militar, político, administrativo o económico de una nación extranjera más poderosa.
6. ☐ Entrar por la fuerza en un lugar para ocuparlo.
7. ☐ Estado de una persona que carece de libertad por estar bajo el dominio de otra.

3 En tu cuaderno, reescribe las siguientes frases en estilo indirecto.

1. "Había decidido marcharme". › Rosa nos comunicó que…
2. "¿Vas a salir mañana?". › La semana pasada Juana me preguntó…
3. "¿A qué hora empieza el concierto?". › Nos preguntó…
4. "Dile a Isabel que me llame en cuanto pueda". › Me pidió que…
5. "Me alegro de que hayas aprobado". › Me dijo que…

4 Relaciona los siguientes verbos de comunicación con su significado.

1. puntualizar
2. destacar
3. asegurar
4. apoyar
5. negar
6. rematar

a. Indicar lo contrario de lo que otra persona afirma.
b. Añadir a lo dicho antes algo que lo interpreta, lo completa o lo aclara.
c. Poner fin a lo que se dice.
d. Expresar gran convicción en lo que dice.
e. Adherirse a la opinión de otro.
f. Hacer hincapié o poner énfasis en algo.

5 Lee estas frases populares de películas de ambientación histórica y transfórmalas en estilo indirecto.

1. "Puede que no sea muy listo, pero sé lo que es el amor". *(Forrest Gump)*
   Forrest Gump aseguró que… ....
2. "Los dioses nos envidian porque somos mortales, porque cada instante nuestro podría ser el último". *(Troya)*
   Aquiles afirmó que… ....
3. "Podrán quitarnos la vida, pero nunca podrán arrebatarnos la libertad". *(Braveheart)*
   William Wallace enfatizaba que… ....

6 Clasifica las siguientes expresiones en la tabla según su función.

1. ¿Puedo decir una cosa?
2. Adelante.
3. ¿Cómo? Repite...
4. Respecto a...
5. En suma...
6. Pues...
7. ¡Es una vergüenza!
8. Mira...
9. ¡No me diga!
10. En fin...
11. Cambiemos de tema.
12. Te escucho.
13. ¿Eh?
14. El caso es que...
15. Déjeme terminar.
16. Oye, hablando de...
17. Perdone que le interrumpa...
18. No hablemos de eso.
19. No le entiendo muy bien...
20. Ya termino.

Estrategias conversacionales	
Del hablante	**Del interlocutor**
Controlar la atención del interlocutor:	Reaccionar: ....
Rellenar los vacíos del discurso:	Interrumpir: ....
Indicar que se desea continuar el discurso:	Conceder la palabra: ....
Introducir un nuevo tema:	Rechazar un tema o abrir una digresión: ....
Concluir el turno de palabra:	Pedir que se repita una información: ....

7 Completa las frases para reformular lo dicho con los marcadores del recuadro.

en otras palabras | en cualquier caso | por cierto | mejor dicho | resumiendo

1. El cuadro *Los fusilamientos del 3 de mayo* de Goya es uno de los más célebres de toda su obra. ...., un criado de Goya relató como su amo vio los fusilamientos desde una ventana con un catalejo en la mano.
2. La conquista de México se refiere principalmente al sometimiento del Imperio azteca por parte de las tropas de Carlos I de España. ...., la conquista constituyó un violento choque de civilizaciones, tras el cual se desestructuró el mundo de los pueblos originarios.
3. ...., que en cualquier guerra no hay ni vencedores ni vencidos.
4. El cuadro de *El Guernica* es uno de los que más me gustan. ...., es el que más me impresiona porque refleja muy bien el horror de una guerra.
5. Para entender esta obra de Velázquez, hay que remontarse a lo que estaba sucediendo por aquel entonces en los Países Bajos, que estaban inmersos en la guerra de los ochenta años, luchando por independizarse de España. ...., todos los enigmas que encierra el cuadro hacen que, todavía hoy, su interpretación genere debate.

8 Escribe sobre un acontecimiento histórico que para ti haya sido fundamental. Utiliza los diferentes marcadores del discurso que has estudiado en esta unidad.

9 Indica qué estrategias utilizas para estudiar contenidos como los de esta unidad.

1. ☐ Hago resúmenes de todos los contenidos vistos.
2. ☐ Subrayo en el libro o el cuaderno los aspectos lingüísticos más importantes.
3. ☐ Realizo esquemas para entender la organización de los contenidos.
4. ☐ Hago mapas conceptuales para establecer relaciones entre los elementos aprendidos.
5. ☐ Pongo en común lo estudiado con otros compañeros para resolver nuestras dudas.
6. ☐ Otros: ....

Unidad

10 Punto final

¿Sabes cómo se llama el animal de la fotografía? ¿Cuál es su característica principal? ¿Qué relación crees que puede tener con el título de esta unidad?

¿Cómo se sienten las personas de las fotos? ¿Qué les pasa? ¿Crees que necesitan un cambio? ¿Por qué?

¿A qué te gustaría poner punto final en tu vida?

En esta unidad vas a...

- Repasar los contenidos principales del nivel B2
- Hablar sobre cambios laborales y personales
- Conocer algunas curiosidades de ciencia e historia
- Discutir sobre los aspectos positivos y negativos de la globalización
- Conocer la transformación de la ciudad de Valparaíso (Chile)

¿Qué sabes?

1 **En parejas** El teletrabajo permitió durante la pandemia mundial de la COVID-19 que muchas empresas pudieran mantener a flote sus negocios y conservar los puestos de trabajo de sus empleados y empleadas. Clasifica los siguientes aspectos relacionados con esta modalidad de trabajo según sean ventajas o inconvenientes.

1. ahorro de tiempo | 2. aislamiento | 3. mayor autonomía | 4. bienestar | 5. más productividad | 6. flexibilidad horaria | 7. aumento del absentismo laboral | 8. más motivación | 9. conciliación familiar y laboral | 10. dificultad de organización

Ventajas	Inconvenientes

1.1 **En grupos pequeños** Lee los datos de este estudio sobre el teletrabajo y subraya qué otros aspectos se señalan en él que no estén en el cuadro anterior. ¿Son positivos o negativos? ¿Estás de acuerdo con todo lo que se dice en el estudio?

El estudio *Hybrid Work* 2022 de la empresa tecnológica Cisco señala que los españoles que trabajan a distancia ahorran unos 100 euros a la semana con respecto a los que van a la oficina. Buena parte de los encuestados (el 87 %) consideran que la eliminación de los desplazamientos es la principal fuente de ahorro y un 71 % cree que la disminución del gasto en comida también es muy importante.

Además, el teletrabajo también estaría ayudando a la conciliación y al bienestar de quienes lo ejercen, ya que el 52 % de los encuestados aseguran que han ganado al menos cuatro horas de tiempo libre a la semana. De ellos, un 70 % afirma que

2 **En grupos pequeños** Observa a Noelia y a Sebastián. Son dos personas que pusieron un punto final en su vida. ¿Qué crees que hicieron?

2.1 [36] Escucha a Noelia, comprueba tu respuesta anterior y marca las afirmaciones correctas.

1. ☐ Al no encontrar trabajo como directora de hotel, decidió cambiar de profesión.
2. ☐ Pensó en cambiar de trabajo porque ya no encontraba motivación en lo que hacía.
3. ☐ Desde el primer momento tenía claro lo que quería hacer.
4. ☐ Se hizo agricultora ya que se había criado en el campo.
5. ☐ En sus inicios tuvo problemas por el simple hecho de ser mujer.
6. ☐ Pese a las dificultades iniciales, su negocio fue prosperando.
7. ☐ Dice que el camino hasta llegar a donde está no ha sido para nada complicado.
8. ☐ Una de sus principales dificultades fue no contar con experiencia en ese ámbito.

hace más ejercicio gracias a esas horas libres extras, y el 63 % considera que su forma física ha mejorado desde que teletrabaja.

Además, al comer en casa y tener más tiempo para cocinar, el 65 % asegura que el trabajo en remoto ha tenido un impacto positivo en sus hábitos alimenticios. Más tiempo libre, ejercicio y mejor alimentación se han traducido en una mayor sensación de bienestar, según los datos del estudio.

Asimismo, el 75 % de los encuestados piensan que sus tareas pueden desempeñarse con el mismo éxito a distancia que en la oficina, y el 58 % de ellos aseguran que, gracias al teletrabajo, son más productivos y la calidad de lo que hacen ha aumentado.

Pero no todo son buenas noticias. El estudio de Cisco señala también que el 40 % de los trabajadores españoles consideran que el trabajo en remoto dificulta las relaciones con los compañeros y con la empresa, el 72 % piensa que el jefe se fía menos de su productividad y el 83 % cree que su empresa no está lo suficientemente preparada para trabajar a distancia.

Adaptado de https://t.co/FRtQH6sgMB

RAE

GRAMÁTICA

Tal y como señala el *Diccionario panhispánico de dudas*, en las construcciones partitivas – el X % de , la mayoría de o una parte de , por ejemplo–, el verbo que las acompaña puede ir en singular o en plural, aunque es más frecuente el uso del plural:

La mayoría de residentes proceden de Nigeria, Sierra Leona, Costa de Marfil, India...
*Una mañana llegan los visados y **la mayoría de ellos coge** un barco y sale para los Estados Unidos.*

ORTOGRAFÍA

El *Diccionario de la lengua española* recoge los términos teletrabajo y teletrabajador/a :

*En este sentido, creemos fundamental que la normativa del **teletrabajo** refleje el derecho a la desconexión digital de cualquier persona empleada para garantizar los derechos regulados en el trabajo presencial.*

1.2 **Todo el grupo** Fíjate en el último ejemplo del cuadro anterior, ¿Sabes qué es el *derecho a la desconexión digital*? ¿Está legislado este tema en tu país?

2.2 [37] **Durante la pandemia, el teletrabajo le permitió a Sebastián reflexionar sobre sus hábitos. Completa los siguientes consejos para llevar una vida saludable teniendo en cuenta que en algunos casos hay varias opciones posibles. Luego escucha a Sebastián y marca los consejos que él aplicó.**

hacer | evitar | cuidar | dormir | comer
controlar | potenciar | combatir | rebajar

1. ☐ .... el peso.
2. ☐ .... bien.
3. ☐ .... el estrés.
4. ☐ .... los dientes.
5. ☐ .... las relaciones personales.
6. ☐ .... de forma saludable.
7. ☐ .... ejercicio.
8. ☐ .... el sedentarismo.
9. ☐ .... las bebidas azucaradas y las grasas.

2.3 **En parejas** Lee los problemas que puede provocar una mala alimentación y explica cómo se podrían evitar.

Ejemplo: *Una dieta rica en hierro disminuye el riesgo de sufrir anemia.*

- anemia
- diabetes
- un infarto
- estreñimiento
- tensión alta
- ansiedad y estrés
- colesterol alto
- cansancio y debilidad

Palabras

1 **Todo el grupo** ¿Dónde prefieres informarte de la actualidad? ¿Crees todo lo que aparece en los medios de comunicación? ¿Qué medio te transmite mayor fiabilidad? ¿Por qué? Habla con tus compañeros.

1.1 ¿Sabes qué es la *infodemia*? Lee las opciones y elige la definición que creas correcta.

1. Adicción a consumir constantemente información negativa sobre diferentes asuntos a pesar de lo deprimente que esta pueda llegar a ser.
2. Noticia falsa que se difunde, generalmente, de manera deliberada y con una intención clara para que sea percibida como verdad.
3. Sobreabundancia de información acerca de un determinado tema, mucha de la cual resulta ser falsa o no comprobada.

1.2 Lee el texto para comprobar tu respuesta anterior y elige la opción correcta en cada caso.

La infodemia en tiempos de coronavirus

Actualmente vivimos en un mundo globalizado, en el que la [1] **crítica/información** se obtiene [2] **al instante/con periodicidad**, gracias a los avances tecnológicos y al uso de [3] **la libertad de expresión/las redes sociales**. Esta dinámica de obtener la información al momento hizo que, desde el inicio de la alerta sanitaria por la pandemia de la COVID-19, se esparciera a un ritmo muy acelerado una gran oleada de noticias [4] **rigurosas/contradictorias** que crearon pánico y confusión en la población general.

Día tras día, la COVID-19 se instaló en la primera [5] **página/crónica** de todos los medios de comunicación y supuso una avalancha de información difícil de manejar para todos. También proliferaron los [6] **mensajes/datos** alarmistas y poco objetivos.

Por un lado, las redes sociales sirvieron para promover [7] **la censura/el debate** entre la comunidad científica, con el fin de compartir las críticas a los datos o a los [8] **periódicos/artículos** erróneos, y para difundir rápidamente resultados útiles; pero, por otro, también contribuyeron a a difundir conclusiones de estudios defectuosos y a propagar información deliberadamente falsa.

A este incremento de información se lo denominó *infodemia*, es decir, exceso de información sobre un determinado tema, mucha de la cual resulta ser solo bulos o rumores que dificultan que las personas encuentren fuentes y orientación [9] **fiables/verosímiles** cuando lo necesitan. Las noticias que se repetían una y otra vez sobre la COVID-19 en los diferentes medios de comunicación, desde la [10] **prensa/comunicación** escrita, hasta las emisoras de radio y [11] **los programas televisivos/las páginas webs**, provocaron sensación de angustia, ansiedad, desconfianza y temor, lo que no ayudaba a lograr que la población siguiera las recomendaciones más adecuadas.

La infodemia relacionada con la COVID-19 ha puesto de manifiesto la necesidad de revisar los métodos utilizados para obtener información y la importancia de no [12] **establecer/propagar** noticias que no se hayan valorado críticamente.

Adaptado de https://www.elsevier.es/es-revista-medicina-familia-semergen-40-articulo-emergencia-salud-infodemia-tiempos-coronavirus-S1138359321001416 y de https://ellipse.prbb.org/es/5-consejos-para-combatir-las-fake-news-cientificas-en-tiempos-de-coronavirus

1.3 **En parejas** ¿Cómo te manejaste con las noticias durante el confinamiento? ¿Fuiste víctima de la infodemia? ¿Cuál crees que es la solución al exceso de información?

Ejemplo: *Pues yo creo que cuando una noticia es importante, no nos debemos quedar solo con el titular. Hay que acudir a fuentes fiables y contrastar la información.*

2 **En parejas** Estas son tres noticias extraídas de un blog de curiosidades. Complétalas con las palabras adecuadas de los recuadros teniendo en cuenta que sobran tres palabras para cada texto. Después compara el resultado con tu compañero/a.

Blog: ¿Sabías que…?

¿Sabías que…?

La rareza de los ojos azules

partícula | coloración | genética
infección | virus | mutación

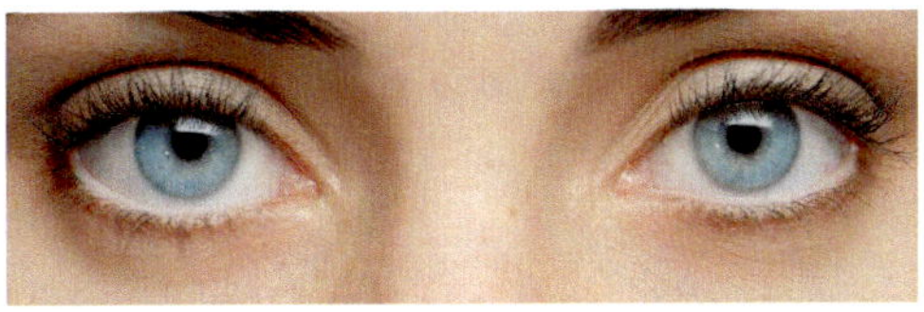

Todas las personas de ojos azules del planeta son descendientes de un único europeo que vivió entre unos 6000 a 10 000 años atrás y que, según consta hasta la fecha, fue el primero en desarrollar una [1] .... específica que provocó esta [2] .... concreta del iris, ahora generalizada. Originalmente, todos los seres humanos tenían los ojos marrones, pero una variación [3] .... en un gen llamado OCA2 desencadenó un proceso que literalmente "apagó" la capacidad de producir el color marrón en el iris. En la actualidad, el 10 % de la población mundial tiene los ojos azules.

Fuente: https://www.xatakaciencia.com

El origen de la bandera de España

batalla | corona | república
dinastía | flota | guerra

La bandera de España apareció por primera vez en el siglo XVIII para solucionar un problema naval. En aquel momento la [4] .... de los Borbones, que sucedió a la de los Austrias en el trono de España después de la [5] .... de Sucesión, contaba con una bandera blanca en cuyo centro se encontraba su escudo de armas. Como los Borbones gobernaban también en Nápoles, Parma, Francia y Sicilia, entre otros países, resultaba muy confuso identificar la nacionalidad de sus diferentes buques. Por esta razón, el rey Carlos III encargó la creación de una nueva bandera para la [6] .... de barcos españoles.

Fuente: https://www.www.elespanol.com/

Robert Bartlett

cartografiar | investigador | navegante
rutas | expediciones | invadir

El [7] .... y explorador neozelandés Robert Bartlett inició temprano sus viajes al Ártico: a los 17 años ya se embarcaba en misiones para explorar y [8] .... las aguas del extremo norte del planeta. Dedicó más de 50 años de su vida a esta región helada; en total, dirigió más de 40 [9] .... al Ártico, más que cualquier otro explorador de la historia.

Fuente: https://okdiario.com/curiosidades/5 exploradores-descubrimientos-963929

2.1 **En grupos pequeños** Elige algunas de las palabras que han sobrado de la actividad anterior y escribe una curiosidad inventada. Sigue el modelo de los textos que has leído.

2.2 **Todo el grupo** Nombrad un/a portavoz del grupo para que lea vuestra curiosidad al resto de la clase. Elegid la curiosidad mejor escrita, la que os gustaría que fuera cierta y la más divertida.

Gramática

1 Verbos que cambian de significado en su forma pronominal

• **Acordar** › 'llegar a un acuerdo': *Acordaron que se reunirían el jueves.*	• **Acordarse de** › 'recordar algo': *Ayer no **me acordé de** llamar a María.*
• **Aprovechar** › 'usar algo de forma útil': *Voy a **aprovechar** este pollo para hacer croquetas.*	• **Aprovecharse de** › 'sacar un beneficio a costa de alguien o de algo': ***Se aprovecharon de** la escasez de material para inflar los precios.*
• **Creer** › 'pensar, opinar'; 'tener por cierta la existencia de algo o de alguien': ***Creo** que los avances científicos mejoran nuestra calidad de vida.* *Yo **creo en** Dios, soy católica.*	• **Creerse** › 'tener una opinión poco real de uno/a mismo/a (ser arrogante) o de algo': ***Se cree** muy inteligente, pero es un cretino de mucho cuidado.* *No **te creas** todo lo que lees en las redes.*
• **Dormir** › 'estar en reposo (es el resultado de dormirse)': *Anoche **dormí** más de diez horas seguidas.*	• **Dormirse** › 'quedarse dormido (indica el momento en que se inicia la acción de dormir)': ***Me dormí** viendo la película.*
• **Echar** › 'poner, arrojar'; 'despedir a alguien de un lugar': ***Echa** sal a la paella, que está sosa.* *Lo **echaron** de su trabajo por la crisis.*	• **Echarse** › 'tumbarse': *Me duele la cabeza, **me voy a echar** un rato, a ver si se me pasa.*
• **Encontrar** › 'dar con algo que se estaba buscando': *Ayer al fin **encontré** el libro que me recomendaste. ¡Estaba agotado en todas las librerías!*	• **Encontrarse (con)** › 'dar con algo o con alguien por casualidad'; 'sentirse o hallarse en cierto estado': ***Me encontré** un perro en la calle y lo adopté.* ***Se encuentra** nerviosa, alterada...*
• **Ocupar** › 'llenar un espacio o lugar': *Este sofá **ocupa** demasiado espacio. Necesitamos algo más pequeño.*	• **Ocuparse de** › 'considerar un asunto'; 'asumir la responsabilidad de algo': ***Nos ocuparemos de** ese tema en la reunión.* *En mi casa yo **me ocupo de** hacer la compra.*
• **Ocurrir** › 'suceder': *¿Qué **ocurrió** ayer que había tanta gente en la calle?*	• **Ocurrírsele** (algo a alguien) › 'tener una idea de repente': ***Se me ha ocurrido** que podemos poner una planta en esa esquina.*
• **Perder** › 'opuesto de *vencer*'; 'extraviar algo': *El equipo ha **perdido** el partido.* ***Perdí** las llaves y no las encontré.*	• **Perderse** › 'no saber dónde se está': ***Se perdió** en el centro comercial y no podía encontrar a sus padres.*
• **Sentir** › 'percibir con los sentidos', 'lamentar': *Al entrar, **sentí** olor a quemado.* ***Siento** que no nos podamos ver hoy.*	• **Sentirse** › 'experimentar un estado físico o emocional': ***Me siento** muy bien después de mis clases de yoga.*

Recuerda:
También hay algunos verbos que en su forma pronominal se utilizan para expresar cambios: ***hacerse, volverse, ponerse, convertirse*** o ***quedarse***.

1.1 **En parejas** Con tu compañero/a explica la diferencia entre estos otros pares o pon un ejemplo.

1. llamar/llamarse: ....
2. ir/irse ....
3. quedar/quedarse: ....
4. volver/volverse: ....

1.2 Completa la siguiente noticia con los verbos adecuados del cuadro 1.

La biometría facial reducirá el tiempo de espera en los aeropuertos

En un futuro este sistema se implementará en todo el mundo, pero de momento solo [1] .... disponible en el Aeropuerto Internacional de Carrasco, en Uruguay

Los expertos [2] .... que la biometría facial reducirá el tiempo de espera de las personas dentro de los aeropuertos. "Ya hace tiempo que existe la intención de hacer que los pasajeros [3] .... más cómodos cuando tienen que viajar. Por ejemplo, un detalle menor, pero que hace la vida en el aeropuerto más llevadera, es el de [4] .... áreas para la conectividad y la recarga de celulares sin necesidad de llevar el cargador encima", asegura Mónica Burgener, una ejecutiva argentina que viaja al extranjero por lo menos una vez a la semana. "Cuando una persona debe permanecer durante horas en un aeropuerto, se vuelve un 'habitante' de ese lugar. Conozco a la perfección cómo moverme allá, aunque al principio [5] .... y no sabía dónde estaba. Normalmente [6] .... los tiempos muertos para hacer algunas compras, organizar mi agenda o adelantar trabajo, pero, aun así, las esperas se hacen muy pesadas. Una vez, estaba tan cansada que [7] .... en un asiento y [8] .... el vuelo. No [9] .... ya de las veces que me casi me dejo olvidado algo en cualquier sitio. Menos mal que siempre hay alguien amable al que [10] .... avisarte...".

La implementación de la biometría facial recortará el tiempo de espera en los aeropuertos, lo que facilitará la vida a personas como Mónica. Esta innovación tecnológica se ha puesto en marcha ya en un aeropuerto de Uruguay. El proceso es muy sencillo: "los viajeros solo tienen que [11] .... de escanear una vez su pasaporte o documento de identificación y seleccionar su vuelo. A continuación, a medida que estos ingresen a la pasarela, se determinará automáticamente quiénes son por sus rasgos faciales. De este modo, podrán pasar por las diferentes zonas de control sin necesidad de mostrar de nuevo ningún documento", explica Ricardo Cerri, gerente de Tecnología del Aeropuerto de Carrasco. El reconocimiento biométrico facial será utilizado en el proceso de embarque de las aerolíneas, en la zona de inmigración y en la sala de llegadas, para convertirlo en un proceso sencillo que [12] .... en el menor tiempo posible.

Adaptado de https://cnnespanol.cnn.com/2019/01/25/eres-viajero-frecuente-la-biometria-facial-llega-al-rescate

2 Usos del subjuntivo (1): oraciones de relativo, condicionales y temporales (repaso)

- Las **oraciones de relativo** se construyen con **subjuntivo** si el antecedente es **desconocido** o **inconcreto**:

  *Busco **un ordenador que tenga** una batería de larga duración.*

- En las **oraciones condicionales** son posibles varias combinaciones de **modos** y **tiempos verbales** en función de si expresan **condiciones reales** o **irreales** en **presente** o **futuro**, o condiciones **irreales** en **pasado**:

  *Si **tengo** tiempo, **almorzaremos** juntos.* (futuro, condición posible o real)

  *Si **tuviera** tiempo, **almorzaríamos** juntos.* (futuro, condición poco probable)

  *Si **hubiera** tenido tiempo, **habríamos/hubiéramos** almorzado juntos.* (pasado, condición imposible o irreal)

- Algunos nexos de las **oraciones temporales** se construyen con subjuntivo para expresar **futuro**:

  ***Cuando vengas**, ya lo habré terminado.*

  – Con ***antes de que*** y ***después de que*** se utiliza el **subjuntivo** si los sujetos de las oraciones son diferentes, ya sea en presente, en pasado o en futuro:

  *Vamos a terminar, **antes de que venga** el jefe.*

2.1 Completa las siguientes frases con los verbos del recuadro en el modo y el tiempo adecuados.

sufrir | recibir | dispararse | tener | seguir | poder | ser | invertir | poner

1. Necesitamos encontrar una plataforma electrónica de pago que .... segura.
2. Si yo .... ahorros, ... en criptomonedas, pero mientras .... en este trabajo, no .... comprar ni criptomonedas ni nada.
3. Laura me contó que si no .... a tiempo el pedido, ... una reclamación en la tienda. ¡Pero le llegó incluso antes que otras veces!
4. El año pasado, después de que los precios del gas y del petróleo ...., muchos países .... una inflación sin precedentes.

3 Usos del subjuntivo (2): oraciones concesivas (repaso)

Recuerda que las oraciones concesivas expresan una **dificultad** u **obstáculo** que no impide la realización de la acción de la oración principal. Estas son las construcciones principales:

- *Aunque* + **indicativo** introduce una información **real**:
  *Aunque **tengo** un poco de tos, estoy bien, voy a ir a trabajar.*
- *Aunque* + **presente de subjuntivo** introduce una información de la que se desconoce su **veracidad** o **cumplimiento**, o que se retoma para **polemizar**:
  *Aunque **esté** de vacaciones, tiene que conectarse a la reunión, es muy importante.*
- *Aunque* + **imperfecto de subjuntivo** introduce una información **hipotética** o **poco probable**:
  *Aunque **tuviera** dinero, nunca me compraría ese coche.*
- *Aunque* + **pluscuamperfecto de subjuntivo** introduce una información **irreal** que no se produjo en el pasado:
  *Aunque me lo **hubiera pedido**, no la iba a invitar.* (No me lo pidió).

RAE GRAMÁTICA

Recuerda que en Hispanoamérica se usan casi exclusivamente las formas en -ra del pretérito imperfecto de subjuntivo. Las formas en -se solo se usan en registros muy formales.

3.1 Escribe en tu cuaderno una situación en la que puedas usar estas frases.

1. Aunque voy a uno todas las semanas, no mejoro nada.
2. Aunque lo haga, no obtiene resultados.
3. Si tuvieras tanto, no te quejarías continuamente.
4. Si me hubieras avisado, no habría dicho nada.

4 Verbos de cambio (repaso)

En español, la idea de **cambio** se puede expresar mediante los siguientes verbos:

- *Hacerse* › cambio **permanente** en las **cualidades** de las personas. Con sustantivos (sin artículo) se refiere a cambios de carácter profesional, social o ideológico:
  *Empezó a estudiar Periodismo, pero finalmente **se hizo abogado**, como sus padres.*
- *Quedarse* › cambio **transitorio** o **permanente** que se produce como resultado de un **proceso** o una **pérdida**:
  *Se ha ido el sol y **me he quedado helada**.*
- *Volverse* › cambio **permanente** en la **forma de ser** o **actuar**:
  *Desde que lo estafó su socio, **se ha vuelto** muy **desconfiado**.*
  ***Se volvió** muy **antipática** desde que la ascendieron a jefa de departamento.*
- *Ponerse* › cambio **transitorio** del **estado físico** o **anímico**, voluntario o no:
  *Hoy **me he puesto rojo** por tomar el sol sin protección.*
  ***Me puse muy contenta** cuando me lo dijiste.*

Recuerda:

La expresión ***llegar a ser*** *(llegó a ser empresario, llegó a ser presidenta...)* denota un cambio gradual positivo, fruto del trabajo o de un esfuerzo.

4.1 Escribe junto a las siguientes palabras el verbo de cambio más adecuado. Ten en cuenta que en algunos casos puede haber más de una opción posible.

1. .... triste
2. .... cascarrabias
3. .... cantante
4. .... boquiabierta
5. .... huraño
6. .... atea
7. .... enferma
8. .... sin blanca
9. .... vegano
10. .... viuda
11. .... morado
12. .... de moda
13. .... la loca
14. .... insoportable
15. .... como un flan
16. .... dormido
17. .... exigente
18. .... pálido

5 Perífrasis de infinitivo, gerundio y participio (repaso)

- *Deber* + **infinitivo** expresa **obligación**, *deber de* expresa **probabilidad**:
  *Los niños **deben estar** en la cama a las 9.*
  *Este reloj **debe de haber costado** un riñón.*
- *Ponerse a* + **infinitivo** expresa el **inicio de una acción**:
  *Cuando se lo dije, **se puso a saltar** de alegría.*

> Las perífrasis *echar a + andar/correr/volar, echarse a + reír/llorar/temblar* y *romper a + llorar/reír/llover/gritar* expresan el **inicio repentino** de la acción:
> ***Se echó a correr** cuando lo vio.*

- *Venir a* + **infinitivo** expresa **aproximación**:
  *Su discurso **vino a decir** que la crisis se alargaría.*
- *Acabar/Terminar por* + **infinitivo** expresan la **culminación** de un proceso:
  *No soporto a mis compañeros de piso. Al final **acabaré por marcharme** a otro.*
- *Llegar a* + **infinitivo** también expresa la **culminación** de un proceso o un **logro**:
  *Esteban **llegó a ser** un arquitecto de prestigio.*
- *Venir/Llevar* + **gerundio** expresan el **desarrollo gradual** de una acción que comenzó en el pasado y que llega hasta el momento al que nos referimos. Indican **insistencia**:
  *Últimamente **viene diciendo** cosas sin sentido.*
- *Acabar/Terminar* + **gerundio** presentan la **culminación** de una acción **inesperada** o **difícil de realizar**:
  *Salimos de viaje sin organizarlo y al final **acabamos durmiendo** en el coche.*
- *Llevar/Tener* + **participio** tienen un valor **acumulativo**. Describen una acción que empezó en algún momento del pasado y que llega hasta el momento al que nos referimos:
  ***Llevo leídas** cincuenta páginas y todavía no me ha enganchado la novela.*

  Tener + **participio** se enfoca en el **resultado** derivado de un proceso:
  ***Tengo ahorrados** 3000 euros para irme de vacaciones a México.*
- *Dejar* + **participio** destaca el **efecto** producido por una **acción anterior**:
  ***Dejó escrito** que repartieran sus bienes entre los más pobres.*

5.1 En tu cuaderno, reformula las siguientes oraciones utilizando una perífrasis. Sigue el ejemplo.

Ejemplo: *La crisis ha arruinado a los inversores.* › *La crisis **dejó arruinados** a los inversores.*

1. Este verano, Carlos no quiere ir a la fiesta y solo pone excusas.
2. Me marcho ya. Creo que son las nueve.
3. Rosa estaba tan harta del ruido que hacían sus vecinos que se mudó.
4. ¿Has guardado ya toda la ropa de invierno?
5. Esta casa cuesta alrededor de un millón de euros.
6. Era muy tarde, no podía ya coger el autobús, así que mis padres me llevaron al aeropuerto.
7. Estaba contándole lo que me pasó y me interrumpió riéndose.
8. Voy a hacer tres ensaladas para la cena. Ya he hecho dos.

Practica en contexto

1 **Todo el grupo** Lee la siguiente cita del escritor Octavio Paz. ¿Estás de acuerdo con lo que dice? Justifica tu respuesta.

"Las masas humanas más peligrosas son aquellas en cuyas venas ha sido inyectado el veneno del miedo, del miedo al cambio".

Preguntar por el conocimiento de algo
- ¿Qué sabes de...?
- ¿Tienes nociones/conocimientos de/sobre...?
- ¿Estás informado-a de/sobre...?

¿Qué sabes del cambio climático?

Preguntar si se conoce un hecho reciente
- ¿Te has enterado de (lo que)...?
- ¿Has oído algo de/sobre...?

¿Has oído algo sobre la inmunidad de rebaño?

Expresar conocimiento
- (Ya) Lo sé/sabía.
- (Ya) Me he/había enterado de...
- Tengo algunos conocimientos/nociones de/sobre...
- Estoy informado-a de/sobre...

Me he enterado de que los jóvenes españoles están entre los europeos que más tarde se independizan.

Expresar desconocimiento
- No lo sé/sabía.
- No tengo/tenía ni idea.
- *No sé/sabía* + *si/dónde/cómo/qué* + indicativo
- *No sabía que* + imperfecto de subjuntivo

No sabía que en España hubiera tanta precariedad laboral.

1.1 **En parejas** Pregúntale a tu compañero/a qué sabe sobre los cambios que se han producido últimamente en los siguientes temas. ¿Con cuál de ellos relacionarías la imagen?

- los cambios de valores
- la situación de la mujer
- la globalización
- el concepto de familia
- la población inmigrante
- la emancipación tardía

2 **En grupos pequeños** Las siguientes imágenes tienen que ver con la globalización de la música. ¿A qué aspectos concretos de este fenómeno crees que se refieren?

1. ....

2. ....

3. ....

4. merchandising

5. ....

2.1 Lee el siguiente texto y comprueba tu respuesta anterior.

Música en un mundo globalizado

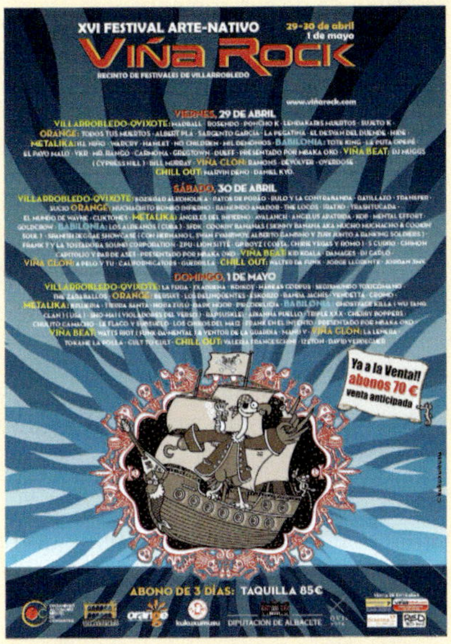

Los megaconciertos, celebrados en estadios y salas de espectáculos de las más diversas características, se han convertido en una fuente de ingresos muy importante para la mayoría de los cantantes y grupos musicales. Estos conciertos multitudinarios están patrocinados por grandes marcas que obtienen, de esta manera, publicidad directa de sus productos.

A su vez, los festivales de música, en los que se dan cita artistas de todos los lugares del planeta, se han convertido en eventos de prestigio nacional e internacional. En España destacan festivales como FIB, Azkena Rock, BluesCazorla, Bilbao BBK Live, Viña Rock...

Otra consecuencia de la globalización es el fenómeno fan, que se da especialmente entre los adolescentes del primer mundo. Con un poder adquisitivo de alto a aceptable, los fans representan para la industria de la música una valiosa fuente de ingresos, que incluye desde la venta de entradas a los conciertos hasta la comercialización de objetos relacionados con sus cantantes o grupos favoritos, el llamado *merchandising*, que deriva de la mitomanía y que genera ganancias tan importantes como los propios conciertos.

Además, el desarrollo de la tecnología ha permitido que los distintos creadores e intérpretes puedan ampliar aún más su ámbito de difusión, subiendo a la red interpretaciones realizadas en vivo o creaciones que son transmitidas de forma inmediata y a nivel global, a través de plataformas digitales como Spotify, Amazon o Apple. Debido a esta transformación de la industria musical, muchas bandas prefieren darse a conocer y promocionarse a través de canales en línea como YouTube, las redes sociales o la emisión en directo *(streaming)*.

No obstante, esta globalización musical también ha traído en los últimos tiempos consecuencias negativas, como la inestabilidad laboral de los artistas y el aumento de la competencia. Hay tantas maneras de consumir música que es difícil para un artista saber identificar el lugar adecuado para promocionarse. Asimismo, son las listas de reproducción de las diferentes plataformas las que están determinando el gusto musical en el mercado. Por último, esta revolución digital ha provocado la caída de las grandes discográficas, ya que hoy en día los creadores tienen la posibilidad de autoeditar su música y distribuirla a través de estas plataformas, así como de crear nuevos sellos independientes.

Fuentes: https://www.lanacion.com.ar/opinion/musica-en-un-mundo-globalizado-nid326366/, https://www.lanzaderasdeempleo.es/la-globalizacion-de-la-musica-en-la-era-digital y https://elpais.com/tecnologia/2021-09-11/cada-vez-menos-globales-spotify-hace-que-escuchemos-mas-musica-local.html

2.2 **En parejas** Con tu compañero/a, responde a estas preguntas.

- ¿Qué importancia tiene la música en tu vida?
- ¿Eres mitómano/a? ¿Compras objetos relacionados con tus grupos o cantantes favoritos?
- ¿Qué tipo de música te gusta escuchar?
- ¿Ha cambiado tu forma de consumir música? ¿A través de qué canales la escuchas?

2.3 **Todo el grupo** Cuenta tu experiencia sobre algún concierto o festival de música al que hayas asistido. ¿Qué recuerdos tienes? ¿Qué te aportó aquella vivencia?

Preguntar por una experiencia
- ¿Qué tal/Cómo ha estado/estuvo...?
- ¿Qué tal/Cómo ha ido/fue...?

Valorar una experiencia
- (Me) Ha ido/Fue/Ha salido/Salió bien/mal/genial/fenomenal/fatal...
- ¡Fenomenal!/¡Excelente!
- Lo pasé/he pasado bien/mal/genial/fenomenal/fatal...

Pedir a alguien que cuente una experiencia o anécdota
- Oye, cuéntame algo de...
- (Oye), ¿Qué pasó con...?

Contar una experiencia o anécdota
- Pues, verás/una vez/el otro día...
- Nada, pues que.../Pues nada, que...
- Me sorprendió/encantó...

Mostrar interés
- ¡No me digas!
- ¡Es increíble/alucinante!
- (Lo) Entiendo/Comprendo.

3 [38]

Escucha este informe sobre los residuos electrónicos de 13 países de América Latina, marca las respuestas verdaderas y corrige las falsas.

1. ☐ Según el informe de la ONUDI, el 97 % de los residuos electrónicos que se generan en esos 13 países se tiran a la basura y no se recicla ninguno de sus componentes.
2. ☐ El aumento de los residuos electrónicos en esos países con respecto a otros del mundo es un 49 % superior.
3. ☐ Uno de los principales problemas derivados de esta situación es la emisión a la atmósfera de millones de toneladas de gases de efecto invernadero.
4. ☐ El informe pide a todos los países de América Latina que elaboren una legislación sobre la gestión de residuos electrónicos.
5. ☐ El proyecto de la ONUDI ha llevado a cabo acciones para concienciar sobre el problema a todos los sectores de la sociedad y los ha involucrado en su resolución.

Proponer y sugerir
- Enunciado afirmativo, + *¿cómo lo veis?*
- *Habría que/Estaría bien/Podría estar bien/ No estaría mal* + infinitivo
- Una/Otra posibilidad es/sería...

3.1 **En grupos pequeños** ¿Qué puedes hacer tú para reducir la basura tecnológica? Con tus compañeros de grupo, propón ideas.

4

En parejas Las siguientes imágenes corresponden a alojamientos hechos con materiales reciclados. Obsérvalas y describe cómo son estos lugares. Después tu compañero/a te va a dar información sobre ellos, ¿has acertado en tus descripciones?

Estudiante A

TUS IMÁGENES

Tubohotel, Tepoztlán (México)

____

Hotel Costa Verde (Costa Rica)

____

LOS HOTELES DE TU COMPAÑERO/A

Hotel Winebox, Valparaíso (Chile)

La vibrante y colorida ciudad de Valparaíso, al norte de Santiago de Chile, es la ubicación perfecta del hotel Winebox, un alojamiento que lleva el cuidado del medioambiente a su punto más alto, pues más del 70 % de los materiales del hotel son reciclados.

Un alojamiento –y bodega urbana– creado a partir de contenedores marítimos que deja su impronta en las onduladas colinas de Valparaíso.

Fuente: https://instyle.mx/

Alojamiento Vagón Rural, Murcia (España)

A partir de la rehabilitación de antiguos vagones de tren, surge este moderno alojamiento compuesto de acogedores apartamentos de estilo retro. Completamente equipados, los vagones se pueden comparar con una caravana, pero más espaciosos y a un precio muy asequible. Junto a otros vagones, forman una gran terraza a modo de estación de tren. Además, se encuentran en una zona verde residencial muy tranquila, en plena huerta de Murcia.

Fuente: https://www.booking.com/

Recursos para describir un lugar
- Adjetivos: *vibrante y colorida ciudad...*
  - Muchos de estos adjetivos aparecen a menudo modificados por adverbios cuantificadores de modo: *completamente equipados...*
- Enumeraciones: *También reutiliza las aguas residuales, recoge agua de lluvia y realiza todas aquellas acciones que garantizan una estancia respetuosa con el medioambiente...*
- Comparaciones: *los vagones se pueden comparar con una caravana, pero más espaciosos...*
- Aposiciones: *Valparaíso, al norte de Santiago de Chile,...*
- Preposiciones y locuciones adverbiales para ubicar: *debajo de, encima de, al fondo, al lado, en el centro...*
- Conectores de adición o suma: *asimismo, y, además...*
- Organizadores textuales: *en primer lugar, en segundo lugar, por último...*

Estudiante B

TUS IMÁGENES

Hotel Winebox, Valparaíso (Chile)

Alojamiento Vagón Rural, Murcia (España)

LOS HOTELES DE TU COMPAÑERO/A

Tubohotel, Tepoztlán (México)

Una montaña de tubos de cemento estaba a punto de quedar abandonada y sin ningún uso hasta que apareció esta iniciativa de reciclaje. Las camas de las habitaciones que ofrece este alojamiento están instaladas en habitáculos cilíndricos ubicados en mitad de una huerta orgánica de Tepoztlán.

No se trata de un hotel con grandes lujos, pero lo que estas pirámides tubulares aseguran a todos sus huéspedes es que, alojándose en ellos, están contribuyendo a la sostenibilidad del planeta.

Fuente: https://viajes.nationalgeographic.com.es

Hotel Costa Verde (Costa Rica)

Este hotel único ofrece una *suite* en un Boeing 727, ya en desuso, que data de 1965. Se ubica a 50 metros sobre el suelo, para que los huéspedes experimenten la sensación de volar y disfruten de una bella vista del mar. Además de reciclar, el Hotel Costa Verde utiliza bombillas de bajo consumo y calentadores de agua que funcionan con energía solar. También reutiliza las aguas residuales, recoge agua de lluvia y realiza todas aquellas acciones que garantizan una estancia respetuosa con el medioambiente, como, por ejemplo, fabricar la mayoría de sus muebles y accesorios de iluminación con madera sostenible.

Fuente: www.costaverde.com

4.1 **Todo el grupo** ¿En cuál de estos hoteles te gustaría alojarte? Justifica tu respuesta.

4.2 **En grupos pequeños** Imaginad que vais a crear un alojamiento a partir de objetos reciclados. Describidlo siguiendo los siguientes puntos.

- En qué consiste este nuevo espacio.
- Qué materiales van a usarse.
- Qué características tiene.
- Cómo va a respetar el entorno medioambiental.

4.3 **Todo el grupo** Presentad vuestra idea al resto de la clase. Elegid el espacio más creativo y aquel que haya utilizado la mayor cantidad de materiales reciclados.

5 La globalización musical y la basura electrónica han sido dos ejemplos del efecto negativo de la globalización. Escribe un texto para presentar otro aspecto –positivo o negativo– de este fenómeno. Aquí tienes algunos temas que puedes tratar.

- difusión tecnológica
- contacto e intercambio social
- uniformidad cultural
- cadenas multinacionales de restauración
- intercambio económico

Valparaíso

un ejemplo de transformación urbanística

La ciudad colonial de Valparaíso, situada en la comuna de Valparaíso (Chile), no es solo una importante ciudad, sino también un puerto marítimo, una base naval y un centro educativo que constituyen, en su conjunto, un notable ejemplo del desarrollo urbano y arquitectónico de América Latina a finales del siglo XIX. El Gran Valparaíso es la segunda área metropolitana más grande del país y uno de los puertos marítimos más importantes del Pacífico Sur.

1 **En grupos pequeños** Observa todas imágenes del texto y comenta con tus compañeros qué cambios crees que ha experimentado la ciudad para convertirse en un ejemplo de evolución urbanística. Luego lee y comprueba.

Valparaíso en sus orígenes

Valparaíso jugó un importante papel en la segunda mitad del siglo XIX, cuando la ciudad se convirtió en una importante escala para los barcos que viajaban entre los océanos Atlántico y Pacífico. Llegó a ser conocida por los navegantes internacionales como "El pequeño San Francisco". Durante su época dorada, la ciudad experimentó un rápido crecimiento y fue como un imán para los migrantes europeos que se establecían allí atraídos por su prosperidad.

En 2003, el casco histórico de Valparaíso fue declarado Patrimonio de la Humanidad por la Unesco.

Declive en el siglo XX

La segunda mitad del siglo XX fue desfavorable para Valparaíso, ya que muchas familias adineradas abandonaron la ciudad. La apertura del Canal de Panamá y la reducción del tráfico de barcos asestó un duro golpe a su economía portuaria.

Auge en el siglo XXI

A comienzos del siglo XXI, la ciudad comenzó a recuperar su esplendor, gracias a artistas y emprendedores culturales que se instalaron en los barrios históricos de sus laderas. Hoy en día, miles de turistas de todo el mundo visitan Valparaíso para disfrutar de su laberinto de callejuelas empedradas y coloridos edificios.

Galería de arte al aire libre

Rostros surrealistas de niños, mujeres y hombres; animales marinos o enormes búhos añaden color al puerto chileno de Valparaíso, que cientos de grafiteros han convertido en una gigantesca galería al aire libre.

Más de 300 artistas callejeros han pintado alguna de las paredes de Valparaíso en los últimos años.

En los últimos años, se ha producido una explosión de creatividad en la ciudad y las paredes de las casas se han transformado en lienzos donde los artistas locales y extranjeros han plasmado sus inquietudes y pensamientos a través de grafitis y murales.

Estos cerca de 1400 grafitis y murales forman ya parte obligada de las rutas turísticas por Valparaíso, además de sus impactantes vistas a la bahía, sus coloridas casas, sus antiguos ascensores para subir y bajar de los cerros y los trolebuses que surcan las calles.

Fuentes: https://www.lavanguardia.com/ocio/viajes/20190514/462241531980/grafitis-valpariso-chile-ruta-turistica.html y https://www.fundacionaquae.org/barrio-historico-de-la-ciudad-portuaria-de-valparaiso/

2 **En grupos pequeños** Busca información sobre alguna ciudad de España o Latinoamérica que se haya transformado y convertido en un destino obligado para los turistas a partir de ese cambio.

3 **Todo el grupo** Presentad la ciudad elegida al resto de la clase. ¿Cuál de ellas ha experimentado el cambio más importante? ¿Por qué?

Vídeo

REPORTAJES

Vivir de la tierra en Asturias

Antes del vídeo

1 **En parejas** El minidocumental que vas a ver pertenece a una serie que se titula … *Y la cabra tiró al monte*, una adaptación del refrán español "La cabra siempre tira al monte", ¿sabes qué significa este refrán? ¿Existe algún dicho similar en tu lengua?

2 **En parejas** Relaciona estas expresiones que se dicen en el vídeo con su significado.

1. Irse al garete.
2. Quedarle a alguien o a algo un telediario/dos telediarios.
3. Dar cobijo.
4. Quedarse algo o alguien por el camino.
5. Tener buen rollo.

a. Llevarse bien.
b. Proteger.
c. Fracasar, malograrse.
d. Perderse, no llegar a su fin.
e. Faltarle poco tiempo para finalizar o para dejar de existir.

Durante el vídeo

3 Visiona el fragmento 00:00 ▶ 02:00 y responde a estas preguntas.

1. ¿Por qué crees que Sonia dice que ese lugar es el gimnasio ideal para estar en forma?
2. ¿Por qué Joan y Sonia afirman que no solo es posible sino recomendable vivir del campo?
3. ¿Qué nos da la naturaleza en opinión de Joan?
4. ¿Qué ventajas ofrece Asturias para lanzarse al monte, según esta pareja?
5. ¿Qué labor desempeña cada uno de ellos en el campo?

4 **En parejas** En el fragmento 02:01 ▶ 04:03 se explica qué es la *permacultura*. Visiónalo y explica con tus palabras en qué consiste y cómo llevarla a cabo. ¿Cuáles crees que son sus beneficios? ¿Crees que sería posible implantar este sistema en la zona donde tú vives?

5 Visiona el fragmento 04:04 ▶ 05:05, en el que se habla de la asociación Indigalia. Después resume en tu cuaderno cuál es la base de esta asociación y qué perjuicios tiene para la tierra la práctica del monocultivo.

6 **En parejas** Otro de los objetivos de esta asociación es buscar la autosuficiencia. Visiona el fragmento 05:06 ▶ 06:11 y explica en qué consisten el rastro y el banco de tiempo.

7 Vuelve a ver el fragmento anterior y marca las afirmaciones verdaderas.

1. ☐ El rastro es un lugar de intercambio de productos.
2. ☐ Cada persona puede ofrecer los productos que tiene.
3. ☐ Los agricultores van por los pueblos vendiendo sus productos.
4. ☐ En este lugar se pueden adquirir productos de la ciudad que no se encuentran en el campo.
5. ☐ El *copino* es una moneda que se utiliza en el intercambio.
6. ☐ Solo se hacen intercambios a través del copino.
7. ☐ Cualquier persona puede adquirir productos que no tiene.

8 Visiona el fragmento 06:12 ▶ final y contesta a las preguntas.

1. ¿Cuál es el oficio actual de Sonia y Joan? ....
2. ¿Alguno de los dos menciona alguna ocupación anterior? ¿Cuál/Cuáles? ....
3. ¿A qué se debió este cambio? ....

Después del vídeo

9 **Todo el grupo** ¿Crees que es posible vivir de la tierra? ¿Y vivir sin dinero? ¿Crees que se puede llegar a ser autosuficiente viviendo en el campo?

10 **Todo el grupo** Lee en qué consiste el proyecto ...*Y la cabra tiró al monte*. ¿Crees que podrías adoptar este estilo de vida? Razona tu respuesta.

> Un día se hartaron, dejaron atrás el consumismo y las grandes urbes y empezaron el cambio a su manera. Vivir con menos para ser más felices. Buscamos a cabras que se hayan tirado al monte para vivir de otra manera.
>
> Lo que iba a ser un documental sobre gente pequeña empoderándose acabó siendo una serie que da voz a quienes optaron por un modo de vida alternativo y libre, al margen de la dinámica del sistema y de las grandes urbes.
>
> Se trata de demostrar que es posible vivir de otra manera sin renunciar a la calidad de vida. Vivir con menos para ser más felices. El ser antes que el tener.

11 **Todo el grupo** En la página web https://ylacabratiroalmonte.wordpress.com/ puedes acceder a otras historias similares a la de Sonia y Joan. Elige una de ellas y preséntasela al resto de la clase.

Evaluación

1 Completa las siguientes frases con palabras relacionadas con el teletrabajo.

1. Una de las consecuencias más positivas es el .... de tiempo.
2. Para evitar el ...., sería interesante mantener a diario videollamadas con los compañeros y las compañeras.
3. El teletrabajo ha permitido la .... familiar y laboral.
4. Ahora puedo llevar a mis hijos a la escuela gracias a la .... horaria.
5. Algunas de las empresas piensan que el teletrabajo dificulta la .... de las tareas.

2 Relaciona las columnas para formar expresiones referidas a la vida saludable.

1. Comer	a. bebidas azucaradas ni grasas.
2. Evitar	b. las relaciones personales.
3. No tomar	c. el peso.
4. Potenciar	d. el sedentarismo.
5. Controlar	e. de forma saludable.

3 Elige la opción correcta.

1. a. Oye, que **ha ocurrido/se me ha ocurrido** que podíamos ir esta noche a tomar algo.
   b. Pero ¿qué **ha ocurrido/se le ha ocurrido**? ¿Por qué grita así?
2. a. Cuando me dijo que me quería, **sentí/me sentí** mariposas en el estómago.
   b. ¡Qué dolor de estómago! **Siento/Me siento** fatal.
3. a. Ay, no puedo, **duermo/me duermo**… ¡Qué aburrimiento!
   b. No hagáis ruido, que el bebé **está durmiendo/se está durmiendo**.
4. a. **Echaron/Se echaron** a esos dos empleados por faltar al trabajo sin justificación.
   b. **Echas/Te echas** un rato, si estás cansado, y luego nos vamos.
5. a. **Acordaron/Se acordaron** que se verían a finales del verano.
   b. El otro día **acordé/me acordé** del día en que nos conocimos.

4 Completa las frases con el verbo entre paréntesis en el modo y el tiempo adecuados.

1. Nuestra empresa buscaba a una persona que .... (estudiar) Biología.
2. Hay pocas personas que .... (entender) de esa materia, y tú eres una de ellas.
3. Compraré entradas en primera fila para el concierto si me .... (acompañar tú).
4. Si yo .... (tener) un terreno grande, plantaría mi propio huerto.
5. Si .... (ver, tú) las noticias, te habrías enterado de la nevada que cayó ayer aquí.
6. Me levanté de la mesa antes de que .... (servir, ellos) el postre.
7. Aunque me lo .... (jurar, él), no me lo habría creído.
8. No lo haría, aunque me lo .... (pedir, ellas) de rodillas.

5 Completa las frases con los verbos de cambio oportunos.

1. Rosa .... triste porque no ha aprobado el examen.
2. Hace unos años mi hermana .... vegetariana por amor a los animales.
3. Ayer mi sobrino .... dormido en el sofá viendo la tele.
4. Últimamente el vecino de arriba .... muy antipático. Desconozco qué le pasa.
5. Mi padre empezó a leer sobre ese tema y .... un experto en la materia.
6. El domingo Javier .... guapo para la boda de su hermano.

6 Relaciona las perífrasis de estas frases con su significado correspondiente.

1. Mi hermana debe de tener algún problema económico.
2. Mis tíos llegaron a amasar una pequeña fortuna en Francia.
3. El niño lleva repitiéndolo desde que ha salido de clase.
4. Vendrá a ganar unos 1500 euros.
5. Debe estar en la estación dentro de 5 minutos.
6. He dejado preparada la cena para esta noche.
7. Desde marzo tengo leídos unos cuatro libros ya.
8. Todavía no me he puesto a trabajar en lo tuyo.

a. Efecto de una acción anterior
b. Resultado de un proceso
c. Inicio de una acción
d. Logro
e. Probabilidad
f. Aproximación
g. Insistencia
h. Obligación

7 Completa las siguientes frases libremente.

1. ¿Estás informado/a de ....?
2. ¿Qué sabes de ....?
3. ¿Has oído algo de/sobre ....?
4. Tengo algunas nociones de ....
5. ▶ ¿..............................?
   ▷ No tenía ni idea.

8 Escucha y relaciona cada foto con su descripción correspondiente. Sobra una foto; identifícala y descríbela brevemente. ¿Sabes qué edificio es y dónde está?

[39]

9 Escribe en tu cuaderno un texto de unas 200 palabras que comience así: *Habría puesto un punto final en mi vida si…*

10 Piensa en todo lo que has aprendido en este nivel B2 de español. ¿Qué contenidos te han resultado más interesantes? ¿Cuáles crees que necesitas seguir trabajando? ¿Te gustaría continuar estudiando para alcanzar el nivel C1?

Apéndices

Pronunciación y ortografía

Ficha 1 Entonación interrogativa y de mandato

1 **En parejas** Piensa en dos preguntas que le hacías a tu profesor/a cuando empezaste a estudiar español teniendo en cuenta que tus recursos eran más limitados.

1.1 Estos son los esquemas entonativos de las frases interrogativas. ¿A cuál de ellos corresponden las preguntas que has recordado en la actividad anterior?

Esquemas entonativos de las oraciones interrogativas

- Estos son los tonemas de los dos tipos básicos de frases interrogativas que existen en español:
  - **Total:** *¿Te vas?*

    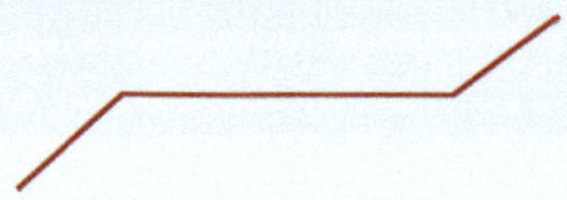
  - **Parcial:** *¿Cuándo te vas?*

- En las interrogativas disyuntivas se hacen dos preguntas en una. Fíjate en su tonema: *¿Tienes frío o pasas calor?*

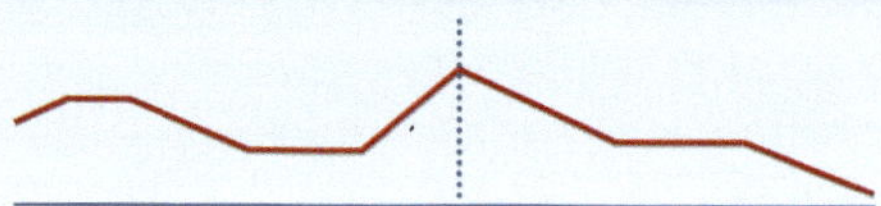

1.2 **En parejas** Aunad estas preguntas en una y leedlas en voz alta.

1. ¿Lo hizo sin querer? ¿Lo hizo aposta?
2. ¿Prefieres que vayamos a la playa? ¿Prefieres pasar las vacaciones en la montaña?
3. ¿Quieres que te recoja a las seis? ¿Vas a venir en metro al centro?

2 [40] **En parejas** En español, una misma orden puede tener connotaciones muy diferentes. Escucha el siguiente ejemplo entonado de tres formas distintas y deduce cuándo comunica orden, orden atenuada o ironía.

	Orden	Orden atenuada	Ironía

Ejemplo 1	☐	☐	☐
Ejemplo 2	☐	☐	☐
Ejemplo 3	☐	☐	☐

2.1 **En grupos pequeños** Escribid tres órdenes diferentes y decídselas al grupo opuesto. ¿De qué entonación se trata?

Ficha 2 Pronunciación de estructuras vocálicas: diptongo, triptongo, hiato, sinéresis y sinalefa

1 Lee la información del cuadro y clasifica las palabras en su lugar correspondiente. Hay dos palabras que pertenecen a dos categorías diferentes.

• iniciéis	• acentúo	• mahonesa	• buey	• púa	• leer	• diurno
• vehículo	• juicio	• cooperante	• Paraguay	• aliada	• aéreo	• europea
• causa	• vieira	• duermo	• monstruo	• baúl	• peine	• ruiseñor

Diptongo, triptongo e hiato

- Un **diptongo** es un grupo de dos vocales contiguas que se pronuncian en una sola sílaba. Existen tres tipos de diptongo según las vocales que lo forman: **abierta** *(a, e, o)* y/o **cerrada** *(i, u)*:
  - vocal cerrada + vocal abierta: ...., ..., ..., ...
  - vocal abierta + vocal cerrada: ...., ..., ...
  - vocal cerrada + vocal cerrada: ...., ..., ...
- Un **triptongo** es un grupo de tres vocales contiguas que se pronuncian en una sola sílaba. El esquema del triptongo siempre es el mismo:
  - vocal cerrada + vocal abierta + vocal cerrada: ...., ..., ..., ...
- Por último, un **hiato** es un grupo de dos vocales contiguas que se pronuncian en sílabas diferentes. Existen cuatro tipos:
  - dos vocales iguales: ...., ...
  - dos vocales abiertas juntas: ...., ..., ...
  - vocal abierta + vocal cerrada tónica: ...., ...
  - vocal cerrada tónica + vocal abierta: ...., ...
- La característica principal de diptongos y triptongos es que todas sus vocales se pronuncian en un solo golpe de voz. En el lado opuesto se encuentra el hiato, que se pronuncia en dos golpes de voz diferentes.

2 [41] **En parejas** Lee la información y marca el número del ejemplo que escuches según el fenómeno fonético correspondiente. Hay dos ejemplos en los que se dan los dos fenómenos, ¿cuáles son?

Sinéresis y sinalefa

- En la lengua oral, la pronunciación de los diptongos, triptongos, hiatos y grupos de palabras se puede ver afectada por dos fenómenos: la **sinéresis** y la **sinalefa**. Estos fenómenos nuncan interfieren en la lengua escrita.
  - La **sinéresis** es la reducción a una sola sílaba, en una misma palabra, de vocales que normalmente se dirían en sílabas distintas. Suelen ser vocales iguales o vocales abiertas: *alcohol* /al-**kól**/, *océano* /o-**céa**-no/:
    Ejemplo: 1. ☐; 2. ☐; 3. ☐; 4. ☐; 5. ☐; 6. ☐; 7. ☐.
  - La **sinalefa** es un enlace de sílabas, la última de una palabra y la primera de la siguiente, cuando una acaba en vocal y la otra empieza por vocal, precedida o no de *h* muda. A veces enlaza sílabas de tres palabras: *la orden* /**laór**-den/, *aprende a escribir* /a-pren-**deaes**-cri-bír/:
    Ejemplo: 1. ☐; 2. ☐; 3. ☐; 4. ☐; 5. ☐; 6. ☐; 7. ☐.

2.1 [41] Vuelve a escuchar y subraya en las frases las sinéresis y las sinalefas que hay.

1. Miguel de Cervantes Saavedra.
2. Si tuviera información, lo haría.
3. Suspendió a Eusebio por copiar en el examen.
4. Tengo que reescribir el artículo de nuevo.
5. Ojalá salte la alarma antiincendios y no hagamos el examen.
6. ¿Tuviste tiempo de hablar con el tutor?
7. Es esencial la coordinación de un equipo de trabajo.

Ficha 3 Entonación: agrupaciones que normalmente no admiten pausa

1 **En parejas** Define estas categorías gramaticales y pon un ejemplo de cada una de ellas. Trabaja con tu compañero/a.

1. Adjetivo: ....
2. Adverbio: ....
3. Artículo: ....
4. Sustantivo: ....
5. Perífrasis verbal: ....
6. Preposición: ....
7. Pronombre átono: ....
8. Verbo: ....

1.1 Muchas veces la entonación está ligada a la gramática. Existen algunas agrupaciones de palabras que no admiten una pausa entre sus partes. Relaciona cada agrupación gramatical con su ejemplo correspondiente.

1. artículo + sustantivo	a. con mi libro
2. sustantivo + adjetivo	b. duermo fatal
3. adjetivo + sustantivo	c. bastante mal
4. verbo + adverbio	d. el niño
5. adverbio + verbo	e. plato sopero
6. pronombre átono + verbo	f. lo creo
7. adverbio + adjetivo	g. se echó a llorar
8. adverbio + adverbio	h. verde hojarasca
9. forma verbal compuesta	i. no estudia
10. perífrasis verbal	j. bien avenido
11. preposición + término	k. habían cantado

> Fíjate:
> Estas agrupaciones no admiten una pausa en su interior. Por ejemplo, en la oración *Si hubiera estudiado, habría aprobado el examen de Matemáticas*, la única pausa posible es la que se expresa con la coma.

2 [42] En el siguiente audio hay dos pausas incorrectas. Detéctalas y di por qué lo son.

- Error 1: ....
- Error 2: ....

2.1 **En parejas** Crea con tu compañero/a un diálogo en el que insertes dos errores de entonación en agrupaciones. Sigue el modelo del audio anterior.

....
....
....
....

2.2 **Todo el grupo** Leed vuestro diálogo al resto de la clase. ¿Dónde están los errores de entonación?

Ficha 4 Escritura de fechas y horas

1 **Todo el grupo** El orden de mención de cada uno de los elementos de las fechas (día, mes y año) varía según las distintas lenguas. ¿Cómo es en la tuya? Escribe la fecha de tu cumpleaños.

1.1 **En parejas** Elige la opción correcta. Luego compara con tu compañero/a.

1. a. Sofía nació el 10 de febrero de 1999.
   b. Sofía nació el 10 de Febrero de 1999.
   c. Sofía nació el 10 de Febrero de año 1999.
2. a. En el 1915, Falla estrenó *El amor brujo*.
   b. En 1915, Falla estrenó *El amor brujo*.
   c. En 1.915, Falla estrenó *El amor brujo*.

1.2 Completa los ejemplos del cuadro con las frases correctas de la actividad anterior.

Las fechas

- En los países latinos se utiliza habitualmente el orden **ascendente**, esto es, día, mes, año: *28 de mayo de 2015*. Entre el día y el mes, así como entre el mes y el año, se intercala la preposición ***de***.
- Las fechas pueden escribirse enteramente con letras, con una combinación de letras y números o solo con números.
  - El sistema más común combina letras y números; el día y el año se escriben con números arábigos, y el mes, con letras y siempre con minúscula inicial:
    [1] ....
  - En la expresión de las fechas se usan las preposiciones ***a***, ***en*** y ***de***. La preposición ***en*** antecede a la indicación del mes: *Estamos en marzo*; o del año, si este no va acompañado del mes:
    [2] ....
- Es incorrecto escribir con punto la expresión numérica de los años: ~~*1.995*~~ › *1995*.

2 [43] Escucha el audio y escribe con números las horas que se mencionan. Luego lee la información y comprueba si las has escrito bien.

1. .... 3. .... 5. .... 7. ....
2. .... 4. .... 6. .... 8. ....

Las horas

- Para expresar la hora puedes usar:
  - Los números del 1 al 12 añadiendo, si es necesario, la indicación del tramo del día al que corresponde la hora expresada: ***de la mañana***, ***de la tarde***, ***de la noche*** o ***de la madrugada***. También podemos añadir las siglas ***a. m.*** y ***p. m.***
  - Los números del 0 (para las doce de la noche) al 23.
- Si la hora se escribe con números, debe tenerse en cuenta lo siguiente:
  - Para separar las horas de los minutos, se usa el punto o los dos puntos: *19.30, 19:30*.
  - Opcionalmente, puede emplearse tras las cifras el símbolo ***h*** *(hora)*, que, como todos los símbolos, debe escribirse sin punto (salvo que se trate del que marca el final del enunciado): *El vuelo sale a las 21:30 h*.
  - También es posible desglosar la mención de horas y minutos, e incluso segundos, utilizando para ello los símbolos correspondientes: *Hizo la maratón en 1 h 24 min 12 s*.
  - Las horas en punto se expresan mediante dos ceros en el lugar que corresponde a los minutos: *22.00, 22:00*. Pueden omitirse los dos ceros si tras la indicación de la hora se escribe el símbolo ***h***: *El concierto empieza a las 22 h*.
  - Cuando se usan las abreviaturas ***a. m.***, y ***p. m.***, no debe añadirse el símbolo ***h***, pues es evidente que se trata de una referencia horaria: *17.30 h* o bien *5.30 p. m.*

2.1 Piensa en tu rutina y escribe tu horario de un día normal. Utiliza todas las opciones que has estudiado para escribir las horas.

Ficha 5 La tilde diacrítica en los pronombres interrogativos y exclamativos

1 Lee este cuadro de atención y escribe algunos ejemplos de palabras con tilde diacrítica.

> Fíjate:
> La tilde diacrítica es aquella que permite, por lo general, diferenciar el significado de dos palabras que tienen la misma forma pero que pertenecen a categorías gramaticales diferentes:
> *se/sé,* ....

1.1 **En parejas** Para diferenciarse de los pronombres relativos, los pronombres interrogativos y exclamativos siempre llevan tilde. Fíjate en las siguientes oraciones y selecciona el número de ejemplo o ejemplos para completar la información del cuadro.

1. ¿Quién podría dejarme el coche este fin de semana?
2. ¡Quién tuviera tu edad para disfrutar!
3. Quien averigüe el enigma será recompensado.
4. ¿Qué te dijo la profesora de Matemáticas, que no sabías sumar?
5. Pensé que qué bien lo estaban haciendo.
6. La niña que viste ayer es mi sobrina.
7. ¿Dónde habré dejado la cámara de fotos?
8. No sé dónde podremos ir de vacaciones este año.
9. El restaurante donde fuimos a cenar ayer ha ganado una estrella Michelin.

Uso de la tilde en los pronombres

	Ejemplo:
A. Los pronombres interrogativos directos llevan siempre tilde.	....
B. Los pronombres interrogativos indirectos llevan siempre tilde.	....
C. Los pronombres relativos nunca llevan tilde.	....
D. Los pronombres exclamativos directos llevan siempre tilde.	....
E. Los pronombres exclamativos indirectos llevan siempre tilde.	....

– Otros pronombres interrogativos acentuados son ***cuál/es***, ***cuándo***, ***cuánto/a/os/as*** y ***cómo***.
– Los pronombres exclamativos más usados son ***quién/es***, ***qué*** y ***cuánto/a/os/as***.

2 Elige el pronombre interrogativo, exclamativo o relativo adecuado para completar las siguientes oraciones y acentúalo cuando sea necesario. Después de cada ejemplo, escribe de qué tipo de pronombre se trata.

Ejemplo: *Le explicó cuáles eran los inconvenientes que habían surgido.* › Interrogativo indirecto.

1. ¿.................... son estos señores? › ....
2. ¡.................... años hace que no visito a mi familia en Argentina! › ....
3. Cuando llegó, le preguntamos .... estaba haciendo allí. › ....
4. No encuentro el lugar .... comimos esa paella tan rica. › ....
5. Me dijo que .... buena idea habíamos tenido. › ....
6. El coche .... me compré en 2020 me costó más caro de lo que cuesta hoy. › ....
7. Todos somos conscientes de .... duras circunstancias han tenido que superar. › ....
8. Me gustaría saber .... es el motivo de su reacción. › ....
9. ".................... bien te quiere, te hará llorar". › ....

Ficha 6 Lectura y entonación de poemas sencillos

1 [44] Escucha y lee el siguiente fragmento del poema *La muralla*, de Nicolás Guillén. Fíjate en aquellas partes del verso en las que la entonación es más acusada.

¡Tun, tun!
¿Quién es?
Una rosa y un clavel...
¡Abre la muralla!
¡Tun, tun!
¿Quién es?
El sable del coronel...
¡Cierra la muralla!

¡Tun, tun!
¿Quién es?
La paloma y el laurel...
¡Abre la muralla!
¡Tun, tun!
¿Quién es?
El alacrán y el ciempiés...
¡Cierra la muralla!

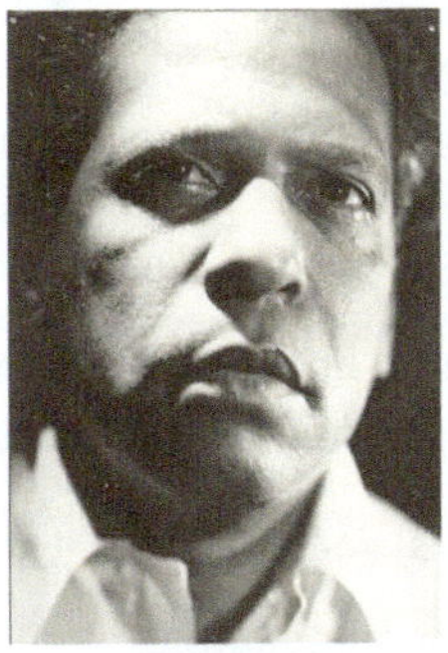

El periodista, activista político y poeta cubano Nicolás Guillén (1902-1989) es el gran poeta del mestizaje, de la mezcla de culturas diversas que sienten y se expresan en español. Su obra se enmarca dentro del movimiento literario denominado *negrismo*, originario de las Antillas y caracterizado por el interés en las manifestaciones culturales de la raza negra. Su obra *Sóngoro cosongo* (1931) fue su primer gran legado de lo afrocubano. Conocido como el poeta del son, de la sonoridad y del ritmo, muchos de sus versos fueron musicalizados.

2 **En grupos pequeños** Elegid uno de los siguientes poemas y seguid las pautas.

1. Ensayad vuestro poema para que el recitado sea lo más claro posible y exprese bien el sentido de la composición. Tenéis que intentar entonar el poema de un modo armónico y expresivo.
2. Recitadlo delante de vuestros compañeros. El/La profesor/a grabará la actuación de cada uno de los grupos.
3. Al final del recital, decidid entre todos qué poema os ha gustado más y quién lo ha recitado mejor.

Gustavo Adolfo Bécquer

Rima LXVIII

No sé lo que he soñado
en la noche pasada;
triste, muy triste debió ser el sueño,
pues, despierto, la angustia me duraba.
Noté al incorporarme
húmeda la almohada,
y por primera vez sentí, al notarlo,
de un amargo placer henchirse el alma.
Triste cosa es el sueño
que llanto nos arranca;
mas tengo en mi tristeza una alegría...
¡Sé que aún me quedan lágrimas!

Rosalía de Castro

Yo no sé lo que busco eternamente

Yo no sé lo que busco eternamente
en la tierra, en el aire y en el cielo;
yo no sé lo que busco, pero es algo
que perdí no sé cuándo y que no encuentro,
aun cuando sueñe que invisible habita
en todo cuanto toco y cuanto veo.

Felicidad, no he de volver a hallarte
en la tierra, en el aire, ni en el cielo,
¡aun cuando sé que existes
y no eres vano sueño!

Federico García Lorca

Mariposa del aire...

Mariposa del aire,
qué hermosa eres,
mariposa del aire
dorada y verde.
Luz de candil
mariposa del aire,
¡quédate ahí, ahí, ahí!

No te quieres parar,
pararte no quieres.
Mariposa del aire,
dorada y verde.
Luz de candil,
mariposa del aire,
¡quédate ahí, ahí, ahí!

Ficha 7 | La tilde en las palabras compuestas, voces latinas y voces adaptadas

1 **En parejas** Decide si las siguientes palabras llevan tilde o no.

- accesit
- buscapies
- franco-aleman
- Paris
- facilmente
- item
- hispano-belga
- buenamente
- bunker
- decimoseptimo
- historico-critico-bibliografico
- curriculum
- asimismo
- Windsor
- timidamente

1.1 Lee la siguiente información, comprueba tu respuesta anterior y clasifica las palabras en el lugar correspondiente del cuadro.

La tilde en palabras compuestas, voces latinas y voces adaptadas

- Existen varios tipos de **palabras compuestas**:
  - Las palabras compuestas por **dos étimos unidos** siguen las reglas generales de acentuación: [1] ...., ..., ...
  - Los **adverbios** terminados **en –mente** conservan la tilde si su correspondiente adjetivo la lleva. Estas palabras tienen dos acentos fónicos: [2] ...., ..., ...
  - Las palabras compuestas de **dos o más adjetivos separados por guion** mantienen su tilde ortográfica si las palabras independientes la llevan: [3] ...., ..., ...
- Las **voces latinas** usadas en español se rigen por las reglas generales de acentuación: [4] ...., ..., ...
- Las **palabras de otras lenguas** que, por su falta de adaptación a la nuestra, escribimos con letra cursiva o entre comillas, así como los nombres propios originales de tales lenguas, no llevan ningún acento que no exista en el idioma al que pertenecen: [5] ....
  - Si se trata de **voces adaptadas**, ya incorporadas a nuestra lengua tanto en su pronunciación como en su escritura, llevan tilde cuando lo exije la acentuación del español: [6] ...., ...

> Recuerda:
> Las mayúsculas se acentúan siempre y cuando las reglas de acentuación lo exijan: *África, Íker, Águeda, Óscar*...

2 Escribe un texto en el que aparezcan, como mínimo, diez ejemplos con palabras compuestas, latinas y adaptadas. Puedes usar el diccionario.

....
....
....
....
....
....
....
....
....
....

Ficha 8 Símbolos alfabetizables y no alfabetizables en español

1 **En parejas** Lee estas dos oraciones. ¿Qué tienen ambas en común? ¿Observas alguna diferencia en la lectura del símbolo de la primera frase y el símbolo de la segunda? Comparte tus hipótesis con tu compañero/a.

1. zapitron@gmail.com
2. ¿A qué metal pertenece el símbolo *Ag*?

1.1 Ahora lee la información del cuadro y comprueba tus respuestas anteriores.

Los símbolos

- Los **símbolos** tienen características de las abreviaturas y de las siglas, pero son una representación convencional y fija, establecida por lo común por normas internacionales. Son **abreviaciones** de carácter **científico-técnico** y están constituidos solo por **letras** o por **letras y números** (símbolos **alfabetizables**) o por **signos no alfabetizables**.
  - Los símbolos alfabetizables suelen adoptar la **inicial** de la palabra que designa el concepto que el símbolo representa, en la lengua tomada como referencia: *N* (inicial de palabra que designa el norte en inglés y en otras lenguas). Si la inicial coincide con la de otro símbolo, se añade alguna letra más: *Fe* (hierro, del latín *ferrum*), para evitar la confusión con la *F* de flúor.
- Los símbolos no varían de forma en plural. A diferencia de las abreviaturas, se escriben siempre sin punto.
- Los símbolos se leen reproduciendo la palabra que designan. Por ejemplo, en la dirección de correo anterior: *zapitron@gmail.com* › *"zapitrón arroba gemeil punto com"*.

2 **En parejas** A continuación, tienes una lista de símbolos. Clasifícalos en alfabetizables (A) o no alfabetizables (NA). Si no conoces alguno, puedes buscarlo en internet o en el diccionario. Luego, comprueba tu respuesta con tu compañero/a.

Símbolos	A	NA	Símbolos	A	NA	Símbolos	A	NA	Símbolos	A	NA
1 Ag	☐	☐	8 ©	☐	☐	15 E	☐	☐	22 °F	☐	☐
2 @	☐	☐	9 NE	☐	☐	16 Au	☐	☐	23 &	☐	☐
3 €	☐	☐	10 min	☐	☐	17 m²	☐	☐	24 cal	☐	☐
4 km	☐	☐	11 °C	☐	☐	18 +	☐	☐	25 =	☐	☐
5 EUR	☐	☐	12 –	☐	☐	19 NO	☐	☐	26 d	☐	☐
6 ®	☐	☐	13 m	☐	☐	20 h	☐	☐	27 l	☐	☐
7 ✓	☐	☐	14 g	☐	☐	21 †	☐	☐	28 £	☐	☐

2.1 [45] Vas a escuchar una serie de signos no alfabetizables. Numéralos según su orden de aparición.

Cuadro 1	Cuadro 2
☐ ✓ ☐ @ ☐ = ☐ ® ☐ + ☐ °C	☐ – ☐ °F ☐ † ☐ € ☐ & ☐ ©

3 **En grupos pequeños** Escribe con tus compañeros de grupo cinco frases con sentido completo con el máximo número posible de símbolos alfabetizables y no alfabetizables.

3.1 **Todo el grupo** Ahora leed vuestras frases en voz alta. El resto de la clase debe escribirlas con los símbolos correspondientes. Gana el grupo que haya conseguido escribir la mayor cantidad de frases sin cometer errores.

Ficha 9 Valores expresivos de las oraciones exclamativas

1 [46] Escucha con atención las siguientes oraciones y decide qué emoción del recuadro reflejan. Ten en cuenta que, al estar descontextualizadas, en algunos casos existen varias opciones correctas.

miedo | alegría | tristeza | asco | ira | sorpresa

1. ¡Lo han destrozado todo, son unos sinvergüenzas!
2. Finalmente, a mi hija le han denegado la beca que había solicitado.
3. ¿Callos para comer? No me gustan nada...
4. No te muevas, ese perro parece rabioso.
5. ¡Por fin habéis llegado!
6. ¡Qué piso tan grande! ¡No me lo esperaba así!
7. ¡Mañana nos vamos de vacaciones!
8. ¡Lucas lleva sin cogerme el teléfono desde ayer!
9. ¡Esto huele a podrido!
10. ¡Estabas ahí!
11. No me había hecho muchas ilusiones, pero es una pena.
12. ¡No miréis abajo!

2 **En grupos pequeños** Lee en voz alta las siguientes oraciones con una entonación adecuada a la emoción que se indica.

- ¡Esa ola es enorme! (miedo)
- ¡Le va a encantar el regalo que le has comprado! (alegría)
- ¡No quiero que te vayas! (tristeza)
- ¡Apartad eso de ahí! (asco)
- ¡No vuelvas a decir que tú no has sido! (ira)
- ¡Dice que Laura ya estuvo aquí antes! (sorpresa)

3 [47] Escucha estas oraciones. Presta atención a la entonación que se les da para expresar estas otras emociones.

1. Menos mal que has llegado a tiempo... (alivio)
2. No sé nada aún, todavía no me han dado los resultados del examen. (preocupación)
3. ¡Qué le vamos a hacer! (resignación)
4. Como llegues más tarde de las once, olvídate de salir el fin de semana. (amenaza)
5. Cuenta, cuenta... (interés)
6. ¡Me ha llamado por teléfono solo para insultarme! (indignación)
7. Puede que traiga el coche, no sé. (duda)
8. Me dijiste que tú acabaste la carrera en el 2008, ¿verdad? (aseveración)
9. ¡Dámelo ya, dame mi regalo! (impaciencia)

3.1 ¿Qué emoción dirías que corresponde a cada una de las siguientes oraciones? Recuerda que estas emociones suelen aparecer combinadas en una misma frase y que la ausencia de contexto puede dificultar la comprensión, por lo que, en algunos casos, puede haber varias soluciones correctas.

1. He perdido el libro que me dejaste, lo siento mucho.
2. Pues nada, entonces.
3. ¡Venga, que llegamos tarde!
4. Mmm, creo que termina a las 19:00 h, pero no estoy segura.
5. Ellos ya habrán comido.
6. ¡No puedo soportarlo más!
7. Tú sigue cogiendo mis cosas sin permiso, que ya verás.
8. ¡Quiero saberlo todo con pelos y señales!
9. No encuentro mi monedero... ¡Ah, está aquí!

Ficha 10 La entonación de las oraciones subordinadas. Otros casos especiales

1 [48] **En parejas** Escucha los siguientes pares de oraciones, ¿crees que significan lo mismo? ¿Cómo interpretarías cada una de ellas?

1. Por fin vi la casa, que estaba junto al río.
   Por fin vi la casa que estaba junto al río.
2. La lana, que compré para ti, era de color verde.
   La lana que compré para ti era de color verde.
3. El hombre, que miró en mi dirección, parecía asustado.
   El hombre que miró en mi dirección parecía asustado.

lana

1.1 Lee las siguientes oraciones con la entonación adecuada.

1. La estrella, que brillaba con luz azulada, llamaba la atención de todos.
2. Los niños que yo conocía eran unos maleducados.
3. La profesora que siempre nos suspendía faltó tres días a clase.
4. Tienen que venir todos los estudiantes, que han suspendido.
5. Hemos encontrado un perro que parece perdido.
6. Han retirado los coches, que estaban mal aparcados.

2 [49] Escucha las siguientes oraciones. ¿Notas algo especial en su entonación? Vuelve a escucharlas y escribe debajo de cada una alguna situación en la que podrían darse.

1. ¿Pero quién se ha creído que es?
   ....
2. ¡Es ella la que debería llamarme!
   ....
3. ¿Que has ido a dónde?
   ....
4. Créeme, no se podía hacer nada.
   ....

estar acatarrado/a

3 **En parejas** Explica la diferencia de significado entre estos pares de oraciones y léelas con la entonación adecuada.

1. Los niños que tenían 6 años tuvieron que vacunarse.
   Los niños, que tenían 6 años, tuvieron que vacunarse.
2. ¿Vas a París y a Londres?
   ¿Vas a París o a Londres?
3. He vivido en España, Brasil y Suecia.
   He vivido en España, Brasil, Suecia...
4. Está acatarrada y tiene fiebre.
   Está acatarrada, pero no tiene fiebre.

4 **En grupos pequeños** Pensad en dos frases con dos enunciados que se diferencien por la entonación. Leed esas frases en voz alta. El resto de la clase tiene que escribirlas correctamente.

Tabla de verbos

Presente de indicativo

Verbos regulares

1.ª conjugación -AR CANTAR	2.ª conjugación -ER COMER	3.ª conjugación -IR VIVIR
canto	como	vivo
cantas	comes	vives
canta	come	vive
cantamos	comemos	vivimos
cantáis	coméis	vivís
cantan	comen	viven

Verbos reflexivos regulares

Bañarse	Ducharse	Lavarse	Levantarse	Peinarse
me baño	**me** ducho	**me** lavo	**me** levanto	**me** peino
te bañas	**te** duchas	**te** lavas	**te** levantas	**te** peinas
se baña	**se** ducha	**se** lava	**se** levanta	**se** peina
nos bañamos	**nos** duchamos	**nos** lavamos	**nos** levantamos	**nos** peinamos
os bañáis	**os** ducháis	**os** laváis	**os** levantáis	**os** peináis
se bañan	**se** duchan	**se** lavan	**se** levantan	**se** peinan

Verbos irregulares

Verbos con irregularidad vocálica

- **E > IE**

Cerrar	Comenzar	Despertarse	Divertirse	Empezar
ci**e**rro	com**ie**nzo	me desp**ie**rto	me div**ie**rto	emp**ie**zo
ci**e**rras	com**ie**nzas	te desp**ie**rtas	te div**ie**rtes	emp**ie**zas
ci**e**rra	com**ie**nza	se desp**ie**rta	se div**ie**rte	emp**ie**za
cerramos	comenzamos	nos despertamos	nos divertimos	empezamos
cerráis	comenzáis	os despertáis	os divertís	empezáis
ci**e**rran	com**ie**nzan	se desp**ie**rtan	se div**ie**rten	emp**ie**zan

Entender	Merendar	Pensar	Perder	Querer
ent**ie**ndo	mer**ie**ndo	p**ie**nso	p**ie**rdo	qu**ie**ro
ent**ie**ndes	mer**ie**ndas	p**ie**nsas	p**ie**rdes	qu**ie**res
ent**ie**nde	mer**ie**nda	p**ie**nsa	p**ie**rde	qu**ie**re
entendemos	merendamos	pensamos	perdemos	queremos
entendéis	merendáis	pensáis	perdéis	queréis
ent**ie**nden	mer**ie**ndan	p**ie**nsan	p**ie**rden	qu**ie**ren

- **O > UE**

Acordarse	Acostarse	Almorzar	Contar	Dormir	Encontrar
me ac**ue**rdo	me ac**ue**sto	alm**ue**rzo	c**ue**nto	d**ue**rmo	enc**ue**ntro
te ac**ue**rdas	te ac**ue**stas	alm**ue**rzas	c**ue**ntas	d**ue**rmes	enc**ue**ntras
se ac**ue**rda	se ac**ue**sta	alm**ue**rza	c**ue**nta	d**ue**rme	enc**ue**ntra
nos acordamos	nos acostamos	almorzamos	contamos	dormimos	encontramos
os acordáis	os acostáis	almorzáis	contáis	dormís	encontráis
se ac**ue**rdan	se ac**ue**stan	alm**ue**rzan	c**ue**ntan	d**ue**rmen	enc**ue**ntran

Poder	Recordar	Resolver	Soler	Soñar	Volver
p**ue**do	rec**ue**rdo	res**ue**lvo	s**ue**lo	s**ue**ño	v**ue**lvo
p**ue**des	rec**ue**rdas	res**ue**lves	s**ue**les	s**ue**ñas	v**ue**lves
p**ue**de	rec**ue**rda	res**ue**lve	s**ue**le	s**ue**ña	v**ue**lve
podemos	recordamos	resolvemos	solemos	soñamos	volvemos
podéis	recordáis	resolvéis	soléis	soñáis	volvéis
p**ue**den	rec**ue**rdan	res**ue**lven	s**ue**len	s**ue**ñan	v**ue**lven

- **E > I**

Elegir	Pedir	Reírse	Repetir	Servir	Vestirse
el**ij**o	p**i**do	me r**í**o	rep**i**to	s**i**rvo	me v**i**sto
el**i**ges	p**i**des	te r**í**es	rep**i**tes	s**i**rves	te v**i**stes
el**i**ge	p**i**de	se r**í**e	rep**i**te	s**i**rve	se v**i**ste
elegimos	pedimos	nos reímos	repetimos	servimos	nos vestimos
elegís	pedís	os reís	repetís	servís	os vestís
el**i**gen	p**i**den	se r**í**en	rep**i**ten	s**i**rven	se v**i**sten

- **U > UE** / - **I > Y**

Jugar	Concluir	Construir	Contribuir	Destruir	Huir
j**ue**go	conclu**y**o	constru**y**o	contribu**y**o	destru**y**o	hu**y**o
j**ue**gas	conclu**y**es	constru**y**es	contribu**y**es	destru**y**es	hu**y**es
j**ue**ga	conclu**y**e	constru**y**e	contribu**y**e	destru**y**e	hu**y**e
jugamos	concluimos	construimos	contribuimos	destruimos	huimos
jugáis	concluís	construís	contribuís	destruís	huis
j**ue**gan	conclu**y**en	constru**y**en	contribu**y**en	destru**y**en	hu**y**en

Verbos irregulares en la primera persona

- **Verbos en -ZC-**

Conducir	Conocer	Obedecer	Producir	Traducir
condu**zc**o	cono**zc**o	obede**zc**o	produ**zc**o	tradu**zc**o
conduces	conoces	obedeces	produces	traduces
conduce	conoce	obedece	produce	traduce
conducimos	conocemos	obedecemos	producimos	traducimos
conducís	conocéis	obedecéis	producís	traducís
conducen	conocen	obedecen	producen	traducen

Otros verbos irregulares en la primera persona

Caer	Dar	Hacer	Poner	Saber	Salir
caigo	**doy**	**hago**	**pongo**	**sé**	**salgo**
caes	das	haces	pones	sabes	sales
cae	da	hace	pone	sabe	sale
caemos	damos	hacemos	ponemos	sabemos	salimos
caéis	dais	hacéis	ponéis	sabéis	salís
caen	dan	hacen	ponen	saben	salen

Traer	Valer	Ver
traigo	**valgo**	**veo**
traes	vales	ves
trae	vale	ve
traemos	valemos	vemos
traéis	valéis	veis
traen	valen	ven

Verbos con dos irregularidades

Decir	Oír	Oler	Tener	Venir
digo	**oigo**	**huel**o	**tengo**	**vengo**
d**i**ces	o**y**es	**huel**es	t**ie**nes	v**ie**nes
d**i**ce	o**y**e	**huel**e	t**ie**ne	v**ie**ne
decimos	oímos	olemos	tenemos	venimos
decís	oís	oléis	tenéis	venís
d**i**cen	o**y**en	**huel**en	t**ie**nen	v**ie**nen

Verbos con irregularidades propias

Estar	Haber	Ir	Ser
estoy	**he**	**voy**	**soy**
estás	**has**	**vas**	**eres**
está	**ha**	**va**	**es**
estamos	**hemos**	**vamos**	**somos**
estáis	habéis	**vais**	**sois**
están	**han**	**van**	**son**

Recuerda:
- El verbo ***haber*** se usa principalmente para formar los tiempos compuestos de los verbos.
- Cuando funciona como verbo impersonal, tiene una forma especial en presente, ***hay***:

    Hay un árbol en la esquina.
    Hay árboles en el parque.
- El verbo ***estar*** cambia la sílaba tónica habitual del presente de indicativo en todas las personas excepto en *nosotros/as* y *vosotros/as* (por eso algunas formas llevan tilde).

Verbos que se construyen como *gustar*

Doler	Encantar	Molestar	Parecer
me **due**le/**due**len	me encanta/encantan	me molesta/molestan	me parece/parecen
te **due**le/**due**len	te encanta/encantan	te molesta/molestan	te parece/parecen
le **due**le/**due**len	le encanta/encantan	le molesta/molestan	le parece/parecen
nos **due**le/**due**len	nos encanta/encantan	nos molesta/molestan	nos parece/parecen
os **due**le/**due**len	os encanta/encantan	os molesta/molestan	os parece/parecen
les **due**le/**due**len	les encanta/encantan	les molesta/molestan	les parece/parecen

Imperativo afirmativo

Verbos regulares

	1.ª conjugación -AR CANTAR	2.ª conjugación -ER COMER	3.ª conjugación -IR VIVIR
tú	canta	come	vive
usted	cante	coma	viva
vosotros/as	cantad	comed	vivid
ustedes	canten	coman	vivan

Verbos irregulares

Irregularidades vocálicas

- **E › IE**

Cerrar	Empezar	Pensar
c**ie**rra	emp**ie**za	p**ie**nsa
c**ie**rre	emp**ie**ce	p**ie**nse
cerrad	empezad	pensad
c**ie**rren	emp**ie**cen	p**ie**nsen

- **O › UE**

Contar	Dormir	Volver
c**ue**nta	d**ue**rme	v**ue**lve
c**ue**nte	d**ue**rma	v**ue**lva
contad	dormid	volved
c**ue**nten	d**ue**rman	v**ue**lvan

- **U > UE**
- **E > I**
- **I > Y**

Jugar	Elegir	Pedir	Vestir	Construir	Huir
j**ue**ga	el**i**ge	p**i**de	v**i**ste	constru**y**e	hu**y**e
j**ue**gue	el**i**ja	p**i**da	v**i**sta	constru**y**a	hu**y**a
jugad	elegid	pedid	vestid	construid	huid
j**ue**guen	el**i**jan	p**i**dan	v**i**stan	constru**y**an	hu**y**an

Verbos completamente irregulares

Decir	Hacer	Ir	Oír	Poner	Salir	Ser	Tener	Venir
di	**haz**	**ve**	**oye**	**pon**	**sal**	**sé**	**ten**	**ven**
diga	**haga**	**vaya**	**oiga**	**ponga**	**salga**	**sea**	**tenga**	**venga**
decid	haced	id	oíd	poned	salid	sed	tened	venid
digan	**hagan**	**vayan**	**oigan**	**pongan**	**salgan**	**sean**	**tengan**	**vengan**

La segunda persona del plural *(vosotros/as)* del imperativo es siempre regular.

Verbos reflexivos

Acostarse	Despertarse	Dormirse	Levantarse	Reírse	Vestirse
ac**ué**sta**te**	despi**ér**ta**te**	d**ué**rme**te**	levánta**te**	ríe**te**	víste**te**
ac**ué**ste**se**	despi**ér**te**se**	d**ué**rma**se**	levánte**se**	ría**se**	vísta**se**
acosta**os**	desperta**os**	dorm**íos**	levanta**os**	re**íos**	vest**íos**
ac**ué**sten**se**	despi**ér**ten**se**	d**ué**rman**se**	levánten**se**	rían**se**	vístan**se**

Pretérito perfecto de indicativo

Verbos regulares

1.ª conjugación -AR CANTAR	2.ª conjugación -ER COMER	3.ª conjugación -IR VIVIR
he cantado	**he** comido	**he** vivido
has cantado	**has** comido	**has** vivido
ha cantado	**ha** comido	**ha** vivido
hemos cantado	**hemos** comido	**hemos** vivido
habéis cantado	**habéis** comido	**habéis** vivido
han cantado	**han** comido	**han** vivido

Participios irregulares

abrir > **abierto**	escribir > **escrito**	poner > **puesto**	romper > **roto**
cubrir > **cubierto**	hacer > **hecho**	prever > **previsto**	satisfacer > **satisfecho**
decir > **dicho**	imprimir > **impreso, imprimido**	resolver > **resuelto**	ver > **visto**
descubrir > **descubierto**	morir > **muerto**	revolver > **revuelto**	volver > **vuelto**

Pretérito indefinido

Verbos regulares

1.ª conjugación -AR CANTAR	2.ª conjugación -ER COMER	3.ª conjugación -IR VIVIR
canté	comí	viví
cantaste	comiste	viviste
cantó	comió	vivió
cantamos	comimos	vivimos
cantasteis	comisteis	vivisteis
cantaron	comieron	vivieron

Verbos con cambios gráficos

- C › QU

Buscar	Pescar
bus**qu**é	pes**qu**é
buscaste	pescaste
buscó	pescó
buscamos	pescamos
buscasteis	pescasteis
buscaron	pescaron

- G › GU

Jugar	Pegar
ju**gu**é	pe**gu**é
jugaste	pegaste
jugó	pegó
jugamos	pegamos
jugasteis	pegasteis
jugaron	pegaron

- Z › C

Comenzar	Empezar
comen**c**é	empe**c**é
comenzaste	empezaste
comenzó	empezó
comenzamos	empezamos
comenzasteis	empezasteis
comenzaron	empezaron

Verbos irregulares

Verbos irregulares en la raíz verbal

Andar	Caber	Estar	Haber	Hacer	Poder
anduve	**cupe**	**estuve**	**hube**	**hice**	**pude**
anduviste	**cupiste**	**estuviste**	**hubiste**	**hiciste**	**pudiste**
anduvo	**cupo**	**estuvo**	**hubo**	**hizo**	**pudo**
anduvimos	**cupimos**	**estuvimos**	**hubimos**	**hicimos**	**pudimos**
anduvisteis	**cupisteis**	**estuvisteis**	**hubisteis**	**hicisteis**	**pudisteis**
anduvieron	**cupieron**	**estuvieron**	**hubieron**	**hicieron**	**pudieron**

Poner	Querer	Saber	Tener	Venir
puse	**quise**	**supe**	**tuve**	**vine**
pusiste	**quisiste**	**supiste**	**tuviste**	**viniste**
puso	**quiso**	**supo**	**tuvo**	**vino**
pusimos	**quisimos**	**supimos**	**tuvimos**	**vinimos**
pusisteis	**quisisteis**	**supisteis**	**tuvisteis**	**vinisteis**
pusieron	**quisieron**	**supieron**	**tuvieron**	**vinieron**

Fíjate:
En este grupo de verbos también cambia el acento habitual del pretérito indefinido:
~~quisé~~ › quise
~~tuvó~~ › tuvo

Los verbos que tienen *j* en la raíz verbal pierden la *i* en la tercera persona del plural:

Conducir	Decir	Traducir	Traer
conduje	**dije**	**traduje**	**traje**
condujiste	**dijiste**	**tradujiste**	**trajiste**
condujo	**dijo**	**tradujo**	**trajo**
condujimos	**dijimos**	**tradujimos**	**trajimos**
condujisteis	**dijisteis**	**tradujisteis**	**trajisteis**
condujeron	**dijeron**	**tradujeron**	**trajeron**

Verbos irregulares en la tercera persona

- **E › I**

Divertirse	Elegir	Impedir	Medir	Mentir	Pedir
me divertí	elegí	impedí	medí	mentí	pedí
te divertiste	elegiste	impediste	mediste	mentiste	pediste
se divirtió	eligió	impidió	midió	mintió	pidió
nos divertimos	elegimos	impedimos	medimos	mentimos	pedimos
os divertisteis	elegisteis	impedisteis	medisteis	mentisteis	pedisteis
se divirtieron	eligieron	impidieron	midieron	mintieron	pidieron

Reír	Repetir	Seguir	Sentir	Servir	Sonreír
reí	repetí	seguí	sentí	serví	sonreí
reíste	repetiste	seguiste	sentiste	serviste	sonreíste
rio	repitió	siguió	sintió	sirvió	sonrió
reímos	repetimos	seguimos	sentimos	servimos	sonreímos
reísteis	repetisteis	seguisteis	sentisteis	servisteis	sonreísteis
rieron	repitieron	siguieron	sintieron	sirvieron	sonrieron

Fíjate:
Todos los verbos de este grupo son de la tercera conjugación *(-ir)*.

- **O › U**

Dormir	Morir
dormí	morí
dormiste	moriste
durmió	murió
dormimos	morimos
dormisteis	moristeis
durmieron	murieron

Fíjate:
Esta irregularidad solo la tienen los verbos *dormir* y *morir*.

• I › Y

Caer	Concluir	Construir	Contribuir	Creer
caí	concluí	construí	contribuí	creí
caíste	concluiste	construiste	contribuiste	creíste
cayó	concluyó	construyó	contribuyó	creyó
caímos	concluimos	construimos	contribuimos	creímos
caísteis	concluisteis	construisteis	contribuisteis	creísteis
cayeron	concluyeron	construyeron	contribuyeron	creyeron

Destruir	Huir	Leer	Oír	Sustituir
destruí	hui	leí	oí	sustituí
destruiste	huiste	leíste	oíste	sustituiste
destruyó	huyó	leyó	oyó	sustituyó
destruimos	huimos	leímos	oímos	sustituimos
destruisteis	huisteis	leísteis	oísteis	sustituisteis
destruyeron	huyeron	leyeron	oyeron	sustituyeron

Verbos con irregularidades propias

Dar	Ir/Ser
di	**fui**
diste	**fuiste**
dio	**fue**
dimos	**fuimos**
disteis	**fuisteis**
dieron	**fueron**

Recuerda:
Las formas de los verbos *ir* y *ser* coinciden en pretérito indefinido. Solo se distinguen por el contexto en que aparecen.

Pretérito imperfecto de indicativo

Verbos regulares

1.ª conjugación -AR CANTAR	2.ª conjugación -ER COMER	3.ª conjugación -IR VIVIR
cantaba	comía	vivía
cantabas	comías	vivías
cantaba	comía	vivía
cantábamos	comíamos	vivíamos
cantabais	comíais	vivíais
cantaban	comían	vivían

Verbos irregulares

Ser	Ir	Ver
era	**iba**	**veía**
eras	**ibas**	**veías**
era	**iba**	**veía**
éramos	**íbamos**	**veíamos**
erais	**ibais**	**veíais**
eran	**iban**	**veían**

Pretérito pluscuamperfecto de indicativo

Verbos regulares

1.ª conjugación -AR CANTAR	2.ª conjugación -ER COMER	3.ª conjugación -IR VIVIR
había cantado	**había** comido	**había** vivido
habías cantado	**habías** comido	**habías** vivido
había cantado	**había** comido	**había** vivido
habíamos cantado	**habíamos** comido	**habíamos** vivido
habíais cantado	**habíais** comido	**habíais** vivido
habían cantado	**habían** comido	**habían** vivido

Participios irregulares

abrir › **abierto**	escribir › **escrito**	poner › **puesto**	romper › **roto**
cubrir › **cubierto**	hacer › **hecho**	prever › **previsto**	satisfacer › **satisfecho**
decir › **dicho**	imprimir › **impreso, imprimido**	resolver › **resuelto**	ver › **visto**
descubrir › **descubierto**	morir › **muerto**	revolver › **revuelto**	volver › **vuelto**

Futuro simple de indicativo

Verbos regulares

1.ª conjugación -AR CANTAR	2.ª conjugación -ER COMER	3.ª conjugación -IR VIVIR
cantaré	comeré	viviré
cantarás	comerás	vivirás
cantará	comerá	vivirá
cantaremos	comeremos	viviremos
cantaréis	comeréis	viviréis
cantarán	comerán	vivirán

Verbos irregulares

Caber	Decir	Haber	Hacer	Poder	Poner
cabré	**diré**	**habré**	**haré**	**podré**	**pondré**
cabrás	**dirás**	**habrás**	**harás**	**podrás**	**pondrás**
cabrá	**dirá**	**habrá**	**hará**	**podrá**	**pondrá**
cabremos	**diremos**	**habremos**	**haremos**	**podremos**	**pondremos**
cabréis	**diréis**	**habréis**	**haréis**	**podréis**	**pondréis**
cabrán	**dirán**	**habrán**	**harán**	**podrán**	**pondrán**

Querer	Saber	Salir	Tener	Valer	Venir
querré	**sabré**	**saldré**	**tendré**	**valdré**	**vendré**
querrás	**sabrás**	**saldrás**	**tendrás**	**valdrás**	**vendrás**
querrá	**sabrá**	**saldrá**	**tendrá**	**valdrá**	**vendrá**
querremos	**sabremos**	**saldremos**	**tendremos**	**valdremos**	**vendremos**
querréis	**sabréis**	**saldréis**	**tendréis**	**valdréis**	**vendréis**
querrán	**sabrán**	**saldrán**	**tendrán**	**valdrán**	**vendrán**

Futuro compuesto de indicativo

Verbos regulares

1.ª conjugación -AR CANTAR	2.ª conjugación -ER COMER	3.ª conjugación -IR VIVIR
habré cantado	**habré** comido	**habré** vivido
habrás cantado	**habrás** comido	**habrás** vivido
habrá cantado	**habrá** comido	**habrá** vivido
habremos cantado	**habremos** comido	**habremos** vivido
habréis cantado	**habréis** comido	**habréis** vivido
habrán cantado	**habrán** comido	**habrán** vivido

Algunos **participios irregulares** son: *abierto, dicho, escrito, hecho, muerto, puesto, roto*…

Condicional simple

Verbos regulares

1.ª conjugación -AR CANTAR	2.ª conjugación -ER COMER	3.ª conjugación -IR VIVIR
cantaría	comería	viviría
cantarías	comerías	vivirías
cantaría	comería	viviría
cantaríamos	comeríamos	viviríamos
cantaríais	comeríais	viviríais
cantarían	comerían	vivirían

Verbos irregulares

Caber	Decir	Haber	Hacer	Poder	Poner
cabría	diría	habría	haría	podría	pondría
cabrías	dirías	habrías	harías	podrías	pondrías
cabría	diría	habría	haría	podría	pondría
cabríamos	diríamos	habríamos	haríamos	podríamos	pondríamos
cabríais	diríais	habríais	haríais	podríais	pondríais
cabrían	dirían	habrían	harían	podrían	pondrían

Querer	Saber	Salir	Tener	Valer	Venir
querría	sabría	saldría	tendría	valdría	vendría
querrías	sabrías	saldrías	tendrías	valdrías	vendrías
querría	sabría	saldría	tendría	valdría	vendría
querríamos	sabríamos	saldríamos	tendríamos	valdríamos	vendríamos
querríais	sabríais	saldríais	tendríais	valdríais	vendríais
querrían	sabrían	saldrían	tendrían	valdrían	vendrían

Condicional compuesto

Verbos regulares

1.ª conjugación -AR CANTAR	2.ª conjugación -ER COMER	3.ª conjugación -IR VIVIR
habría cantado	**habría** comido	**habría** vivido
habrías cantado	**habrías** comido	**habrías** vivido
habría cantado	**habría** comido	**habría** vivido
habríamos cantado	**habríamos** comido	**habríamos** vivido
habríais cantado	**habríais** comido	**habríais** vivido
habrían cantado	**habrían** comido	**habrían** vivido

Algunos **participios irregulares** son: *abierto, dicho, escrito, hecho, muerto, puesto, roto*...

Presente de subjuntivo

Verbos regulares

1.ª conjugación -AR CANTAR	2.ª conjugación -ER COMER	3.ª conjugación -IR VIVIR
cante	coma	viva
cantes	comas	vivas
cante	coma	viva
cantemos	comamos	vivamos
cantéis	comáis	viváis
canten	coman	vivan

Verbos irregulares

Irregularidades vocálicas

- **E › IE (verbos en -AR y -ER)**

Comenzar	Otros verbos
comience	calentar, cerrar, despertarse, negar, pensar...
comiences	
comience	
comencemos	
comencéis	
comiencen	

Entender	Otros verbos
entienda	encender, perder, querer, tender...
entiendas	
entienda	
entendamos	
entendáis	
entiendan	

- **E › IE + E › I (verbos en -IR)**

Mentir	Otros verbos
mienta	convertir, divertirse, herir, invertir, sentir, sugerir...
mientas	
mienta	
mintamos	
mintáis	
mientan	

- **O › UE (verbos en -AR y -ER)**

Soñar	Poder	Otros verbos
sueñe	pueda	acordarse, acostarse, contar, soler, volver...
sueñes	puedas	
sueñe	pueda	
soñemos	podamos	
soñéis	podáis	
sueñen	puedan	

- **O › UE + O › U**

Dormir	Otros verbos
duerma	morir
duermas	
duerma	
durmamos	
durmáis	
duerman	

- **U › UE**

Jugar
juegue
juegues
juegue
juguemos
juguéis
jueguen

- **E › I**

Pedir	Otros verbos
pida	elegir, reírse, repetir, servir, vestirse...
pidas	
pida	
pidamos	
pidáis	
pidan	

- **I › Y**

Construir	Otros verbos
construya	concluir, contribuir, destruir, huir...
construyas	
construya	
construyamos	
construyáis	
construyan	

Verbos con la primera persona irregular en presente de indicativo

- **Verbos en -ZC- *(conduzco, conozco, obedezco, produzco, traduzco)***

Conducir	Conocer	Obedecer	Producir	Traducir
conduzca	conozca	obedezca	produzca	traduzca
conduzcas	conozcas	obedezcas	produzcas	traduzcas
conduzca	conozca	obedezca	produzca	traduzca
conduzcamos	conozcamos	obedezcamos	produzcamos	traduzcamos
conduzcáis	conozcáis	obedezcáis	produzcáis	traduzcáis
conduzcan	conozcan	obedezcan	produzcan	traduzcan

Otros verbos

agradecer, crecer, desaparecer, nacer, ofrecer, parecer, reducir...

- **Otros verbos irregulares en la primera persona *(caigo, digo, hago, oigo, pongo, salgo, tengo, traigo, valgo, vengo)***

Caer	Decir	Hacer	Oír	Poner
caiga	diga	haga	oiga	ponga
caigas	digas	hagas	oigas	pongas
caiga	diga	haga	oiga	ponga
caigamos	digamos	hagamos	oigamos	pongamos
caigáis	digáis	hagáis	oigáis	pongáis
caigan	digan	hagan	oigan	pongan

Salir	Tener	Traer	Valer	Venir
salga	tenga	traiga	valga	venga
salgas	tengas	traigas	valgas	vengas
salga	tenga	traiga	valga	venga
salgamos	tengamos	traigamos	valgamos	vengamos
salgáis	tengáis	traigáis	valgáis	vengáis
salgan	tengan	traigan	valgan	vengan

Verbos con irregularidades propias

Haber	Ir	Saber	Ser	Ver
haya	vaya	sepa	sea	vea
hayas	vayas	sepas	seas	veas
haya	vaya	sepa	sea	vea
hayamos	vayamos	sepamos	seamos	veamos
hayáis	vayáis	sepáis	seáis	veáis
hayan	vayan	sepan	sean	vean

Verbos con cambios gráficos

• G › J	• C › Z	• Z › C	• GU › G	• G › GU	• C › QU
Coger	Convencer	Cazar	Distinguir	Investigar	Tocar
co**j**a	conven**z**a	ca**c**e	distin**g**a	investi**gu**e	to**qu**e
co**j**as	conven**z**as	ca**c**es	distin**g**as	investi**gu**es	to**qu**es
co**j**a	conven**z**a	ca**c**e	distin**g**a	investi**gu**e	to**qu**e
co**j**amos	conven**z**amos	ca**c**emos	distin**g**amos	investi**gu**emos	to**qu**emos
co**j**áis	conven**z**áis	ca**c**éis	distin**g**áis	investi**gu**éis	to**qu**éis
co**j**an	conven**z**an	ca**c**en	distin**g**an	investi**gu**en	to**qu**en

Dar
dé
des
dé
demos
deis
den

Fíjate:
El verbo *dar* lleva una tilde diacrítica en la primera y tercera personas del singular para que no se confunda con la preposición *de*.

Estar
est**é**
est**é**s
est**é**
estemos
estéis
est**é**n

Fíjate:
El verbo *estar* cambia la sílaba tónica habitual del presente de subjuntivo en todas las personas del singular y en la tercera del plural.

Pretérito perfecto de subjuntivo

Verbos regulares

1.ª conjugación -AR CANTAR	2.ª conjugación -ER COMER	3.ª conjugación -IR VIVIR
haya cantado	**haya** comido	**haya** vivido
hayas cantado	**hayas** comido	**hayas** vivido
haya cantado	**haya** comido	**haya** vivido
hayamos cantado	**hayamos** comido	**hayamos** vivido
hayáis cantado	**hayáis** comido	**hayáis** vivido
hayan cantado	**hayan** comido	**hayan** vivido

Algunos **participios irregulares** son: *abierto, dicho, escrito, hecho, muerto, puesto, roto*...

Pretérito imperfecto de subjuntivo

Verbos regulares

1.ª conjugación -AR CANTAR	2.ª conjugación -ER COMER	3.ª conjugación -IR VIVIR
cantara/cantase	comiera/comiese	viviera/viviese
cantaras/cantases	comieras/comieses	vivieras/vivieses
cantara/cantase	comiera/comiese	viviera/viviese
cantáramos/cantásemos	comiéramos/comiésemos	viviéramos/viviésemos
cantarais/cantaseis	comierais/comieseis	vivierais/vivieseis
cantaran/cantasen	comieran/comiesen	vivieran/viviesen

Los **verbos irregulares** se forman a partir de la 3.ª persona del plural de pretérito indefinido irregular: **dijeron › dijera/dijese**; **pudieron › pudiera/pudiese**; d**u**rmieron › d**u**rmiera/ d**u**rmiese...

Pretérito pluscuamperfecto de subjuntivo

Verbos regulares

1.ª conjugación -AR CANTAR	2.ª conjugación -ER COMER	3.ª conjugación -IR VIVIR
hubiera/hubiese cantado	**hubiera/hubiese** comido	**hubiera/hubiese** vivido
hubieras/hubieses cantado	**hubieras/hubieses** comido	**hubieras/hubieses** vivido
hubiera/hubiese cantado	**hubiera/hubiese** comido	**hubiera/hubiese** vivido
hubiéramos/hubiésemos cantado	**hubiéramos/hubiésemos** comido	**hubiéramos/hubiésemos** vivido
hubierais/hubieseis cantado	**hubierais/hubieseis** comido	**hubierais/hubieseis** vivido
hubieran/hubiesen cantado	**hubieran/hubiesen** comido	**hubieran/hubiesen** vivido

Algunos **participios irregulares** son: *abierto, dicho, escrito, hecho, muerto, puesto, roto*...

Glosario

	En mi lengua
A	
A brazo partido	
A duras penas	
A escala	
A fondo	
A grandes rasgos	
A la redonda	
A largo plazo	
A raudales	
A raíz de	
Ábaco, el	
Abadía, la	
Abanico, el	
Abogacía, la	
Abolición, la	
Abonar	
Abono (químico), el	
Abordar	
Absentismo, el	
Absolutismo, el	
Abstención, la	
Abstracto/a	
Acampar	
Acantilado, el	
Acarrear	
Achacar	
Acoso (escolar), el	
Activación, la	
Activista, el/la	
Actuar (en consecuencia)	
Acérrimo/a	
Adaptativo/a	
Adherirse	
Adicción, la	
Adictivo/a	
Aditivo, el	
ADN, el	
ADN-polimerasa, la	
Adueñarse	
Adulterio, el	
Adversidad, la	
Adúltero/a, el/la	
Aerosol, el	
Aeróbico/a	
Afianzar	
Afiliarse	
Aflicción, la	
Aforo, el	
Afrancesado/a	
Afrontamiento, el	
Agobiarse	
Agravante, el	
Agravarse	
Agroalimentario/a	
Agroganadero/a	
Agroquímico/a	
Agrupación, la	
Aguantar	
Ahondar en	
Ajado/a	
Ajustado/a	
Alabar	
Alado/a	
Alarma, la	
Alarmante	
Alarmista	
Albergar	
Álbum, el	
Alce, el	
Alejado/a	
Alerta (sanitaria), la	
Alertar	
Alfarería, la	
Aliño, el	
Almohada, la	
Alteración, la	
Alterar	
Alternativo/a	
Aluvión, el	
Alzamiento, el	
Ambición, la	
Ambientación, la	
Ámbito, el	
Ambivertido/a	
Amenaza, la	
Amenazar	
Ametrallar	
Amoldarse	
Amortiguamiento, el	
Anabolizante, el	
Analítico/a	
Anarquista	
Ancestral	
Anemia, la	
Anfitrión/ona, el/la	
Anglicismo, el	
Angustia, la	
Anomalía, la	
Ansia, el	
Ansiedad, la	
Antibacteriano/a	
Antioxidante	
Antídoto, el	
Anzuelo, el	
Anónimo/a	
Apacible	
Apagón, el	
Apasionar	
Apelar	
Apertura, la	
Apostar	
Apreciar	
Apresar	
Aprobación, la	
Arco, el	
Área metropolitana, el	
Arena (bituminosa), la	
Armada (naval), la	
Armar	
Armónica, la	
Arranque, el	
Arrasar	
Arrastrar	
Arreglárselas.	
Arriesgado/a	
Arruga, la	
Artífice, el/la	
Asaltar (una duda/ pregunta)	
Asalto, el	
Asco, el	
Asequible	
Asesoramiento, el	
Asestar	
Aseverar	
Asilo, el	
Asimismo	
Asombroso/a	
Asumir	
Ataque, el	
Atentado, el	
Atlético/a	
Átomo, el	
Atracón, el	
Atributo, el	
Atún, el	
Audiencia, la	
Auge, el	
Augurar	
Autoeditar	

	En mi lengua
Autogestión, la	
Automatización, la	
Autosuficiencia, la	
Autosuficiente	
Autóctono/a	
Avalancha, la	
Avalar	
Avispa, la	
Azada, la	
Azotar	

B

	En mi lengua
Bagaje, el	
Balance, el	
Bando, el (ref. a *facción*)	
Barbaridad, la	
Barrera, la	
Barro, el	
Barroco/a	
Barrote, el	
Basarse	
Batería, la	
Baya, la	
Baño termal, el	
Bienestar, el	
Bilingüe	
Biodiversidad, la	
Biología (molecular), la	
Biomasa, la	
Biometría (facial), la	
Biomédico/a, el/la	
Bioquímica, la	
Bioquímico/a, el/la	
Biotecnología, la	
Biotecnológico/a	
Biólogo/a, el/la	
Bloquear	
Bodega, la	
Bollería, la	
Bombardeo, el	
Bono, el	
Boquerón, el	
Boquiabierto/a	
Borroso/a	
Botón, el	
Bozal, el	
Brazo ejecutor, el	
Brecha, la	
Brigada, la	
Brindar	
Bronca, la	
Bronce, el	
Bulo, el	
Buque, el	
Burbuja, la	
Bélico/a	

C

	En mi lengua
Cacho, el	
Cachorro/a, el/la	
Cadmio, el	
Cafetalero/a	
Caficultor/a, el/la	
Calavera, la	
Caleidoscopio, el	
Calentador, el	
Caligrafía, la	
Caligráfico/a	
Callejero/a	
Callejuela, la	
Calmante	
Calumnia, la	
Calurosamente	
Camarada, el/la	
Caminata, la	
Campiña, la	
Campo de concentración, el	
Canal, el	
Canalizar	
Cancerígeno/a	
Candidatura, la	
Capacitación, la	
Captar	
Carbono, el	
Carbón, el	
Carencia, la	
Carga (positiva/negativa), la	
Cargo, el	
Caribú, el	
Carril (bici), el	
Carril, el	
Carrito (de la compra), el	
Cartografiar	
Carácter, el (ref. a la escritura)	
Cascarrabias	
Casco histórico, el	
Casco, el (ref. al barco)	
Caudillo, el	
Cauto/a	
Cazatalentos, el/la	
Caótico/a	
Celebérrimo/a	
Celos, los	
Celoso/a	
Cemento, el	
Ceniza, la	
Chapapote, el	
Chatarra, la	
Cibercondría, la	
Cibermareo, el	
Ciclo, el	
(In)Cierto/a	
Cilíndrico/a	
Cinta, la	
Circuito, el	
Clara, la (de huevo)	
Climatización, la	
Climatología, la	
Cobaya, la	
Cobertizo, el	
Cobertura, la	
Cobijo, el	
Cohete (espacial), el	
Colada, la	
Colapso, el	
Colar(se)	
Colateral	
Colectivo, el	
Colectivo/a	
Colesterol, el	
Colonia, la (ref. al asentamiento)	
Coloración, la	
Colorante, el	
Columna (corintia), la	
Combatiente, el/la	
Combatir	
Combustible (fósil), el	
Combustión, la	
Comisión, la	
Compenetrarse	
Competir	
Complejo, el (ref. a edificios)	
Comportar	
Composición, la	

	En mi lengua
Compost, el	
Comprar a plazos.	
Compromiso, el	
Comunismo, el	
Comunista	
Comunitario/a	
Con el fin de	
Con el propósito de	
Con la esperanza de	
Con la intención de	
Conciliar	
Conciso/a	
Concurrido/a	
Condescendiente	
Conducta, la	
Configurar	
Confinamiento, el	
Confitura, la	
Conflicto, el	
Confortar	
Conllevar	
Connotación, la	
Consenso, el	
Conservante, el	
Conspiración, la	
Conspirador/a, el/la	
Constancia, la	
Constatar	
Consultoría, la	
Contabilidad, la	
Contable, el/la	
Contagiar	
Contagio, el	
Contrapropuesta, la	
Contrarrestar	
Controversia, la	
Contundente	
Convocar	
Cordón (umbilical), el	
Corona, la	
Corporación, la	
Corrupción, la	
Corteza (marciana), la	
Cortometraje, el	
Corzo/a, el/la	
Cotizar	
Creatividad, la	
Creciente	

	En mi lengua
Criado/a, el/la (ref. al servicio doméstico)	
Criminología, la	
Criollo/a, el/la	
Criptomoneda, la	
Cronista, el/la	
Crucial	
Crudo, el	
Crudo/a	
Crustáceo, el	
Cruzada, la	
Crío/a, el/la	
Críptico/a	
Cualificado/a	
Cuantificar	
Cuarentena, la	
Cucurucho, el	
Cuerda, la	
Culinario/a	
Cultivarse	
Cuneta, la	
Cursar	
Cursor, el	
Célula, la	
Cívico/a	
Código Civil, el	
Código de barras, el	
Código Penal, el	
Cóncavo/a	
Cúpula, la	

D

	En mi lengua
Damnificado/a, el/la	
Dar a (ref. a la orientación)	
Dar abrigo.	
Dar aviso	
Dar cabida	
Dar el paso.	
Dar en adopción.	
Dar la espalda.	
Dar la espalda a algo.	
Dar la impresión.	
Dar lugar a	
Darse cita.	
Darse el sí quiero.	
Dañar	
De bajo consumo	
De forma/manera/modo que	

	En mi lengua
De golpe	
De narices	
De toda la vida	
Debilidad, la	
Debilitamiento, el	
Declive, el	
Decomiso, el	
Defraudar	
Degradación, la	
Degradarse	
Degustación, la	
Dejar con la boca abierta.	
Dejar de lado.	
Dejar huella.	
Dejarse de historias.	
Delatar	
Delgadez, la	
Deliberado/a	
Delicado/a	
Delta, el	
Demanda, la	
Demandar	
Demoledor/a	
Denegación, la	
Depresión, la	
Deprimente	
Dermatólogo/a, el/la	
Derramamiento, el	
Derrame, el	
Derrocar	
Derrota, la	
Desagüe, el	
Desamparar	
Desasosiego, el	
Desbordarse	
Descarbonización, la	
Descifrar	
Descolonización, la	
Desconexión (digital), la	
Desconfianza, la	
Descremado/a	
Descuidar	
Desdoblamiento, el	
Desecación, la	
Desempeñar	
Desencantarse	
Desenvolverse	
Desertar	

	En mi lengua
Desertor/a, el/la	
Desesperarse	
Desestresado/a	
Desestructurar	
Desgastarse	
Desmentido, el	
Desmentir	
Desnatado/a	
Despido (forzoso), el	
Despoblado/a	
Desproporcionado/a	
Destello, el	
Destitución, la	
Detallista	
Detección, la	
Detectar	
Deteriorarse	
Detestar	
Diapositiva, la	
Dicho popular, el	
Dietista, el/la	
Difuso/a	
Digestivo/a	
Digestión, la	
Digitalización, la	
Dimensión, la	
Diminuto/a	
Dimisión, la	
Dinámica, la	
Disciplina, la	
Discreción, la	
Discriminación (positiva), la	
Discurso, el	
Dispararse (ref. al precio)	
Disparatado/a	
Dispersarse	
Disponibilidad, la	
Dispuesto/a	
Disputa, la	
Distorsionado/a	
Distraer	
Diván, el	
Diáfano/a	
Dodecagonal	
Domotización, la	
Domotizar	
Domótica, la	
Domótico/a	
Dotar	
Dramatizado/a	

	En mi lengua
Duplicación, la	
Dócil	

E

	En mi lengua
Ecocidio, el	
Ecomadera, la	
Ecoturismo, el	
Ecólogo/a, el/la	
Edad Antigua, la	
Edad Contemporánea, la	
Edad de los Metales, la	
Edad de Piedra, la	
Edad Media, la	
Edad Moderna, la	
Eficiente	
Efímero/a	
Ejecutivo/a, el/la	
Elemento (químico), el	
Élite, la	
Emanciparse	
Embajador/a, el/la	
Embarcar	
Embarque, el	
Embudo, el	
Emergente	
Emisión (de carbono/de gases), la	
Emoji, el	
Empatía, la	
Empedrado/a	
Empinado/a	
Emplazamiento, el	
Empoderarse	
Emprendedor/a, el/la	
Emprender	
Empujón, el	
Empático/a	
En exceso	
Encallar	
Encargo, el	
Encierro, el	
Encuadrar	
Endémico/a	
Enfocar	
Enfoque, el	
Enfrentarse	
Enfático/a	
Engañoso/a	

	En mi lengua
Englobar	
Engreído/a	
Enigma, el	
Enlace, el	
Enriquecedor/a	
Ensayo, el (ref. a la investigación)	
Entablar	
Entrar en modo (ahorro, seguro…)	
Entrometerse	
Entusiasmar	
Envenenado/a	
Enviado/a especial, el/la	
Envidia, la	
Enzima, el/la	
Epidemia, la	
Equilibrio, el	
Equipamiento, el	
Ergonómico/a	
Erradicar	
Escala, la	
Escala, la (ref. a los viajes)	
Escalofriante	
Escandaloso/a	
Escaneo, el	
Escapar(se)	
Escaño, el	
Esclavitud, la	
Escritorio, el	
Escrutinio, el	
Escudo de armas, el	
Escáner, el	
Escéptico/a	
Espantoso/a	
Esperanzador/a	
Espionaje, el	
Esplendor, el	
Esporádico/a	
Espía, el/la	
Estación de radio, la	
Estancamiento, el	
Estanque, el	
Estar al día.	
Estar bien/mal informado/a.	
Estar en auge	
Estar en público	
Estar mal visto	
Estar por ahí.	

	En mi lengua
Estar suscrito/a.	
Estarcido, el	
Estepa, la	
Esteroide, el	
Estigma, el	
Estilo retro, el	
Estiramiento, el	
Estiércol, el	
Estremecedor/a	
Estreñimiento, el	
Estuario, el	
Estímulo, el	
Etiquetado, el	
Evacuar	
Evento, el	
Exceder	
Exhaustivo/a	
Exhumación, la	
Expectativa, la	
Expositor/a, el/la	
Expresión, la	
Extracción (minera), la	
Extranjerismo, el	
Extrañeza, la	

F

	En mi lengua
Faceta, la	
Factor, el	
Fallecer	
Falseado/a	
Falsedad, la	
Falta, la	
Fascinante	
Fascismo, el	
Favorecer	
Fe, la	
Fertilidad, la	
Fertilizante, el	
Feudalismo, el	
Fiable	
Fibra, la	
Fidelidad, la	
Fidelizar	
Figura, la	
(Ser) Fijo/a (ref. al trabajo)	
Filtración, la	
Filólogo/a, el/la	
Financiación, la	
Financiero/a	
Finanzas, las	
Fino/a	
Fisura, la	
Flujo, el	
Fobia, la	
Fomentar	
Fortificar	
Forzoso/a	
Fotosíntesis, la	
Fotovoltaico/a	
Fractura, la	
Fragmentar	
Franja, la	
Franquismo, el	
Frente, el (ref. a la guerra)	
Frustración, la	
Fuel, el	
Fuga, la	
Fuga, la (ref. a *escape*)	
Fumigar	
Funcional	
Funcionalidad, la	
Fundamento, el	
Fusilamiento, el	
Fusilar	
Futurista	
Férreo/a	
Fértil	
Física, la	
Fórmula (matemática, química), la	
Fósil	

G

	En mi lengua
Galardonar	
Galería, la	
Ganar terreno.	
Ganchillo, el	
Gas metano, el	
Gas natural licuado, el	
Gastroenteritis, la	
Generar	
Gentil	
Geometría (algebraica), la	
Geométrico/a	
Gerente, el/la	
Geriátrico, el	
Gestión, la	
Gigatonelada, la	
Girasol, el	
Golpe de Estado, el	
Gozar	
Grabar	
Grano, (ref. al alimento)	
Grasas poliinsaturadas, las	
Gratificante	
Grato/a	
Gravedad, la	
Grieta, la	
Grisáceo/a	
Grosero/a	
Grúa, la	
Guacamayo, el	
Guardería, la	
Gusano, el	

H

	En mi lengua
Habilitador/a	
Habitáculo, el	
Hacer carantoñas.	
Hacer ilusión	
Hacer mención	
Hacer partícipe	
Hacerse un hueco.	
Hacienda, la (ref. a la Administración)	
Hacinado/a	
Hambruna, la	
Hartarse	
Hartazgo, el	
Harto/a	
Heliocéntrico/a	
Herbicida, el	
Herejía, la	
Hexagonal	
Hidrogenado/a	
Hidráulico/a	
Hierro, el	
Hilo, el	
Hipertexto, el	
Historiografía, la	
Hito, el	
Honesto/a	
Hormigón (armado), el	
Hostelería, la	
Hoy por hoy	
Huelga, la	
Hundimiento, el	
Huraño/a	
Huérfano/a, el/la	

	En mi lengua
Huérfano/a, el/la	
Huésped, el/la	

I

Idóneo/a	
Ignorar	
Impacto, el	
Impedir	
Imperar	
Implantar	
Implante, el	
Implementación, la	
Implementar	
Implicar	
Imponerse	
Impregnar	
Impronta, la	
Impulsar	
Impulsividad, la	
Imán, el	
Incendio, el	
Incentivo, el	
Incertidumbre, la	
Incitación, la	
Inclinarse	
Inclusivo/a	
Inclusión, la	
Incomodidad, la	
Incompetencia, la	
Inconcebible	
Inconcluso/a	
Incorporar(se)	
Incrementar	
Incógnita, la	
Indagar	
Indefinido (contrato, el)	
Indicador, el	
Indignación, la	
Indignarse	
Indiscriminado/a	
Indisolublemente	
Indispuesto/a	
Inducir	
Industria (pesquera), la	
Inestabilidad, la	
Infame	
Infarto, el	
Infinito/a	
Inflación, la	
Influencer, el/la	
Influir	

	En mi lengua
Infodemia, la	
Infracción, la	
Infraestructura, la	
Infravalorar	
Ingeniárselas.	
Ingesta, la	
Inherente	
Inhibir	
Iniciativa, la	
Inmenso/a	
Inmerso/a	
Innovación, la	
Innovador/a	
Innovar	
Inquietar	
Inquirir	
Inquisición, la	
Insertar	
Insostenible	
Instaurar	
Instinto, el	
Integración, la	
Integrarse	
Integridad, la	
Intenso/a	
Interaccionar	
Interactividad, la	
Interconexión, la	
Intermedio/a	
Interpersonal	
Interpretación, la	
Interpretar	
Intervenir	
Intimidad, la	
Intrínseco/a	
Inversor/a, el/la	
Invisibilizar	
Inyectar	
Ir fatal.	
Ir(se) a la deriva	
Irracional	
Irrespetuoso/a	
Irritabilidad, la	
Irritación, la	
Irritar	
Irrumpir	
Irse al garete.	

J

Jaula, la	
Jerárquico/a	
Jornada de reflexión, la	

	En mi lengua
Jornadas, las	
Judicial	
Jugar un papel.	
Jurado, el	
Jurídico/a	
Juzgar	

L

Laboral	
Lactosa, la	
Ladrar	
Laurel, el	
Lazo, el (ref. a la relación)	
Lazo, el (ref. al adorno)	
Lealtad, la	
Legado, el	
Legalización, la	
Legislativo/a	
Legislatura, la	
Legitimar	
Lema, el	
Lengua franca, la	
Lesionar	
Levantamiento, el	
Leve	
Libertad de prensa/	
Libertador/a, el/la	
Librarse (ref. a las batallas)	
Libérrimo/a	
Licencia, la	
Liderar	
Liderazgo, el	
Ligar (coloquial)	
Limbo, el	
Lingüista, el/la	
Llevadero/a	
Llevadero/a	
Llevar fatal	
Llevar ventaja.	
Logística, la	
Longevidad, la	
Lumínico/a	
Lupa, la	

M

Machista	
Magma, el	
Magnitud, la	
Majo/a	

	En mi lengua
Malestar, el	
Malla, la	
Manejar	
Manejo, el	
Manglar, el	
Manguera, la	
Manipulación, la	
Manipular	
Mantenerse	
Mapa (mudo), el	
Mapamundi, el	
Mapeo, el	
Maquinaria, la	
Maratón, la	
Marco, el (ref. a contexto)	
Marginal	
Masa (muscular), la	
Mascarilla, la	
Masificado/a	
Masivamente	
Matiz, el	
Matizar	
Mediación, la	
Mediador/a, el/la	
Megatonelada, la	
Mejilla, la	
Mención, la	
Mentalizarse	
Mentor/a, el/la	
Mercancía, la	
Mermar	
Mermelada, la	
Mesolítico, el	
Mestizo/a, el/la	
Metabolismo, el	
Metal (pesado), el	
Metódico/a	
Microchip, el	
Microplástico, el	
Microprocesador, el	
Militancia, la	
Militar	
Milla (náutica), la	
Millennial, el/la	
Mimar	
Mineral, el	
Minería, la	
Minimizar	
Misoginia, la	
Mitin, el	
Mitomanía, la	

	En mi lengua
Modalidad, la	
Molecular	
Molusco, el	
Molécula (celular), la	
Monarca, el/la	
Monocultivo, el	
Morsa, la	
Movilización, la	
Mudarse	
Muleta, la	
Multifuncional	
Multilingüe	
Multinacional, la	
Multitudinario/a	
Mural, el	
Musculado/a	
Muscular	
Mutación, la	
Máquina de vapor, la	
Mármol, el	
Método (de análisis), el	

N

	En mi lengua
Nanobiosensor, el	
Nanociencia, la	
Nanomaterial, el	
Nanopartícula, la	
Nanotecnología, la	
Nanotubo, el	
Narrativa, la	
Natilla(s), la(s)	
Naval	
Navegante, el/la	
Negacionista, el/la	
Negociador/a, el/la	
Negocio, el (ref. a tienda)	
Neolítico, el	
Neorrenacentista	
Neurodegenerativo/a	
Neutralidad, la	
Neutrino, el	
Ni caso	
Niñero/a, el/la	
Nocivo/a	
Nomofobia, la	
Noticiero, el	
Notificación, la	
Novato/a	
Novedoso/a	

	En mi lengua
Noviazgo, el	
Nube (radioactiva), la	
Nuclear	
Nutricionista, el/la	
Nutriente, el	

O

	En mi lengua
Obesidad, la	
Observador/a	
Obsoleto/a	
Oleada, la	
Oleaje, el	
Ondulado/a	
Onomatopeya, la	
Onírico/a	
Operación (aritmética), la	
Operar (ref. a trabajar)	
Opresión, la	
Órbita (cíclica), la	
Organismo, el	
Orientar	
Ornamental	
Otorgar	
Óxido de etileno, el	

P

	En mi lengua
Pacifista	
Pacto, el	
Paleolítico, el	
Palpitación, la	
Panacea, la	
Pancarta, la	
Pandemia, la	
Panel (solar), el	
Pantano, el	
Papel (de estraza/ encerado), el	
Paracaídas, el	
Paradójicamente	
Paraplejia, la	
Paridad, la	
Parque de atracciones, el	
Parroquial	
Partir de (ref. a comenzar)	
Pasar a la historia.	
Pasatiempo, el	
Pataleta, la	

	En mi lengua
Patentar	....
Patología (pulmonar, cutánea...), la	....
Patológico/a	....
Patrimonio, el	....
Patrocinar	....
Patógeno, el	....
Paupérrimo/a	....
Pedir algo de rodillas.	....
Pedir turno.	....
Pegatina, la	....
Perder el hilo.	....
Perder la paciencia.	....
Periodicidad, la	....
Permacultor/a, el/la	....
Permacultura, la	....
Perpetuo/a	....
Perturbarse	....
Pervertir	....
Pesca (de arrastre), la	....
Pese a	....
Peste (negra), la	....
Pesticida, el	....
Petrolero, el	....
Piedra pómez, la	....
Pilar, el	....
Pillar	....
Pincelada, la	....
Pinchar	....
Pintada, la	....
Pintar (algo) bien/mal	....
Pista, la	....
Pistacho, el	....
Pivote, el	....
Placentero/a	....
Plano (ref. a la geometría)	....
Plantilla, la	....
Plasmar	....
Plataforma, la	....
Plenamente	....
Pleno/a	....
Plomo, el	....
Pluralidad, la	....
Podar	....
Poemario, el	....
Poliestireno, el	....
Poner en marcha.	....
Popularizar(se)	....

	En mi lengua
Por lo visto	....
Por mi/tu/su... cuenta	....
Portuario/a	....
Posdoctoral	....
Posesión, la (ref. a territorio)	....
Posicionar	....
Posverdad, la	....
Potabilización, la	....
Potencial	....
Potenciar	....
Precario/a	....
Precedente, el	....
Predisponer	....
Predominar	....
Prehistoria, la	....
Prensa (escrita, digital...), la	....
Presagiar	....
Prescindir	....
Presidencial	....
Prestación, la	....
Presuponer	....
Presupuesto, el	....
Pretender	....
Prevalecer	....
Prevencionista, el/la	....
Prevención, la	....
Prever	....
Primate, el	....
Proactivo/a	....
Procedimiento, el	....
Procesar	....
Proclamar	....
Procurar	....
Productividad, la	....
Productivo/a	....
Productor/a ejecutivo/a, el/la	....
Profundidad, la	....
Proliferación, la	....
Proliferar	....
Prolongado/a	....
Promedio, el	....
Promoción, la	....
Promover	....
Propaganda, la	....
Propagar	....
Propiciar	....
Propulsado/a	....
Prosperar	....
Protón, el	....

	En mi lengua
Proveedor/a, el/la	....
Proveer	....
Provocar	....
Prócer, el/la	....
Prótesis (ortopédica), la	....
Punto de inflexión, el	....
Puntualizar	....
Purificar	....
Purista, el/la	....
Pálido/a	....
Páramo, el	....
Pátina, la	....

Q

Quedar un/dos telediario/s.	....

R

Racional	....
Radiación, la	....
Radicalmente	....
Radioactivo/a	....
Radiografía, la	....
Raspa, la	....
Rastrear	....
Ratificar	....
Reafirmar	....
Reavivar	....
Rebajar	....
Rebatir	....
Rebelarse	....
Rebelde	....
Rebelión, la	....
Recalcar	....
Recarga, la	....
Receptivo/a	....
Recinto, el	....
Reconducir	....
Recrearse	....
Rectoría, la	....
Recualificación, la	....
Recuento, el	....
Recurrir	....
Recurso, el	....
Recóndito/a	....
Referéndum, el	....
Refrigeración, la	....
Refrigerante, el	....
Regazo, el	....
Regeneración, la	....
Regenerar	....

	En mi lengua
Regirse	
Regulación, la	
Regulador/a	
Rehabilitación, la	
Rehén, el/la	
Reinserción, la	
Reivindicar	
Reivindicativo/a	
Relajación, la	
Relatar	
Relevante	
Rellenable	
Rematar	
Remolcar	
Remontarse	
Remoto/a	
Remunerado/a	
Rendimiento, el	
Reparador/a	
Reparto, el	
Repercusión, la	
Repercutir	
Repertorio, el	
Replicar	
Reportar	
Requerir	
Requisito, el	
Rescate, el	
Resguardarse	
Resolución, la	
Resolutivo/a	
Respaldar	
Restante	
Restauración, la	
Restaurador/a	
Restaurar(se)	
Restrictivo/a	
Retaguardia, la	
Reto, el	
Retocado/a	
Retomar	
Retoque, el	
Retornable	
Reventa (de entradas), la	
Revitalizar	
Revivir	
Reñido/a	
Riguroso/a	
Ritual, el	
Robar	
Rodar(se)	
Roedor/a, el/la	
Rojizo/a	
Romance, el	
Rondar	
Rotavirus, el	
Rudimentario/a	
Ruinas, las	
Rumbo, el	
Rupestre	
Ruptura, la	
Réplica, la	

S

	En mi lengua
Saber a gloria.	
Saborear	
Sabroso/a	
Sacrificar	
Sacrilegio, el	
Sanción, la	
Saneamiento, el	
Sanguíneo/a	
Saturado/a	
Saúco/Sauco, el	
Secadora, la	
Secuaz, el/la	
Secuestrar	
Secuestro, el	
Sedentarismo, el	
Seguidor/a, el/la	
Seguimiento, el	
Sello, el	
Semiconductor, el	
Sensacionalista	
Sensibilizar	
Sensor, el	
Sentencia, la	
Sentir mariposas en el estómago.	
Ser un arma de doble filo	
Sereno/a	
Significativo/a	
Simbolismo, el	
Simbólico/a	
Sin precedentes	
Sindicalizarse	
Sinfín, el	
Sintonizar	
Sismo, el	
Sistemático/a	
Soberanía, la	
Sobreabundancia, la	
Sobrepesca, la	
Sobrepeso, el	
Sobrexplotación, la	
Sociedad de consumo, la	
Sometido/a	
Sometimiento, el	
Somier, el	
Sondeo, el	
Soporte, el	
Sorteo, el	
Sostenibilidad (ambiental, económica, social), la	
(In)sostenible	
Subastar	
Subatómico/a	
Sublevación, la	
Subterráneo/a	
Suelto/a	
Suministrar	
Sumo/a	
Supervisar	
Surgimiento, el	
Surgir	
Suspensión, la	
Sustentable	
Sustentable	
Sustento, el	
Susurrar	
Síndrome, el	
Sólido/a	

T

	En mi lengua
Talar	
Talento, el	
Tallo, el	
Tanorexia, la	
Tanque, el (ref. a carro de combate)	
Tardío/a	
Tarifa, la	
Tasa, la	
Tejido, el	
Tejido, el (ref. a la biología)	
Telecomunicación, la	
Teletrabajo, el	
Telégrafo, el	
Temblor, el	
Temporal, el	
Tener buen rollo.	

En mi lengua

Tener constancia. ....
Tener el honor. ....
Tener olfato para... ....
Tercio, el ....
Termostato, el ....
Territorio, el ....
Terrorismo, el ....
Tesis doctoral, la ....
Testamento, el ....
Testarudo/a ....
Testificar ....
Testimonio, el ....
Textil ....
Tibiamente ....
Tipología, la ....
Tirano/a, el/la ....
Tirar la toalla. ....
Tonificar(se) ....
Toque, el (ref. a estilo) ....
Torneo, el ....
Tortuga, la ....
Tortura, la ....
Trabajar a distancia. ....
Trabajo en remoto, el ....
Transbordador, el ....
Transformador/a ....
Transgénico/a ....
Transición, la ....
Traslúcido/a ....
Travesía, la ....
Trazo, el ....
Tremendo/a ....
Trigo, el ....
Trolebús, el ....
Trono, el ....
Tropa, la ....
Trueque, el ....
Tubería, la ....
Tubular ....
Tubérculo, el ....
Término, el ....

U

Unidireccionalidad, la ....
Unirse ....
Urna, la ....

V

Vacuna, la ....
Vacunar ....
Validación, la ....
Vallado/a ....
Valorar ....
Variación, la ....
Velero, el ....
Veraz ....
Verbalizar ....
Verificación, la ....
Verificador/a, el/la ....
Verificar ....
Verja, la ....
Verosímil ....
Vertedero, el ....
Vertido (químico/de petróleo/de fuel...), el ....
Vibrante ....
Viga, la ....
Vigente ....
Viralizar ....
Virreinato, el ....
Virtual ....
Virus (bacteriófago), el ....
Virólogo/a, el/la ....
Visibilidad, la ....
Visigodo/a ....
Vital ....
Vitalicio/a ....
Vivero, el ....
Vorágine, la ....
Votante, el/la ....
Vozarrón, el ....
Vulnerable ....
Vínculo, el ....

W

Wasap, el ....

Z

Zen ....

Créditos fotográficos y audiovisuales

Pág. 11: Tique restaurante: sylv1rob1, Shutterstock.com; **Pág. 15:** Repartidores: Marco Pachiega, Shutterstock.com; **Págs. 18 y 19:** *Jomly y el alojamiento colaborativo*: JomlyStartup, 2014, Creative Commons; **Pág. 24:** Nelson Mandela: Alessia Pierdomenico, Shutterstock.com; **Págs. 38 y 39:** *La inteligencia emocional*: Fernando Pena, 2016, http://www.fernandopena.es, Creative Commons; **Pág. 42:** Museo Malba, Buenos Aires: TLF Images, Shutterstock.com; Festival Jazz: Alfaguarilla, Shutterstock.com; **Pág. 44:** Visita guiada: dmitro2009, Shutterstock.com; Conferencia: Pavel L Photo, Shutterstock.com; Concierto: Dziurek, Shutterstock.com; Ópera: Igor Bulgarin, Shutterstock.com; Danza: Sergey Petrov, Shutterstock.com; Exposición de fotografía: Natursports, Shutterstock.com; Libros Cuesta de Moyano, Madrid: F. J. CARNEROS, Shutterstock.com; Festival de Cine de San Sebastián: Mark Green, Shutterstock.com; **Pág. 46:** Museo Picasso (Barcelona, España): cap, Shutterstock.com; Museo Nacional de Arte (MUNAL) (Ciudad de México): Wangkun Jia, Shutterstock.com; Museo del Romanticismo (Madrid, España): Enrique Palacio Sans, Shutterstock.com; Museo MALBA (Buenos Aires, Argentina): Cavan-Images, Shutterstock.com; Museo Frida Kahlo (Ciudad de México): R.M. Nunes, Shutterstock.com; Museo de Bellas Artes (Bilbao, España): Rubiphto, Shutterstock.com; **Pág. 47:** *El ciclista*, Natalia Goncharova, 1913: Museo Ruso de San Petersburgo, Rusia en https://upload.wikimedia.org/wikipedia/commons/f/f9/Cyclist_%28Goncharova%2C_1913%29.jpg, dominio público; **Pág. 50:** Ballet Nacional de Cuba: pio3, Shutterstock.com; **Pág. 52:** Casa de las hermanas Brönte: Julian Hodgson, Shutterstock.com; **Pág. 54:** Grupo de niños en el museo: Elena Chevalier, Shutterstock.com; **Pág. 55:** Detalle del *Guernica*: KarlSol, Shutterstock.com; **Pág. 56:** Chordeleg: ireneuke, Shutterstock.com; Centro Metropolitano de Diseño (Buenos Aires): Por cortesía de Eduardo Mario, en Wikimedia Commons, https://upload.wikimedia.org/wikipedia/commons/8/8b/MdP_Calle_interior_2_Foto_Mabel_Viera_2.jpg; Cartel del XVIII Congreso gastronómico de Popayán: en https://gastronomico.org.co/; Cartel del Festival de la Luz, 2017: en https://www.guadalajarafollow.com/2017/01/festival-la-luz-guadalajara/; Cartel de la XVI Bienal de Flamenco, 2010 por Suso33, San, Niño de las Pinturas y Seleka: en http://buenosairesflamenco.com/presentacion-del-cartel-oficial-de-la-xvi-bienal-de-flamenco-de-sevilla-2010-1057; **Págs. 58 y 59:** *Arte urbano*: con Rocío Domínguez y Leo Carrillo, Líneas cruzadas, 2015 Creative Commons; **Pág. 62:** Refugiados: Nicolas Economou, Shutterstock.com; **Pág. 64:** Pobreza: Francisco J, Ramos Gallego, Shutterstock.com; Ayuda humanitaria: Sergey Kohl, Shutterstock.com; **Pág. 70:** Trabajo infantil: clicksdemexico, Shutterstock.com; **Pág. 72:** Felipe VI: Gil Corzo, Shutterstock.com; **Pág. 73:** Movimiento 15-M: José Hernández Abolacio, Shutterstock.com; **Pág. 74:** Terremoto México: El_Pop, Shutterstock.com; **Pág 77:** Proclamación de Juan Carlos I: Dominio público, National Archief, en Creative Commons, https://commons.wikimedia.org/wiki/File:De_proclamatie_en_be%C3%ABdiging_van_Prins_Juan_Carlos_tot_Koning_van_Spanje_tijdens_,_Bestanddeelnr_254-9763.jpg; Adolfo Suárez: Dominio Público; Ministry of Presidency, Government of Spain, en Creative Commons; https://commons.wikimedia.org/wiki/File:Sitting_Su%C3%A1rez.jpg; Cartel del Referéndum para la Reforma política, 1976: Dominio público, en Creative Commons, https://commons.wikimedia.org/wiki/File:Cartel_Referendum_Democracia_Espa%C3%B1a_1976.png; Toledo, España - Elecciones Generales del 15 de junio de 1977: por cortesía de Mágica, en Creative Commons, https://commons.wikimedia.org/wiki/File:ToledoElecciones15Jun77.jpg; **Págs. 78 y 79:** *El desastre del Prestige*: Editorial Edinumen; Entrevista al voluntario ecuatoriano: Ata Cando p1, 2012, Creative Commons; **Pág. 91:** Imagen Tik-Tok: Nattakorn Maneerat, Shutterstock.com; **Pág. 92:** Redes sociales: tanuha2001, Shutterstock.com; Tik Tok: rvlsoft, Shutterstock.com; Sina Weibo: Mehanig, Shutterstock.com; Pinterest: Rose Carson, Shutterstock.com; Reddit: koblizeek, Shutterstock.com; **Págs. 96 y 97:** Twitter: Worawee Meepian, Shutterstock.com; Teléfonos inteligentes: Bangkok Click Studio, Shutterstock.com; Gabriel García Márquez: De José Lara - Flickr: Gabriel Garcia Marquez (on malvenko.net: [1]), CC BY-SA 2.0, https://commons.wikimedia.org/w/index.php?curid=19150435; **Págs. 98 y 99:** *Millennials y redes sociales*: Acceso, Intelligence to Shine, 2017, Creative Commons; **Pág. 101:** Shakira: Frederic Legrand - COMEO, Shutterstock.com; Javier Bardem: BAKOUNINE, Shutterstock.com; **Pág. 103:** Redes sociales: Big TunaOnline, Shutterstock.com; **Pág. 105:** Twitch: Ink Drop, Shutterstock.com; **Pág. 111:** Tormenta en Málaga: Timothy Knox, Shutterstock.com; **Pág. 114:** Ambulancia: Juan Carlos R. Ruiz, Shutterstock.com; **Págs. 118 y 119:** *La política y las redes sociales*: UniRio TV, 2019, https://www.youtube.com/watch?v=aDdb6kyINx4, Creative Commons; **Pág. 125:** Plataforma petrolífera en el delta del Níger: Teo-Inspiro International, Shutterstock.com; **Pág. 133:** Lata de té: MYP Studio, Shutterstock.com; **Págs. 136 y 137:** Nativo Asháninka: Milton Rodríguez, Shutterstock.com; Refugio Amazonas: Tracy Immordino, Shutterstock.com; **Págs. 138 y 139:** *Carne y crisis climática*: GRAIN y la Alianza Biodiversidad, 2020, https://www.youtube.com/watch?v=sIQnED7PM-Y&t=2s, Creative Commons; **Pág. 143:** Gran Colisionador de Hadrones: D-VISIONS, Shutterstock.com; **Pág. 144:** Jane Goodall: Vitrolphoto, Shutterstock.com; **Pág. 146:** Diana Bolaños: por cortesía de Society for Developmental Biology, en https://www.sdbonline.org/sites/SDBe-news/Marcela_Bolanos.jpg; Mayly Sánchez: foto de dominio público, George Joch, courtesy Argonne National Laboratory, https://www.flickr.com/photos/argonne/4051177338, https://commons.wikimedia.org/w/index.php?curid=86446351; Alicia Dickenstein: por cortesía de Ingeborg Pietzko, https://opc.mfo.de/detail?photo_id=10140, CC BY-SA 2.0, https://commons.wikimedia.org/w/index.php?curid=42233835; Susana López: foto de dominio público, en Creative Commons, https://upload.wikimedia.org/wikipedia/commons/e/ec/Susana_L%C3%B3pez_Charret%C3%B3n.jpg; **Pág. 152:** Ciudad de las Artes y las Ciencias, Valencia: Elen_Studio, Shutterstock.com; Museo de las Ciencias Príncipe Felipe: David Moreno Hernández, Shutterstock.com; **Pág. 153:** Palacio de las Artes Reina Sofía: Wirestock Creators, Shutterstock.com; El Oceanogràfic: Por cortesía de Felipe Gabaldón, CC BY 2.0, https://commons.wikimedia.org/w/index.php?curid=12532971; El Ágora: Por cortesía de Diego Delso, CC BY-SA 3.0, https://commons.wikimedia.org/w/index.php?curid=34921576; **Pág. 154:** Feria de tecnología, vista general: Eugenio Marongiu, Shutterstock.com; Feria panel solar: pcruciatti, Shutterstock.com; Hombres y mujeres de negocios: Eugenio Marongiu, Shutterstock.com; Reunión en la feria: Juan Camilo Jaramillo, Shutterstock.com; Gafas virtuales: Betto Rodrigues, Shutterstock.com; Mobile World Congress (Barcelona): peresanz, Shutterstock.com; **Pág. 157:** Gino Tubaro. Encuentro Cultura y Democracia, Ostende (Pinamar, Argentina): por cortesía de Romina Santarelli, Ministerio de Cultura de la Nación, en Flickr.com, https://www.flickr.com/photos/culturaargentina/26381009421; **Págs. 158 y 159:** *Entrevista a Margarita Salas*: El Salto TV, 2019, https://www.youtube.com/watch?v=bWNC8ihYd9Y, Creative Commons; Margarita Salas: foto de dominio público, Lefty4ever, https://upload.wikimedia.org/wikipedia/commons/3/33/Margarita_Salas_Falgueras.jpg; **Pág. 163:** Frida Kahlo: foto de dominio público, Guillermo Kahlo, 1932, en Creative Commons, https://commons.wikimedia.org/w/index.php?curid=32639240; **Pág. 164:** Estela Martínez de Perón (Isabelita Perón): foto de dominio público, Archivo General de la Nación, en Creative Commons, https://upload.wikimedia.org/wikipedia/commons/3/34/Isabel_Martinez_de_Peron.jpg; Agustina de Aragón: grabado de Goya, 1810-1815, imagen de dominio público, en Creative Commons, https://upload.wikimedia.org/wikipedia/commons/b/bf/Qu%C3%A9_valor%21.jpg; **Pág. 165:** Federico García Lorca: foto de dominio público, anónimo - https://www.museoreinasofia.es/coleccion/obra/federico-garcia-lorca-huerta-san-vicente-granada, en Creative Commons, https://commons.wikimedia.org/w/index.php?curid=76327202; Clara Campoamor: foto de dominio público, Mundo Gráfico, número 1026 del 1 de julio de 1931, página 30, en Creative Commons, https://upload.wikimedia.org/wikipedia/commons/a/a3/Clara_Campoamor.png; Gabriela Mistral: foto de dominio público, Biblioteca del Congreso de los Estados Unidos, en Creative Commons, https://upload.wikimedia.org/wikipedia/commons/5/5e/Gabriela_Mistral-01.jpg; Lao Tsé: Charlesimage, Shutterstock.com; Greta Thunberg: Per Grunditz, Shutterstock.com; Picasso: AJStudio Photography, Shutterstock.com; **Pág. 166:** Atentados 11-S: Anthony Correia, Shutterstock.com; Madres Plaza de Mayo (Argentina): Meunierd, Shutterstock.com; **Pág. 167:** Segunda Guerra Mundial: Everett Collection, Shutterstock.com; **Pág. 171:** *Batalla de Ayacucho* (1890): imagen de dominio público, Martín Tovar y Tovar, Galería de Arte Nacional, Caracas (Venezuela), en Creative Commons, https://upload.wikimedia.org/wikipedia/commons/d/df/Batalla_de_Ayacucho_by_Mart%C3%ADn_Tovar_y_Tovar_%281827_-_1902%29.jpg; *Los fusilamientos del 3 de mayo* (1814): imagen de dominio público, Francisco de Goya, Museo del Prado, Madrid (España), en Creative Commons, https://upload.wikimedia.org/wikipedia/commons/f/fd/El_Tres_de_Mayo%2C_by_Francisco_de_Goya%2C_from_Prado_thin_black_margin.jpg; **Pág. 173:** Calle de una ciudad española desconocida durante la Guerra Civil: Everett Collection, Shutterstock.com; **Pág. 175:** Antonia Santos: imagen de dominio público, de Roberto Páramo Tirado, en Creative Commons, https://commons.wikimedia.org/w/index.php?curid=19414105; Manuela Sáenz: imagen de dominio público, de Pedro Durante, Museo Nacional de Arqueología, Antropología e Historia del Perú, en Creative Commons, https://commons.wikimedia.org/w/index.php?curid=69471390; Policarpa Salavarrieta: imagen de dominio público, de José María Espinosa, en Creative Commons, https://commons.wikimedia.org/w/index.php?curid=2522154; **Pág. 177:** Alejandro Amenábar: Luis Javier Villalba, Shutterstock.com; Migrantes mexicanos: Joseph Sorrentino, Shutterstock.com; **Págs. 178 y 179:** *La mujer durante el franquismo*: Hazte la Lista, 2016, https://www.youtube.com/watch?v=zAhrWQ_oN8g, Creative Commons; **Pág. 187:** Robert Bartlett: de Lomen Bros, imagen de dominio público, en Creative Commons, https://commons.wikimedia.org/w/index.php?curid=6177505; **Pág. 192:** Concierto en el FIB festival: Christian Bertrand, Shutterstock.com; Grupo musical Twisted Sister: Ventura, Shutterstock.com; BTS merchandising: Naumova Ekaterina, Shutterstock.com; **Pág. 197:** Grafitis Valparaíso, Chile: Photo_Traveller, Shutterstock.com; Matyas Rehart, Shutterstock.com; Ascensor Valparaíso, Chile: Locomotive74, Shutterstock.com; **Págs. 198 y 199:** *Vivir de la tierra en Asturias*: CabraSentada, https://www.youtube.com/watch?v=5P3MZ76CTY4, Creative Commons; **Pág. 201:** Edificio Metrópolis, Madrid: Wangkun Jia, Shutterstock.com; Museo Guggenheim, Bilbao: csp, Shutterstock.com; Casa Batlló, Barcelona: alionabirukova, Shutterstock.com.

Apéndice: Pronunciación y ortografía

Pág. 204: Nicolás Guillén: imagen de dominio público, Casa Natal de Nicolás Guillén, Camagüey, Cuba. Diario La Nación, en Creative Commons, https://commons.wikimedia.org/w/index.php?curid=3176532; Rosalía de Castro: imagen de dominio público, de Luis Sellier, https://commons.wikimedia.org/w/index.php?curid=27444457.